JN207573

お雇い独逸人科学教師

小澤健志著

青史出版

目　　次

第一章　序　　論—幕末から明治初期における科学教育[1)]

第一節　研究目的・意義

明治元年の新政府発足直後，明治政府は近代国家の建国及び富国強兵政策の一つとして「知識を世界に求め，大いに皇基を振起」[2)] するため，幕末期に新しい学問として認識されていた洋学に注目し，外国の科学の導入を促進させた．明治政府は大きく分けて次の３つの方法によって科学の導入に当たった[3)]．１つ目は外国人教師や学者を雇ったことである．彼らを直接，学校教育に従事させたり，政府機関の顧問として国の政策・立案などの指導を行わせた．２つ目は日本人政府関係者，学生（生徒）を海外の諸国に留学させる機会を与えることによって，彼らがそこで学んだことを帰国後，教育・学術の向上に寄与さることである．そして３つ目は，外国語に通じた人材や教師の育成することである．そのために教育機関を充実させて，近代科学に関する書籍を原書からの解読・翻訳を行ない，その内容をもとに日本に近代科学を普及させる政策を取った．

本稿では１つ目に挙げた外国人教師，特に明治初期の独国人科学教師について取り扱う．江戸幕府には，西洋科学を受容する機関として，「開成所」と呼ばれる施設があったが，それを引き継いだ明治政府はその充実を図り，上述の通り外国人教師たちによる英語，仏語，独語による授業が開始された．科学史家の渡辺正雄は「物理学は明治初期に文部省が学制を公布し，欧米の自然科学を初等教育に取り入れるに当たって，最も重点をおいた分野であり，それと並行して高等教育においても幕末，明治初期に来日した外国人の中で物理学教師が最も多い．」という調査結果を報告している[4)]．明治 10 年（1877）に東京大学が設立されるまでは，開成所及びその後，名称が改正された教育機関が日本における西洋科学の中心的な受容の機関であり，上述の通り日本の近代化を促進させる人材を育成する機関であった．この機関では英語，仏国語，独国語のクラスが設けられ，それぞれのクラスで西洋科学（物理学，化学，数学）が教えられた．この中でも著者が，独国人教師たちの来日前後の経歴・足跡について調査を始めた理由は次の３点である．

第一は米国人科学教師については渡辺の研究報告があり，仏国人科学教師については，沢護が著書の中で言及している[5)]．それに対し，独国人科学教師についての研究はない．明治初年から明治 10 年（1877）に東京大学が設立されるまでのその前身校で英語，仏国語，独国語で西洋科学が教えられていたが，先行研究において独語クラスで，科学科目を教授した独国人教師たちに着目した著書・論文はなかった．著者は，本稿においてこれまで知られていなかった独国人教師たちのフルネームや出身地，生没年月日，来日に至る経緯，来日後の動向など個人的な事項を明らかにし，今日の日本の科学の発展の礎を築いた人たちについて，正確な伝記的な事項を後世に残しておきたいと思ったからである．著者は明治初期の独国人お雇い科学教師10名全員を特定し，そのうち7名の教師の来日前後の足跡について，日本国内の公文書館をはじめ独国，米国の公文書館の史料調査を行なった．本稿では，これらの公文書館で入手した史料を用いて，彼らの来日前後の修学歴，職歴，足跡等の伝記的な事項を紹介する．これまでお雇い独国人科学教師の来日前後の経歴・足跡について，独国，米国両国の公文書館において史料調査を行なった報告はなく，本稿で著者が初めて行なうものである．

第二は，東京大学前身校の独国人科学教師たちの科学科目の教授内容の状況を明らかにしたいと思ったからである．その手掛りとして，彼らの来日前の修学歴，職歴及び彼らが学校で担当した科学科目の関係を調べるとともに，明治8年(1875) 7月に独語クラスが閉鎖される直前に行われた科学科目の試験問題の考察と，その時の生徒たちのその後の動向について調べた．

第三は，彼らは日本と独国との学術交流の最も初期の頃の人物であり，彼らの伝記的な事項を調べることは，その時期の日独学術交流の様子を明らかにし，初期の日独学術交流の研究に貢献できると思ったからである．明治初期のお雇い外国人教師の研究書としてよく読まれている嶋田正他編：『ザ・ヤトイ―お雇い外国人の総合的研究―』，思文閣出版，1987年；A.バークス編，梅渓昇監訳：『近代化の推進者たち―留学生・お雇い外国人と明治―』，思文閣出版，1990年；吉田光邦：『お雇い外国人②―産業―』，鹿島研究所出版，1968年；上野益三：『お雇い外国人③―自然科学―』，鹿島研究所出版，1968年において，本稿で取り上げている明治初期に“物理学”，“化学”，“数学”を教えた独国人についてはワグネル，リッター，クニッピングの3名の教師しか取り上げられていないが，彼らの伝記的な事項は不明である．さらに，2011年に日独交流150周年を記念して，日独交流史編集委員会編：『日独交流150年の軌跡』，雄松堂書店，2013年という書籍が出版されたが，そこでは本稿で取り上げている“物理学”，“化学”，“数学”を教授した独国人と日本人との学術交流については全く言及されていない．

第二節　“物理学”，“化学”及び“数学”という言葉の変遷

今日の我々が使用している“物理”という言葉が定着した大きな出来事として，明治５年（1872）初冬に出版された片山淳吉『物理階梯』の出版が挙げられる．著者の片山淳吉（1837-1887）は当時文部省教科書編輯寮に勤務し，教科書の編纂に携わっていた[6]．この教科書は，文部省が全国の小学校で使用するために作成した我国最初の物理の教科書であり，全国で９万5000部が翻刻され[7]，明治前半期の「物理」教育にきわめて大きな影響を与える．この教科書は小学校のみならず，中等学校や師範学校でも使用された[8]．教科書は緒言の中で，片山自身が執筆したものではなく，Parker, R. G.：First Lesson in Natural Philosophy を基礎としながら，カッケンボス（Quackenbos, George Payn. 1826-1881）やガノー（Ganot, Adolphe. 1804-1887）らの著作から適切に収捨選択して訳編したものと言及している[9]．この教科書は出版の数か月前の秋頃には『理学啓蒙』という名前で出版されたが，急きょ『物理階梯』というタイトルに改題され，刊行されている[10]．このことから分かることは，“物理”という言葉の使用は片山の意図ではなく，文部省の決定事項であったと思われる．

次に“化学”という言葉であるが，幕末の文久２年（1862）に上野彦馬（1838-1904）によって抄訳された化学書のタイトルは『舎密必携』であり，これは蘭語の化学の意味である Chemie の音読（セイミ）が“舎密”という漢字にあてられた．慶応元（1865），東京大学前身校の開成所の宇都宮鉱之進（1834-1902）の進言により，“精煉”の名称が“化学”と改称された[11]．明治３年（1870）には定着し桂川甫策（1839-1890），石橋八郎（生没年不明）が出版した『化学入門』，及び石黒忠悳（1845-1941）の『化学訓蒙』では“化学”という言葉が使用されている[12]．明治初期において最も代表的な初等化学教科書は，明治７年（1874年）10月に文部省より刊行されたロスコー（Roscoe, Henry Enfield. 1833-1915）著，市川盛三郎（1852-1882）訳：『小学化学』である[13]．本稿では，“舎密”という言葉も含めて“化学”という言葉を使う．

最後に“数学”という言葉である．論理学や形而上学と並んで，数学を学問の中に位置付けるというヨーロッパ的な考えが，日本人が書いたものとしてはっきりと表れたのは，高野長英（文化元年（1804）—嘉永３年（1850））が，天保６年（1835）に蘭書の記述に基づいて，古代ギリシャの哲学者ターレス（Thalēs. 紀元前624年—紀元前546年頃）からドイツの哲学者ヴォルフ（Christian Wolff. 1679-1754）にいたる自然哲学史について執筆した『西洋学師ノ説』である[14]．この中で，高

野は「恐らくフランス百科全書派の」影響と見られる方法で学問を分類し，数学をその中に位置付けている[15]．すなわち，ヴィスキュンデ（Wiskunde）を“諸問ノ形状・度分・距離ヲ測ルノ学ナリ．算術・度学・ホーケステレキュンデ[16]・星学二属ス，概シテ之ヲ訳シテ，数学ト云フ”」と述べている．このように高野は，蘭語のWiskundeという意味を物の形状，角度，距離を算出するための学問であり，「算術・度学・高等代数学・星学」を概して“数学”という言葉を使った．また，高野の弟子の和算家内田五観（文化2年（1805)—明治15年（1882））は，弘化2年（1845）にWiskundeを“詳証学”という言葉を使った[17]．川尻信夫は，これは仏国のダランベール（d'Alembert, Jean Le Rond d'Alembert. 1717-1783）たちが，1750年代から1780年頃にかけて出版した“百科全書”[18]において，学問を分類したときの最も広い意味における数学，すなわち，一般的な意味での数学に力学，天文学，幾何光学などを含んだ概念であると考えられる，と言及している[19]．さらに内田が安政3年（1856）に執筆した『詳証学入式題言』には，Wiskundeを純粋数学と応用数学に分け，前者をさらに算数，幾何，三角法，代数に分類している．彼はターレス，プラトン，アリストテレスなどの名前を挙げて，数学の重要性を説いている．しかし，内田の著書は和算系統のものであって，洋算に関しては著書も訳書もなく，彼がどの程度に深く洋算を研究していたかは不明である，という[20]．

次に，幕府の洋学受容機関であり東京大学前身校における西洋数学の受容について記す．安政6年（1859）に，蕃書調所の蘭医出身の市川齋宮が数学担当の命を受けているが[21]，そのときはまだ数学科はなく，数学科が新設されたのは文久2年（1862）であった[22]．蕃書調所の後に改称された開成所において，神田孝平（文政13年（1830)—明治31年（1898））が慶応3年（1867）『数学教授本』（第1巻）を刊行した．この中で「開成所ニ於テ始メテ筆算ヲ教授セル時ノ稿本ヲ発行シタル者ニテ汎則ヨリ加減乗除ノ四則及ビ分数ヲ作ル至ルニマデヲ説明シ」と，教科書の概要が記されている[23]．この書籍は第1巻から第4巻まで刊行されたが，この本のどこまでが開成所で講義されていたかは不明である[24]．この書籍が出版された前年の，慶応2年（1866）の開成学校数学科の生徒数は約150名であり，その大部分は陸海軍奉行支配の者であった[25]．

日本には本来，和算，洋算という伝統があった．明治5年（1872）に文部省が学制公布を行なった際，和算という言葉は正式に廃止された．明治10年（1877）には東京数学会社（現在の日本数学会と日本物理学会の前身）が設立された[26]．

第三節　お雇い外国人によって“物理学”及び“化学”，“数学”が教授された政府創設の機関

本節では東京大学法文理学部前身校と，その他の政府創設の科学が教授された教育機関を取り上げ，それぞれの機関の設立までの歴史と，初期の科学教育の状況について記述する．明治前期に学位を授与した科学技術の高等専門機関として，文部省の管轄下にあった東京大学（東京開成学校，（南校），東京医学校，（東校）），工部省の管轄下にあった工部学校（工学寮），農商務省の管轄下にあった東京農林学校（駒場農学校，東京山林学校），そして北海道開拓使の管轄下にあった札幌農学校があった[27]．本稿ではこれらの学校に加え，当時の日本における科学技術教育を行なった師範学校と大阪舎密局を取り上げる．

1.3.1．東京開成学校

明治元年（1868）春，明治天皇は「五箇条の御誓文」を示し新政府の基本方針とし，その第5条は「智識を世界に求め，大いに皇基を振起すべし」というものであった[28]．明治新政府は，富国強兵政策及びこの基本方針に基づき西洋の科学，技術，医学，法律などの学問の受容を急速に行なった．しかし，江戸幕府末期にも西洋の学問を受容，教育は行われており幕末には開成所と呼ばれていた施設が存在していた．明治新政府はこの施設を継承し発展させた．これが明治10年（1877）に創設される東京大学の前身校である．江戸幕府体制下で，物理学，化学の自然科学の科目が重視され積極的に受け入れられた時期は，文久元年（1861年）に開成所の前身校である蕃書調所において，これまで語学教育が主な役目であった施設に物産方という部署が開設されたことに始まる．ここでは，窮理学（物理学），製錬学（化学）の他に天文学，地理学，数学などの自然科学が教授された[29]．その後，蕃書調所は文久2年（1862）5月に洋書調所，翌年8月には開成所と改称され，その後，明治元年（1868）9月に開成学校，大学校に改称され，明治2年（1869）12月に大学南校と目まぐるしく改称される．次節でも言及するが，明治に入り大学南校と改称されるまでにお雇い外国人は在籍し，主に語学教育を中心に教育が行われ，彼らによる物理学，化学の教育はまだ行われていなかった[30]．しかし，この大学南校においてお雇い外国人教師たちによる物理学及び化学教育の先鞭を付けた出来事として，明治3年（1870）7月に行われた明治政府から全国の各藩主に向けて布告された貢進生制度がある[31]．この制度は，当時まだ存在していた藩の石高に応じて各藩から優秀な生徒をこの学校で

学ばせるという制度であった．この頃には，大学南校においてお雇い外国人教師と日本人教師たちによる一定の生徒の受け入れ態勢が整ったということであろう．翌年1月に作成された名簿には，全国から310名の生徒たちが登録されている．この学校では米国人，英国人，仏国人，独国人教師たちによる教育を行うために，生徒たちは3ヵ国語の中から1ヵ国語を選択しなければならず，310名の生徒のうち英語クラスを選択した生徒は219名，同様に仏語クラスが74名，独語クラスが17名であった[32)]．英語を選択した生徒が約7割を占めた．この学校のカリキュラムは3クラスのすべての生徒が普通課程で語学，歴史，数学，物理学などの基礎科目を学び，その後，専門課程に進み理科，法学，文科を学ぶことになっていた．このとき，全生徒は入学したばかりなので，まだ専門課程に進む生徒は存在せず，この課程の科目は開講されていなかった．

明治5年（1872）2月には，専門科課程は時期早々ということで廃止され，普通科課程のみのカリキュラムになった[33)]．こうして教育カリキュラムが構築された翌年の明治4年（1871）7月，この時学校の管轄が文部省に移った．文部省は学制改革を行ない，貢進生制度を廃止し大学南校自体を一次的に廃止した．文部省のこの改革には，次の2点の要因があったと思われる．1点目は明治4年（1871）7月に廃藩置県が実施され，全国の藩が消滅し今後の貢進生の見通しがつかなくなったこと．2点目は全国から優秀な生徒を貢進生として集め高度な教育を実施することを目指したが，生徒の語学力，学力の進捗に格差があり授業に支障が出たことも要因の一つのようである[34)]．学校側は退学させた全生徒に入学試験を課し，合格した者に再度，教育の場を与えた．さらにこれまで貢進生制度によって生徒を募集していたため，生徒たちは藩士たちの子弟が中心であったが，彼らのような身分の者の子弟以外にも，15歳から20歳までの若者で優秀な生徒に選抜試験を実施し勉学の機会を与えた[35)]．生徒数を500名とし，その内訳は英語クラスの定員を250名，仏語，独語クラスを125名ずつに定めた[36)]．大学南校は南校と改称され，こうして明治4年（1871年）10月に再スタートを切った．

明治5年（1872）8月，文部省は学制を発布し，南校を第一大学区第一番中学と改称した．この学校は，授業カリキュラムは南校時代のものを引継ぎ，名称を改称した．英語クラスで最上級であった「英一ノ部」を「上級中学第三級」，その次のクラス「英二ノ部」を「上級中学第四級」と改めた．同様に仏語クラスにおける最上級クラス「仏一ノ部」を「上級中学第四級」，その次の上級クラス「仏二ノ部」を「上級中学第五級」，独語クラスの「独一の部」を「上級中学第五級」，「独二ノ部」を「上級第六級」に改称した[37)]．この学校の教育システムで特筆すべきことがある．それは南校までお雇い外国人たちは複数の科目を教えていたが，この学校から各々の教師たちが専門科目を担当することになったことである．　物理学，化学を担当した教師たちは次の教師たちである．英語クラスにおける物理学教師はヴィーダー（Veeder, Peter Vrooman. 1825–1896），化学教師はグリフィス（Griffis, William Elliot. 1843–1928），仏語クラスにおいて化学教師はマイヨ（Maillot, X. 1831–1874），独語クラスにおいて化学教師はシェンク（Schenk, Carl August. 1838–1905）である[38]．以上の者たちは，東京大学前身校において最初の物理学教師，化学教師である．仏語クラス及び独語クラスにおいて，物理学教師の記載はない．この当時の生徒一覧によると全生徒数は390名で，内訳は英語クラス176名，仏語129名，独語85名であった[39]．

明治6年（1873）4月には，第一大学区第一番中学は開成学校と改称された．この学校はいわば今日の中学校と大学教育機関の中間に位置し，文部省令では“官立大学校”という位置付けであった[40]．この学校を英語では，“College”，教師たちを“Professor”と称した[41]．この学校は近い将来には，大学（今日の東京大学）創設を見据えた学校であった．明治政府は大学を創設するにあたり，これまで3か国語で行なってきた教育を英語のみによる教育方針を示した．それに伴い，仏語クラスと独語クラスは近い将来の閉鎖が決定した．しかし，突然の決定であったために，生徒たちの身の施し方が考慮され，仏語クラスの生徒のために諸芸学科，独語クラスの生徒のために鉱山学科が新設された．同時に英語クラスでは法学科，理学科，工学科の3クラスが設置された[42]．

明治7年（1874）5月には文部省令により，校名が東京開成学校に改称された[43]．上述の2クラスの生徒たちは，英語クラスへの転籍や他学校への転校，また自主退学が迫られたが[44]，学校側は在籍している生徒のために暫定的に，仏語クラスの生徒のために物理学科，独語クラスの生徒のために化学科の開設を決定し，生徒たちに希望を募ったが化学科は10名しか集まらず，明治8年（1875）7月15日独語クラスは閉鎖された．しかし，物理学科は43名集まり存続が決定し，9月から再スタートを切った[45]．その後，この仏語物理学科は，明治11年（1878）から3年間の間に20名の卒業生を出して廃止された[46]．明治9年（1876）12月の記録では，この学校の予科課程は3年間で，1年は2学期制であった[47]．

以上の通り，東京大学の前身校は名称を何度も変更し，貢進生制度の実施や英語，仏語，独語による3か国語による教育の実施を得て，明治10年（1877年）4月に東京大学が創立された．この時，物理学と化学教育は法文理学部で行われ，

“化学”，“物理学及び星学”という学科で開講された．以上が明治初期における東京大学設立までの変遷である．

1.3.2. 東京医学校

東京医学校は，現在の東京大学医学部の前身校である．日本の西洋医学は江戸時代において蘭学者（蘭方医）によって始められた．幕府の医学館は漢方医学の機関であり，ここでは当初西洋医学を取り入れていなかった．そこで，西洋医学の教育・受容というのは，最初民間の塾において行われた．東京大学医学部の前身校の源は安政５年（1858）５月に川路聖謨宅に設けられた種痘所（第一次）である．しかし，この年の11月に類焼してしまい，その後は伊藤玄朴宅に移った（第二次）．そして２年後の万延元年（1860）10月より幕府直轄になった（第三次）[48]．さらに文久元年（1861）には「西洋医学所」，文久３年（1863）には「医学所」と改称された．この機関は緒方洪庵（1810-1863），松本良順（1832-1907）が頭取になり整備され，当時の西洋医学の最高機関として幕末から明治に至った[49]．明治政府がこの機関を受け継いだ時には，医学教師として英国人ウィリス（Willis, William. 1837-1894）が従事していた．明治初年頃，政府は日本の医学教育に英国医学と独国医学のどちらを採用するかの議論していた．「当時の医書は大抵，ドイツからの翻訳書で，ドイツは大学も沢山あり，良医も多く輩出している」といった認識は長崎の蘭国人医師による医学伝習において芽生え，幕府伝習生や諸藩の伝習生の間で共有されていた[50]．長崎の医学校教師ボードウィン（Bauduin, Anthonius Franciscus. 1820-1885）のもとで修学し，のちに陸軍軍医総監になった石黒忠悳は「蘭学なるものは殆ど十の六，七は独逸書の翻訳と言っていいくらいなのです．すなわち，当時最も世に知らしめたフェランドの著書または……日々読む書物の十の六，七は独逸人の原書です．つまり私どもは従来，蘭語を通じて独逸医学を学んでいたのです．……私どもは医学はどうしても独逸医学に限るという信念を持っていたのです.」と回想している[51]．このように幕末に長崎で学んだ医生たちは，蘭国人医師による医学伝習を通して，独国医学の世界的先進に対する認識を深めていた．幕末の諸藩の中で，幕府（江戸にあった西洋医学所）以外で最も多く蘭語の医学書蔵書を所有していたと思われる佐賀藩では68種類を所有していたが，その中で独語からの翻訳書が27種，蘭語オリジナルの書籍が26種であり，若干であるが独語からの翻訳書が多かったことが明らかになっている[52]．石黒の回想と佐賀藩の蔵書を比較すると，長崎医学校，幕府が所有していた医学書は，佐賀藩が所有していた医学書より独語からの翻訳書が多かったと言える．最終的には，佐賀藩出身の大学大丞の相良知安と福井藩の岩佐純の尽力により，明治2年（1869）5月に朝議により日本医学界（医学教育）に独国医学が採用された[53]．日本で最初に医学教育の中で科学が医生の基礎科目として教えられた機関は，京都の新宮涼庭によって，天保10年（1839）に京都に開かれた順正書院である．ここでは，医師として必要な生理学，解剖学などの科目の他に，博物学，化学という今日の科学に相当する科目において各学則（八則）が定められていた[54]．明治政府の医学教育機関として，科学科目を教えるカリキュラムが作られたのは，慶応4年（1868）に設置された長崎の精得館がはじめてである[55]．このカリキュラムは江戸の医学校（東京大学医学部の前身校）において松本良順によって，医学七科（物理学，化学，解剖学，生理学，病理学，内科学，外科学）に採用され，我が国の西洋医学教育の基本科目となった[56]．

明治に入り江戸幕府の医学校は明治新政府に移管され，東京大学が創設されるまでの10年間に，次の通り目まぐるしく改称される．軍陣病院（明治元年（1868）閏4月），大病院（明治元年（1868）7月），医学校兼病院（明治2年（1869）2月），大学校分局（明治2年（1868）6月）[57]，大学東校（明治2年（1869）12月）[58]，東校（明治4年（1871）7月，第一大学区医学校（明治5年（1872）8月），東京医学校（明治7年（1874）5月）である．そして，明治10年（1877）4月に東京開成学校と合併し，東京大学医学部になった[59]．

明治4年（1871）7月に来日したお雇い独国人教師ホフマン（Hoffmann, Theodor Eduard. 1837-1894）とミュルレル（Müller, Benjamin Carl Leopold. 1824-1893）は，科学教育を医学の基礎学科として重要視していた．2人は日本（東京）における医学教育充実の改革を行なった[60]．当時の医生は8年間をかけて卒業するが，“数学”の授業（算術，幾何の科目を含む）は第一学年から第四学年までの4年間行われ，また“物理学”，“化学”の授業は第三学年から第五学年までの3年間行われており，医学教育の中でこれらの科目を重視していたことがわかる[61]．同年秋には，文部省は2人の意見を尊重し，独国・ゲッティンゲン大学において数学研究で学位を取得し，物理学の知識もある，当時，南校に勤務していたG. ワグネル（Wagener, Gottfried. 1831-1892）を初代科学教師として明治5年（1872）2月に東校に転任させている[62]．その後，ワグネルの後任にコッヒウス（Cochius. 生没年不明），シェンデル（Schendel, Leopold. 1848頃-没年不明），コルシェルト（Korschelt, Oscar. 1853-1940），ランガルド（Langaard, Alexander. 1847-1917）が招へいされ独国人がその地位を占めていった[63]．日本人がその地位に替わるのは，明治15年（1882）に村岡範為馳（1853-1929）が東京大学医学部物理学教授になってからである[64]．

公田蔵は，ワグネルの後任として明治8年（1875）から明治14年（1881）に，東京医学校，東京大学医学部に従事していた数学教師シェンデルの教授した内容が，高度なレベルであったとの詳細な報告を行なっている[65]．彼らはどのようなテキストを使用していたのか，また当時の教育レベルはどれくらいであったのかを知る手掛りとして，東京大学が創設された直後の医学部図書館の書籍リストがある．このリストには医学書の他に，科学書，語学辞典，地理学書，歴史書など様々な分野の書籍が記述されている．著者が全分野の書籍を精査したところ，独語の本が約1022種類で約5642冊，英語・蘭語・仏語・ロシア語の本が約212種類，約1666冊であった[66]．この独語の書籍の中で，所蔵部数が多いものは明治10年（1877）に創設される東京大学医学部の前身校で使用していたテキストである可能性が大きい．科学科目の分野で所蔵部数の多い順に3冊ずつ紹介する．まず物理学書（窮理学書）であるが，最も多く所蔵していた書籍はコッペー（Koppe）：*Anfangsgründe der Physik für den Unterricht in den oberen Klassen der Gymnasien*で，334部所蔵していた．他にはグリーゲル，ミュルレル，キュンチセック，ヘステル，マック，ガノーの窮理学書及び数名の著者による理学書もあったが，すべて所蔵部数は一部である．しかし，英語・蘭国語・仏国語・ロシア語の本のリストを調べたところ，ヲルムステッド（Olmsted）：*An introduction to natural philosophy*を129冊，ガノー（Ganot）：*Elementary trease on physics experimental and applied*または*Introductry Course of Natural Philosophy for the Use of School and Academies*を17冊所有していた[67]．Koppeの書籍は東京大学医学部の前身校において，医生に対する物理学教育で使用されていたテキストとして間違いないと思われる．次に化学書は，最も多く所蔵していた書籍はストレッケル（Strecker）：*Kurzes Lehrbuch der organischen Chemie*で200冊，次はロスコー（Roscoe）：*Kurzes Lehrbuch der Chemie*で150冊，ストレッケル（Strecker）：*Kurzes Lehrbuch der Chemie*が20冊であった．さらに英語・蘭語・仏語・ロシア語の本のリストを調べてみると，スチール（Steele）：*A fourteen weeks course in chemistry*を69部所有していた[68]．学生たちは独語以外の言語であるヲルムステッド，ガノー，スチールの書籍でも勉強していたのか，それともこれらの書籍は，明治4年（1871年）以前に独国人教師たちが着任する以前に使用されていたものかはわからない．また，数学書はカンブリー（Kambly）：*Die Elementar Mathematik*（1篇から4篇）を50冊ずつ，「ループニッツ　算学書」を40冊，「クッチ　算術書」を30冊所有していた．テキストではないが，「アフグスト　対数表」を50冊所蔵していた[69]．これらの書籍の内容を精査することによって，日本の初期の医学教育における予科教育としての科学教育の様子を明らかにすることができる可能性がある．このことを明らかにすることは，著者の今後の課題である．

1.3.3. 工部学校

明治3年（1870）10月，工業振興および，産業奨励を行う機関として工部大丞山尾庸三の建議によって工部省に学校が設置された[70]．山尾は「本省所管ノ諸工業ハ今邦未曾有ノ技術ニシテ之ヲ拡張セント欲セハ先ツ人材ヲ育成セサルヘカラス」と主張した[71]．翌明治4年（1871）に，工部省にその目的達成のために，技術者養成機関として工学寮を創設した[72]．現在の東京大学工学部の前身校である．この学校の特色は英国人教師が中心に創立されたことにある[73]．その背景として明治4年（1871年）11月，岩倉具視一行は条約改正を目的として米国，ヨーロッパ各国を周遊した．英国滞在中，一行はマセソン商会を介して英国のグラスゴー大学（University of Glasgow）教授であるランキン（Rankine, William John Macquorn. 1820–1872）やトムソン（Thomson, William. 1824–1907）に会い，日本の工業教育と人材派遣の相談を行なったことに起因する[74]．その結果，彼ら2名の尽力により明治6年（1873）6月に，有為の若手のダイアー（Dyer, Henry. 1848–1918）以下8名が工部寮に送り込まれたのである[75]．ダイアーはこの学校をスイス・チューリッヒにあるスイス連邦工科大学を模範とし，学理と実地とを統一した先進的な制度を模範とした[76]．8月には生徒の募集が行われ，官費で修学できる甲種生徒20名，私費で修学する20名の合計40名が選抜試験に合格し教育が始まった[77]．この学校の創設目的を「工部ニ奉職スル工業士官ヲ教育スル学校ナリ」と，学校規則の第一条に規定している[78]．修学年は6年間で，予科，専門科，実地科がそれぞれ2年ずつになっていた．彼らお雇い英国人教師たちによって工部寮の教育の充実が図られ，翌年明治7年（1874）には専門学科は土木工学，機械工学，電信，造家学，実用化学，採礦学，鎔鋳学の7科目が設置された[79]．また，明治11年（1878）12月には校内に化学実験所が設置され，ダイヴァース（Divers, Edward. 1837–1912）がその任務にあたり，工学分野の施設の他に基礎科目である化学の実験施設も充実した[80]．その後，学校の名称は明治10年（1877）1月に工学寮から工部大学校に改称された．この時，官費生33名，私費生26名，合計59名が入学しているので[81]，上述の通り明治6年（1873）には40名が入学しているので，明治6年時と比較して生徒数は，45%増加している．明治12年（1879）11月に，第一回生の卒業生が出ている．明治18年（1885）12月に工部省から文部省に移管され，その後当時の帝国大学と合併し，帝国大学工科大学（東京大学工学部）になる[82)].

次にこの学校の科学科目の教育を知る手掛りとして，図書館（工部省では書房とも呼ばれていた）で所蔵された書籍を精査した．図書館に所蔵されていた書籍であるが，明治10年（1877）時点で洋書を8445冊所蔵していた[83)]．これらの書籍は大きく分けて教科書用，参考書用を，それぞれ5364冊，3445冊所蔵していた．両者を加えた数量8809冊と上述の8445冊では誤差が生じるが，その理由は複数冊で1つのタイトルの書籍であるものが含まれていることがあるためである．ここでは教科書用として使用された5364冊の内訳で，最も冊数が多いのが数学書（Mathematics）で2132冊，順に理学書（Natural Philosophy）で929冊，英語書（English）が732冊，化学及び冶金学書（Chemistry and Metallurgy）が645冊，土木学及び機械学書が400冊，製図書334冊，鉱物学及び鉱山学書が192冊である．数学書，理学書，冶金学を含む化学書の科学分野の書籍で3706冊を占め，これらは英語書を除いた教科書用専門書4632冊の内，科学書が約80%を占めており，特に数学書が46%を占めていることは特筆すべきことである．この事実と上述の明治11年（1878）12月の化学実験所の設置は，当時のお雇い英国人教師たちが工学教育に科学科目の重要性を示した事例であろう[84)]．植村正治の報告よると，明治13年（1880）当時の工部学校所蔵の洋書の教科書の中で，理学書もしくは物理学書の数量が全体の15.3%を占めていた[85)]．また，図書館はエアトン（Ayrton, William Edward. 1847-1908）が理学の授業のテキストとして使用した *Elementary Treastise on Natural Philosophy*（全4巻）[86)]を100部所有し，洋書の教科書用図書の46.5%を占めていた[87)]．このことからも，工学の分野で理学を重要視していたことがわかる．

次に数学科目の教育状況であるが，工学寮での教育が始まった際の最初の数学教師はマーシャル（Marshall, Dadid Henry. 1848-1932）であり，2年後にはペリー（Perry, John. 1850-1920）が加わった．彼らは授業に，主にトドハンター（Todhunter, Isaac. 1820-1884）のテキストを用いて教えていた[88)]．工部大学校が東京大学と合併された明治19年（1886）当時の「工部大学図書目録」に掲載されている書籍リストの中で，30部以上を所蔵していた書籍は21部あり，その中でトドハンターの一連の書籍が9冊所蔵されており，約3割を占めていた．内訳は代数学書が2冊，幾何学書が5冊，微積分学書が2冊であった[89)]．また，トドハンターの書籍以外で所蔵数が多かったは，ウィルソン（Wilson, James Maurice. 1836-1931）Elementary Geometryが339部，チェンバーズ（Chambers）：Mathematical tables

が189部，ウィルソン（Wilson, J. M.）：*Solid Geometry and Conic Sections* が112部である．この中でチェンバーズの対数表というのは，ロンドンのChambers出版から刊行されていたChambers's educational courseの中で，プライド（Pryde, James. 1802-1879）が編集している[90]．

1.3.4. 東京農林学校

政府の殖産産業の要であり，農業・林業振興の人材育成を行っていた教育機関は東京農林学校である[91]．農業学校，山林学校のうち，まず最初に農業振興の人材を育てた農業学校について言及する．政府は明治7年（1874）4月に太政官に対し，内務省・内藤新宿試験場に農事修学場を設置し，獣医学，農学，農芸化学，農学予科，農学試業科等の教師を海外から招聘することを上請した．翌年明治8年（1875）12月には，農学校設立ならびに生徒教育，教師雇用の方針が上申された．これは，(1) 獣医学校を設置すること，(2) 農学校を設置すること，(3) 分析所を設置すること，(4) 教師の選択は事業の成否に肝要であり，大教師，分析教師，獣医教師，予科教師，現業教師の5名を雇い入れること，(5) 農学校に多少の園圃牧場を付して生徒実地の経験に便ならしむべきこと，また，各生徒の修業年限を終えその成業する者には農業成熟の証書等を与え農業或いは獣医の技術士の役に就くを免許することなど，5ヵ条からなるもので，農学校の目的や機構が具体的に示されていた．大久保利通は農学校の設立に向けて英国，独国公使に依頼して人選に取り組んでいたが，明治8年（1875）12月には，専ら英国人教師の採用を決めた[92]．明治9年（1876）7月には，富田禎次郎（生没年不明）を英国に派遣して，英国人教師5名との間に雇入条約を結んだ．ちょうどこの頃，明治政府はこの学校（正式名称は，内務省農事修学校）の農業生徒20名，獣医生徒30名の生徒募集を行なっている[93]．英国人教師5名は，この年の秋に来日した[94]．この中で英国人教師キンチ（Kinch, Edward. 1848-1920）は農芸化学教師として来日したが，彼は無機化学，有機化学，物理化学も教授していた[95]．キンチが農芸化学の授業に用いたテキストは，英国人チャーチ（Church, Arthur Herbert. 1834-1915）：*The Laboratory Guide for students of Agricultural Chemistry*,（初版1864年）の第3版である．駒場農学校はこのテキストを，明治12年（1879）に英国より50部を購入し，同時にロスコー（Roscoe）：*Lessons in elementary chemistry* も50部購入している[96]．また，キンチが明治10年（1877）に英国から購入した書籍リストには，ワーロントン（*Warington*）：*Chemical paper* とブンセン（Bunsen）：*Gasometry* を含む27点を購入している[97]．東京大学農学部には，「帝国農学校化学教室においてなされた分析結果」と題されたノートが残っている．このノートの内容について報告している熊沢喜久雄は「恐らくこれが日本における土壌，肥料，作物などについての最初の分析結果であろう．」と言っている[98]．また，この学校には予科クラスが設置されていたが，このクラスでは算術，幾何学，代数学の数学科目も教えられていた[99]．授業は外国人教師により英語で行われたため，通訳を介して行なわれた．明治10年（1877）10月には農事修学場は農学校と改称された．ちなみに，明治13年（1880）改訂の英文の農学校規則には，農学校の英語名として「The Imperial College of Agriculture」と記している．明治13年（1880）の普通農学科と専門3科の課程を示す．この時の科学教育のカリキュラムを見てみると，普通農学科の第一年級（初年度）で，物理学（物体普通性，重学，音響学，熱学），化学（無機化学），数学（代数学，幾何学），第二年級で，物理学（光学，磁学，電気学，気象学），化学（有機化学），分析化学（単易検質分析），数学（代数学，幾何学，三角法初歩）となっている．また農学本科では，第一年級で高等数学を学び，その後は科学科目ではなく，専門科目のみの授業カリキュラムである．さらに農芸化学科の第一年級で，農学と化学，分析化学実習，定量分析，第二年級で分析化学実習を学び，獣医科では第一年級で無機化学講義，第二年級で有機化学講義を学ぶカリキュラムになっている．

政府は当初，英国人教師でスタートした農学教育であるが，彼らとの雇用契約終了とともに，独国人教師を採用するようになった．明治13年（1880）10月には，獣医学教師としてヤンソン（Janson, Johannes Ludwig. 1849-1914）とトロエステル（Troester, Karl.　生没年不明），明治14年（1881）11月には農芸化学教師にケルネル（Kellner, Oskar. 1851-1911），明治15年（1882）11月には農学教師にフェスカ（Fesca, Max. 1845-1917）を招聘し，英国人教師から独国人教師に移行していった[100]．明治15年（1882）5月22日，農学校は駒場農学校と改称した．翌年には授与学位として農学士，農芸化学士，獣医学士の3種を設定し，同年6月には卒業生55名に学位を授与した[101]．

次に山林学校のカリキュラムについて言及する．政府の林業従事者養成機関，東京山林学校の設立目的は，樹苗を栽培してその得失，風土の適否と成長の状態，木材の性質効用等の調査を行うことをその目的とし，さらに一般人が理解しやすい実地の仕事により，林業に対する関心を高め，山林学校設立の機運を醸成しようというのがその本旨であった．明治14年（1881）4月，農商務省が新設され，山林学校設立の構想が進んだ．同年10月にその設立が認められ[102]，校名は東京山林学校と命名され，12月1日に開校式が行われた[103]．東京山林学校の設立当初の修業年限は3年で，前期，後期に分かれていたが，明治17年（1884）に校則が改正され，5年間で10級に延長された．本稿の明治前期（明治10年（1877）の東京大学創設まで）における主旨とは異なるが，林学における科学教育という観点から，明治17年（1884）5月時点の教育カリキュラムにおける科学科目は次の通りである．第十級クラスで代数学，幾何学，物理学，第九級クラスで幾何学，物理学，化学，第八級クラスで物理学，化学，三角術，分析化学を学んだ．5年間の修学年の中で，科学科目は2年半で終了していた．明治19年（1886）4月，東京山林学校は前述の駒場農学校とともに農商務省の直轄に移され，7月22日に東京山林学校は駒場農学校と合併し，東京農林学校と改称になった．この合併の際，東京山林学校から，732種の書籍が引き継がれた[104]．そのときの在校生は126名であったが，山林学校は設立以来まだ卒業生を1人も出していなかった．そして，明治23年（1890）6月12日，東京農林学校は帝国大学農科大学に改組された．

1.3.5. 札幌農学校

東京開成学校と並び，札幌農学校は早い時期から学位授与を行う教育機関であった．現在の北海道大学の前身校である．北海道の開拓については，大久保利通によって米国式で行う方針が取られ，明治4年（1871）に黒田清隆（1840-1900）を米国に派遣し，拓殖の状況を視察させ，農業指導者の顧問に当時米国の農務局長であったケプロン（Capron, Horace. 1804-1885）と，畜産指導者にダン（Dun, Edwin. 1848-1931）を招いた[105]．明治5年（1872）1月開拓使の要人により，北海道に農工業諸学校を建設する伺いが出されると[106]，すぐに米国からの6名の舎密学（化学）教師等の雇用伺いが政府に提出された[107]．そして同年9月2日に，東京・芝の増上寺に開拓使仮学校が開設された[108]．前月には，「仮学校規則届」は政府に提出されている．この規則は十九条から成り立ち，第十五条には学科を普通科（予科）と専門科に分けること．普通科を2階級クラス，専門科を4学科を設置することに言及されている．また，それぞれのクラスで学ぶ教育カリキュラム（科目）にも言及されている．科学科目は，“普通学第一”（予科初級クラスに相当）では，「算術」と「窮理学」を学び，“普通学第二”では「舎密学」，“専門学第一”で「舎密学」，そして“専門学第四”で「舎密学」を学ぶことになっている[109]．

この仮学校は明治8年（1875）に札幌に移り[110]，名称を札幌農学校と改めた．そして明治9年（1876）11月にクラーク（Clark, William Smith. 1826-1886），W.ホイーラー（Wheeler, William. 1851-1932），ペンハロー（Penhallow, David Pymouth. 1854-1910）の3名の米国人教師を迎えて[111]，16名の生徒で発足した[112]．この3名のうち科学科目を担当したのは，ペンハローが化学を教授し，ホイーラーが数学を教授した[113]．この学校ではじめて物理学が教授されるのは，1888年（明治21）に着任したヘイト（Haight, Milton. 1855-1896）からである[114]．第一期生には佐藤昌介（後の北海道大学初代総長）や渡瀬寅次郎（教育者），大島正健（教育者），伊藤一隆（水産業界の発展に尽力）等がいる．学校は全人教育を基本とし，かつ理論と実践との結びつきを重視したものであり，科学分野では次にような科目教育が行われた．「代数学」，「幾何学」，「理学（physics）」，「天文学」，「化学」である．「理学」は特に機械学を重視し，「化学」は農業と冶金術に関する事項を重視していた[115]．第一期生は明治13年（1880）8月に卒業し，学位（学士）が授与された[116]．学位授与を行った教育機関は明治11年（1878）の東京大学に次ぐものである[117]．翌年には，第二回生の内村鑑三他9名が卒業し，学位が授与された[118]．札幌農学校はこれまで開拓使に属していたが，明治15年（1882）に文部省下の学校になることは政府に認められず，農商務省の所轄になった[119]．そして明治19年（1886）には北海道庁に移管され，明治28年（1895）になり文部省に直轄となった[120]．

1.3.6. 師範学校

上述の教育機関以外でもお雇い外国人によって“物理学”，“化学”，“数学”が教授され，小学生に対しての科学教育を目的に，明治5年（1872）5月に設置されたのは師範学校である[121]．現在の筑波大学の前身校である．これまで記述してきた学校・施設は，御雇外国人教師たちによる一部の日本人生徒に対する教育機関であったが，師範学校は国民全体を対象とした，新しい時代に即応した教育を行い，西洋学問を中心とした学問知識の教育（啓蒙）を行うための人材を養成する機関である．政府はその設立を緊要な問題として挙げていた．そのために師範学校を設け，卒業生を教師として全国の小学校教師に派遣すること，さらに，この師範学校で教育を受けた教師を府県に配置して，地方の教員養成機関を発展させようとした．このような考え方は，各藩が藩校を持っていた幕府体制下では全く考えられていなかった政策である[122]．

政府（太政官）は明治5年（1872）8月に初めて国民に学制を公布し，政府方針を伝えた．そこではまず，学問は身を立てる財本，各自自身の産をなすためのものであると述べて，国のためという言葉は全く使われていない．また，過去の学問観を批判し，欧米の近代思想に基づく個人主義的・実用的な学問観を提唱している．最後には，“……自今以後一般の人民（華士族農工商及婦女子）必ず邑に不学の戸になく家に不学の人なからしめん期す……”と述べ，国民すべてを学ばせようとするものであった．その後，明治6年（1873）3月と4月に追加公布され，合わせて全213章にも及ぶ全国一律の学校制度が定められた[123]．明治5年（1872）5月14日，旧昌平坂学問所跡の敷地に師範学校が設置され[124]，学校規則も定められた．その第一項に「外国人一名ヲ雇ヒ之ヲ教師トスル事」，第四項に「教師ト生徒ノ間通弁官ヲ一名置ク事」とあり，ここでの教育が御雇外国人教師によって行う方針であったことがわかる[125]．政府は，この年の8月に当時，第一大学区一番中学教師であったスコット（Scott, Marion McCrrell. 1843–1922）を，この学校に招へいし欧米の教育方針を模範として教育養成を依頼した[126]．スコットが着任した時に，学校は入学試験を実施し合格者54名の入学を許可し授業が始まった．授業で使われた科学科目のテキストであるが，“物理学”については前節で言及したように，片山淳吉『物理階梯』も用いられた[127]．また“数学”はロビンソン（Robinson, Horatio Nelson. 1806–1867），デービス（Davies, Charles. 1798–1876），マークス（Marks, B. 生没年不明）の本が用いられた[128]．管見では初期の師範学校で用いられていた“化学”のテキストについて言及した文献を見つけることはできなかった．この師範学校を皮切りとして，明治6年（1873）6月には大阪と宮城に，また翌月には，愛知，広島，長崎，新潟に師範学校が設立された．翌年2月には，文部省より全国に四校の師範学校の設立伺いが政府に提出され，次第に全国に広まった[129]．明治8年（1875）3月には，はじめての卒業生を輩出し，各地の師範学校教師として赴任させた．明治8年（1875）当時，全国に91校の師範学校があり，小学校は26000校あった[130]．この年の11月に，文部省は女性教師養成学校であるを東京女子師範学校を東京師範学校の近くに設立した[131]．また東京都公文書館には，明治9年（1876）に東京府小学師範学校が米国に物理学器具を注文した件に関する公文書が残っている[132]．このころになると東京だけではなく，地方の小学校，師範学校も科学教育の手段として教科書だけでなく，実験機材の充実も図っていったと思われる．

1.3.7. 大阪舎密局

現在の大阪大学，及び京都大学の前身校であるこの機関は，文久2年（1862）から長崎医学校で教師をしていたボードウィンの構想に起因する．当時，長崎では医学教師が化学，物理学などの科学科目を担当していたが，彼は別に研究所を設けて専任の教師を迎え入れるというものであった．これが幕府当局者の承諾を得て元治元年（1864）10月に，長崎分析窮理所が開設された．この窮理学所は化学，物理学（窮理学）を研究する施設であり，そこの教師として慶応2年（1866）に蘭国人ハラタマ（Gratama, Koenraad Wolter. 1831-1888）が招聘された[133]．しかし幕末の混乱・崩壊により，当初計画したような指導はできなかった．江戸に来たハラタマは，1年間は，「ただの一時間も講義することなく」，無駄に過ごし，新しく始まる講義のために読書や患者の診察の毎日を送るだけであった．この時代のハラタマの仕事を示すものとして，蘭語と英語の会話書（『英蘭会話訳語』）の刊行がある[134]．

明治元年（1868）7月には，大阪に舎密局を設置することを決定し[135]，その設備は江戸に設置されていた開成所の理学講場を移管するようにしていた[136]．そして明治2年（1869）5月1日に蘭国人ハラタマを教頭として，物理学，化学を教授する学校として舎密局は開校した[137]．当日，彼は大阪府知事，弁事等の役人，各国領事などが出席した舎密局の講堂で，約200名の聴衆を対象に開校記念講演を行った．この講演は三崎嘯輔が通訳を行い聴衆に聞かせた．彼は講演で博物学と理学，化学に触れ，化学者は昔は分析を主としていたが，それはこの学問の一部であって，近時は合成の方法が進んできたと話した．さらに理化学の成果は決して思索のみの産物ではなく，すべて実験をもって証明しなければならないと力説した．また，彼はガリレオ（Galileo）の振子について，さらにアルキメデス（Archimedes）の比重，ワット（Watt）の熱機関車，ガルバーニ（Galvani）の検電機，スネルレウス（Snellius）の光学などの物理学の原理を説明した後，ラボアジエ（Lavoisier）の大気成分研究など化学の重要性を列挙して強調した．彼は最後に，理学，化学の二学を日本中に広めることが，自分が渇望することである旨のことを話している[138]．彼は来日時，実験道具，試薬を持参していたので，彼の授業はテキストを用いた講義ばかりではなく，生徒に実験を行わせて物理学や化学の理解を深めさせた[139]．彼の講義は通訳をしていた三崎により，『理化新説』というタイトルで出版された．全4巻で出版されたが，1巻が化学に関する内容であり，その他の3巻は物理学に関する内容であった[140]．内容はごく初歩的なものであったが，学校教育の形態で行われた我が国最初の理化学講義であったことは注目に値する[141]．開校の翌年明治3年（1870）5月には大阪舎密局は大阪理学所，10月には大阪開成所分局理学所と改称された[142]．またそれに伴い，所轄も変更された[143]．大阪に科学教育の先鞭を付けたハラタマは，この年12月には契約を終了し帰国についた[144]．その後，この学校に着任するのが独国人リッター（Ritter, Georg Hermann. 1827-1874）である[145]．リッターの大阪での活動については，本稿第六章で取り上げている．

以上，明治初期に科学教育を行っていた6つの教育機関を取り上げた．これらの機関の特徴は次の3点である．1点目は本稿で取り上げている独国人教師がかかわったのは，医学教育機関（東京大学医学部の前身校）のみであること．工部学校，農林学校は英国人，札幌農学校，師範学校は米国人，大阪舎密局は蘭国人教師たちが大きく関わっていた．

2点目は師範学校を除く5つの機関における科学教育については，科学の習得が手段であり，目的はこの知識を用いて国家のために役に立つ医学，工学（技術），産業，農林業などを発展させ，国を豊かにすることであった．三点目は国民全体への科学の普及を目的とした機関は，師範学校であった．

第四節　先行研究

最初に物理学，化学を教授していた独国人に言及する．本稿で最初に取り上げた独国人科学教師ワグネルの来日前の修学歴と経歴について言及した先行研究は，寄田啓夫の論考である[146]．しかし寄田の論考は，次の2つの文献からの引用のみで新たな事項の記載はない．第一は，ワグネルが会長を務めたドイツ東アジア研究協会（Deutsche Gesellschaft für Natur- und Völkerkunde Ostasiens 現在の（社）OAG ドイツ東洋文化研究協会）が刊行していた雑誌に掲載されたワグネルの“追悼文”である[147]．この追悼文の筆者は記載されていないが，ワグネルの死後4年の年月をかけて，彼の来日前後の動向について日本国内と独国国内で調査を行い，それをもとに彼の生涯を紹介している．第二はワグネルの死後46年を経て，東京工業大学に彼の記念碑が設立された際に，記念事業として東京工業大学とワグネルの教え子たちによって編纂された『ワグネル先生追懐集』[148]である．これはワグネルの日本での教育面，日独文化交流面での業績を中心に紹介している．この文献は，タイトル通りワグネルの教え子たちによる回想を集めた追懐である．これら2つの文献は，ワグネルを研究する際の必読の書である．

シェンク（Schenk, Carl August. 1838-1905）の経歴や足跡については，これまでシェンクの教え子である和田維四郎が明治36年（1903）10月31日に日本地質学会（至東京大学地質学教室）において行った講演において，「シェンク氏はドイツ国スツトガート市の人にして」と言及していること[149]．それとシェンクが大学南校での同僚で，義理の兄にあたるクニッピングの日本滞在中の回想記に記述されている事項である[150]．また，リッターの来日に至る経緯については塚原徳道の報告があり[151]，彼の日本における（特に大阪開成所）における講義内容を研究されたものについては，橋本万平の報告がある[152]．また東京大学及び京都大学蔵の史料[153]と，東京谷中霊園内にある彼の教え子たちが寄贈した顕彰碑の記述などの史料もある．

次に数学を教授していた独国人として，クニッピング（Knipping, Erwin Rudolph Theobald. 1844–1922），ゼーガー（Seger. 生没年不明），ウェストファル（Westphal, Alfred Friedrich Julius. 1850–1924），グレーフェン（Greeven, Georg Albert. 1843–1898）の4名が明らかになっている[154]．この中でクニッピングについては，彼が帰国後に執筆した経歴や足跡，日本における回想録が日本語で翻訳出版され，翻訳者たちによって記述内容の裏付け調査行われており，彼の親族や住んでいた住所など詳細な事項まで明らかになっている．またウェストファルはベルリン大学を卒業後，ベルリンの青木周蔵（1844–1914）大使によってリクルートされたことが公文書から明らかになっていたが，ゼーガーについてはフルネームや出身地など全くわかっていない．

第五節　研究・調査の対象

独国人教師たちを扱う基準は次の3点である．1点目は，従事していた年代である．それは明治の開国後から明治10年（1877）に東京大学が創設されたことに伴い，その前身校（東京開成学校）の独語クラスが閉鎖される期間とする．実際，独語クラスが開設されるのは明治3年（1870）であるため，明治10年（1877）までの7年間である[155]．2点目は，従事していた学校の選定である．当時の日本で独国人教師が科学科目を教えていた学校は，東京大学法文理学部の前身校[156]の他に東京大学医学部の前身校があるが，この学校の目的は国家官僚養成であった[157]．そしてそこは「国家ノ須要ニ応ズル学術技芸ヲ教授シ及其蘊奥ヲ攻究スル[158]」機関であった．ここで学んだ知識を用いて，近代国家構築のために貢献する人材を養成することであった．3点目は人選である．上記の学校で，科学科目を担当した教師たちを対象とする．但し，これらの以外の教科，例えば独語，鉱物学，歴史，文学などを教えていても，物理学，化学，数学を1科目でも教えていた教師は対象とする．

以上3点を満たす人物として物理学，化学教師として，ワグネル（在職期間：明治3年（1870）11月から翌年3月，及び明治8年（1875）9月から明治10年（1877）9月），シェンク（同：明治4年（1871）10月から明治8年（1875）7月），リッター（同：明治6年（1873）3月から明治7年（1874）12月），ローゼンスタン（Rosenstand. 生没年不明）

同：明治５年（1872）12月から明治６年６月）の４名である．最後のローゼンスタンは，デンマーク人であるが独語クラスで物理学，化学を教えていたため３点の条件を満たしている．しかし，彼については最初，英国人ローバルの代用教員として法学教師として雇用されたこと，その後独国人チンメンマン（Zimmermann）来日までの期限付きの雇用であったこと，「明治５年時47歳であった[159]」ということ以外，ファースト・ネーム，生年月日，来日の経緯，デンマークの出生身地などを文献で見つけることができなかったので，本稿では取り上げることができなかった[160]．ユネスコ東アジア文化研究センター編の『資料御雇外国人』には，トゼロフスキー（Toselowski, Franz Ludwig. 生没年不明）という人物が，明治６年（1873）６月から東京開成学校に赴任したことが記載されている．彼は1873年（明治6）５月３日にベルリンで，独国大使青木周蔵と日本で物理学と化学を教授することを契約した．この年の秋から数学を教授していたが，学校側から指導力不足ということで約３か月契約を解除され[161]，外国語学校に転籍されているので，彼は取り上げていない．また数学教師については，クニッピング（在職期間：明治4年（1871）３月から明治８年７月）[162]，グレーフェン（在職期間：明治５年（1872）３月から明治６年（1873）３月および明治７年（1874）３月）及びウェストファル（同：明治７年（1874）３月から明治８年（1875）７月）の３名を取り上げる．他にゼーガーが挙げられるが，彼について明らかになっていることは，明治６年（1873）当時25歳であったこと，当初来日する予定であったお雇い教師が来日できなかったので，その代わりの教師が見つかるまでの臨時教師であったこと[163]，造船技師であったこと，離日後メキシコに渡って亡くなったこと以外は全くわからなかったので[164]，本稿では取り上げない．

上述の基準の２点目に挙げた東京大学法文理学部の前身校で，科学科目を教授していた独国人教師にホルツ（Holtz, Viktor. 1846–1919）がいる．彼は日本政府が安政５年（1858）に独国政府（当時の北プロイセン）に独語教師を依頼して来日した最初の独語教師である．彼は明治３年（1870）に来日し４年間滞在，独語の他に物理学，自然学の他に文系科目を教授した．当時，大学南校ですでに，ワグネル，シェンク，クニッピングによって独語クラスが開設されていたが，ホルツの目的・使命は独語の教授であり，ホルツは上記３名のクラスとは別のクラス（独逸教場）で生徒に教授していたので，次章 第三節「明治新政府樹立後の東京大学前身校の英語，仏語，独語の科学教師の変遷」ではホルツは含めていない．しかし，彼は日本で講義を行った科目，そのテキスト，生徒の学習進捗状況について本国へ詳細に報告しており，この報告書は当時の科学教育の様子を知ることができる貴重な史料である．本稿では第九章でホルツを取り上げ，本国へ報告した日本における科学科目の教育状況を含めて彼の生涯を紹介する．よって，本稿では物理学，化学を教授したワグネル，シェンク，リッター，及び数学を教授したクニッピング，グレーフェンとウェストファルにホルツを加えた７名を取り上げる．

第六節　研究・調査の方法

著者が研究・調査を進めるにあたって重要視したことは，７名の教師たちの来日前の足跡について彼らの母国の公文書館や関連施設が保管している一次史料で確認することであった．まず最初にワグネルであるが，彼はゲッティンゲン大学（Göttingen Universitität）で学位を取得したことがわかっていた．著者はその記述を検証するために，ゲッティンゲン大学公文書館に問い合わせを行ったところ，第二章で報告している史料が保管されていることが明らかになり，これを入手し解読を行った．次に著者は，この史料の記載されていた記述内容について各学校，関連施設に問い合わせを行い，一次史料を確認した．その学校，施設は，ワグネルが大学進学以前に学んだハノーファー市工芸学校（Polytechnische Schule zu Hannover）（現在のハノーファー大学（Hannover Universität）），ギムナジウム時代の史料が保管されているハノーファー市公文書館（Stadtarchiv Hannover），ワグネルが生誕後キリスト教徒の洗礼を受けた教会などである．

シェンクに関しては，彼の来日前の足跡としてはシュトゥットガルト（Stuttgart）出身ということしかわっていなかったが，調査の過程でシェンクの親族を探し出して，家族関係や出身地をご教示いただいた．著者はそれらを確認するために，彼の出身地の公文書館及びキリスト教徒の洗礼を受けた教会が保管している一次史料を調査することによって，これまで知られていなかった彼のミドル・ネームを含む本名，生年月日，出身地，家族構成などを明らかにすることができた．さらに，シェンクの離日後の動向であるが，彼がサンフランシスコに渡った，という証言をもとに当時のサンフランシスコの新聞記事を調査したところ，彼に関する記事を発見することができた．さらに米国国立公文書館（National Archives at College Park, MD）に保管されている1900年に行われた米国の国勢調査結果一覧の中に，シェンク家族のものを発見でき，シェンク夫妻の米国への入国時期，当時の家族の年齢，家族構成（一人娘）などが明らかになった．

リッターに関しては，彼もワグネルと同様にゲッティンゲン大学で学位を取得したことがわかっていたため，大学公文書館に問い合わせを行ったところ，大学公文書館に彼に関する６編の史料が保管されていることが明らかになった．著者はこれらの史料のコピーを入手することができ，解読することができた．次にワグネルの場合と同様にこれらの記述内容について各学校，関連施設に問い合わせを行い，一次史料を確認した．その各学校，関連施設は，大学で学んだ後の2年間に在職した ライプツィッヒ（Leipzig）郊外メッケルン（Möckern）村にある農場試験場（Landwirtschaftlichen Versuchsstation），その後，在職したハノーファー市の工芸学校，さらにリッターの出生地レーゼ（Leese）にあるレーゼプロテスタント教会に保管されている彼のキリスト教徒としての洗礼書の記載，彼が6歳から14歳まで通学したギムナギウム，そしてギムナギウムの卒業記録が保管されているリューネブルク市公文書館などである．詳細は，第六章で報告する．

グレーフェンについては，著者は彼が技術者であったことに注目し，ベルリンにある独国特許局に申請した特許書類を調査したところ，彼がクレフェルト（Krefeld）市出身であることが明らかになった．そして，クレフェルト市公文書館の史料を調査することによって，生没年月日や一時英国へ移住したこと，日本へ行っていたことなどが記載された公文書を探すことができた．

ウェストファルについては，元岡山大学経済学部助教授のミヒャエル・ラウック氏（Dr. Michael Raucke）が，インターネット上で欧米人の家系図情報を検索できる“rootsweb.com”のホームページ上で，ウェストファルについて記述した内容をもとにその裏付け調査を行うために，彼が進学したギムナジウム，学位を取得したハレ・ヴィッテンベルク大学公文書館，そして離日後勤務したベルリンの王立測地学研究所（現在のヘルムホルツセンター）及び独国・ポツダム地球学研究センター（GFZ）に保管されている一次史料を調査した．

ホルツの来日前後の足跡について上述のラウック博士が詳細な報告を行っている．またホルツが来日中に日本における教育活動，進捗状況について記した手紙は宇和川 耕一が日本語訳で紹介している．著者はラウック博士と宇田川の文献をもとに，この手紙が保管されているミュンスター（Münster）にあるノルトライン・ヴェストファーレン州立公文書館（Landesarchiv Nordrhein-Westfallen）及びホルツ個人の身上書が保管されているコブレンツ中央公文書館（Landeshauptarchiv Koblenz）を訪問し，収集した史料をもとに報告する．

さらに上述の本稿で取り扱う対象者について，国内の東京大学，京都大学及び国立公文書館，東京都公文書館に保管されている彼らに関する文書調査を基にしている．以上のように本稿は，日本国内，独国の大学及び公文書館，関連施設に保管されている一次史料を調査した結果をもとにしている．

注

注）

1）　本稿では，固有名詞，論文タイトル，引用文などの場合を除き，アメリカ，イギリス，フランス，ドイツ，オランダを米国，英国，仏国，独国，蘭国を記し，同様にフランス語，ドイツ語，オランダ語をそれぞれ仏語，独語，蘭語と記す．また，アメリカ人，イギリス人，フランス人，ドイツ人，オランダ人を，米国人，英国人，仏国人，独国人，蘭国人と記す．また，本稿では，固有名詞，論文タイトル，引用文などの場合を除き，明治元年から明治10年創設の東京大学法理文学部の前身校で学んだ者及びその他の教育機関で学んだ者たちを「生徒」と記し，明治10年以降に東京大学で学んだ者を「学生」と記し，大学機関で学んだ者と，その前身校を含むそれ以外の教育機関で学んだ者の名称を区別している．但し，幕末の各藩の医学校及び，東京大学医学部前身校で医学を学んだ者は「医生」と記す．

2）　文部省編：『学制百年史―資料編―』，帝国地方行政学会，1972年，p. 7.

3）　文部省編：『学制百年史―記述編―』，帝国地方行政学会，1972年，pp. 50–51. 旧幕府の学問所を新政府が引き継いだときの公文書が残っている（国立公文書館所蔵：「旧幕府学問所収ム」，『太政類典・第一編・慶応三年～明治四年・第百十八巻・学制・学校二』，明治元年06月9日，請求番号：本館-2A-009-00・太00118100.）．

4）　渡辺正雄他編：“日本の近代化と化学”，『改訂　明治前期学術雑誌論文記事総覧―明治前期学術雑誌論文記事集成別巻―』，1990年，ゆまに書房，付録p. 10. それまで教育を司る政府機関は“大学”という名称であったが，“文部省”という名称に替わったは明治4年（1871）7月のことである（国立公文書館所蔵：「大学ヲ廃シ文部省ヲ置ク」，『太政類典・第一編・慶応三年～明治四年・第十九巻・官制・文官職制五』，明治4年7月18日，請求番号：本館-2A-009-00・公00019100.）．

5）　米国人教師については，注4）の渡辺の文献および同著『増訂　お雇い米国人科学教師』，北泉社，また仏国人科学教師については沢護：『お雇いフランス人の研究』，敬愛大学経済文化研究所，1991年3月を参照．現在の科学科目には生物学も含まれるが，当時は生物学という言葉はなく生理学（英physiology，独Physiologie，仏physiologie）という科目名が使われていた．この科目は，明治5年（1872）4月の時点で英語クラスでは第一級から第三級の3クラス，仏語クラスでは第一級から第二級までの2クラスにおいて履修科目として定められていたが，独語クラスでは授業科目としての記載はない（「履修科目別履修時間（単位・時間，明治五年四月）」，東京大学百年史編集委員会編：『東京大学百年史―通史一―』，1984，pp. 180–181.）．明治8年（1875）6月に東京開成学校で行われた試験を確認してみると，英語クラスにおいて“比較解剖学と生理学（Comparative Anatomy and Physiology）”と“人間生理学（Human Physiology）”という題目の講義が教授されていた（Tokyo Kaisei Gakko［東京開成学校］編：『The Calender of the Tokio Kaisei-Gakko, or Imperial University of Tokio for the year 1875』，1875, p. 120; p. 126; p. 131.）．仏語，独語クラスでは行なわれていない

(同文献，pp. 132-159. を参照). 本稿では，独語クラスの科学科目とは物理学，化学，数学の科目を指す.

6) 明治5年（1872）6月の文部省職員録によると，片山は「編輯寮十等出仕」という役職である. この職員録から「編纂大属」という役職に就き，編纂寮の責任者と思われる人物は，備中小田縣人の佐原純一と美濃岐阜縣人の土岐頼徳の両名である. この両名以下，編輯寮には八等から十五等の役職があり，57名が従事していた. その内訳は八等には4名，九等には8名，十等には片山を含む8名，十一等には8名，十二等には6名，十三等には11名，十四等には9名，十五等には3名が記載されている（国立公文書館所蔵：『職員録・明治五年六月・官員全書改（文部省)』，明治5年6月—明治5年6月，請求番号：本館-2A-016-04・公00049100.). 当時の文部卿は，肥前佐賀人の大木高任である. 文部省の小学校教科書編纂については，注3）の文献，pp. 182-184; p. 251を参照. また片山については，岡本正志："「物理階梯」の編者片山淳吉の生涯"，『科学史研究』，24, 154, 1985年7月，p. 89. を参照.

7) 注6）の岡本の文献，p. 89.; 日本科学史学会編：『日本科学技術史大系—第8巻（教育1)—』，第一法規出版，1964年，p. 255.

8) 注6）の岡本の文献，p. 91. また，当時の教科書は文明開化の思潮を背景として一般に新知識を提供する源泉として歓迎された. これらの教科書によって小学校の教育が改革されたばかりではなく，中等学校や師範学校でも使用された. さらに国民一般に対する啓蒙書としても読まれたので，当時の教科書が新しい文化の普及に大きな役割を果たした（注3）の文献，p. 184; 板倉聖宣：『日本理科教育史』，第一法規出版，1968年，p. 89).

9) 注6）の岡本の文献，p. 89. R. G. Parker, G. P. Quackenbos, A. Ganotの書籍については，本稿「言語別クラスにおける科学科目の教育状況—独語クラスを中心に—」を参照. 岡村は『物理階梯』の内容を検討し，片山が上述の三名の著書以外の書籍を参考にして記述した可能性を示している（岡本正志："『物理階梯』の原書を探る"，『日本物理学会第38回年会講演予稿集4』，1983年3月，p. 223.).

10) 注6）の岡本の文献，p. 89. 『理学啓蒙』から『物理階梯』というタイトルに改題され（名称変更の命が出され)，片山は『理学啓蒙』の表紙を早急に取り換えて『物理階梯』を刊行した. この件に関しては，文部省内から片山に"理学"から"物理学"という名称への指示があったと思われるが，それに関与したと思われる人物に関しては不明である. この本の影響で，全国に"物理"という名称が広まった. 片山とは他に"物理"という言葉を考えた人物がいるということである. 注6）の国立公文書館所蔵の文献に記載された人物の中に，それに関与している人物がいる可能性は大きい. そのことを明らかにすることは，著者の今後の課題である.

11) 日本化学会編：『日本の化学百年史—化学と化学工業の歩み—』，東京化学同人，1978年，p. 82.

12) 桂川甫策，石橋八郎訳並註：『化学入門』，一貫堂，明治3年; 石黒忠悳訳『化学訓蒙』，大学東校，明治3年.

注

13)　注 11）の文献，p. 95.

14)　「日本の数学 100 年史」編集委員会編：『日本の数学 100 年史―上―』，岩波書店，1983 年，p. 18.『西洋学師ノ説』は，佐藤昌介，，植手通有，山口宗之編：『日本思想大系．55（渡辺崋山・高野長英・佐久間象山・横井小楠・橋本左内）.』，岩波書店，1971 年に，全文が収録されている．また，高橋眞司：“日本におけるホッブス哲学の導入（上）―ホッブス哲学と近代日本（一）―”，『一橋論叢』，93, 3, 1985 年 3 月，p. 350 でも言及されている．

15)　注 14）の「日本の数学 100 年史」編集委員会編の文献，p. 18.；川尻信夫：『幕末におけるヨーロッパ学術受容の一断面：内田五観と高野長英・佐久間象山』，東海大学出版会，1982 年.；吉田勝彦：“高野長英，星学略記草稿”，『蘭学資料研究会研究報告』，302，1976 年，p. 248.

16)　ホーケステレキュンデは，オランダ語の「hoge stelkunde」，日本語で「高等代数学」のこと（注 14）の「日本の数学 100 年史」編集委員会編の文献，p. 18).

17)　同上の文献，p. 19.

18)　欧米の図書館蔵書を検索できる独国・カールスルーエ工科大学図書館（www.ubka.uni-karlsruhe.de/kvk.html）において検索システムで該当した結果，次の書籍であった．Diderot. D., d'Alembert, J., Mouchon, P., Robinet, J., Briasson, A.：*Encyclopédie, ou Dictionnaire raisonné des sciences, des arts et des métiers, par une société de gens de lettres. Mis en ordre & publié par M. Diderot, de l'Académie Royale des Sciences & des Belles-Lettres de Prusse; & quant à la Partie Mathématique, par M. D'Alembert, de l'Académie Royale des Sciences de Paris, de celle de Prusse, & de la Société Royale de Londres*, Chez Briasson, rue Saint-Jacques, à la Science, David l'aîné, rue Saint-Jacques, à la plume d'or, Le Breton, Imprimeur ordinaire du roy, rue de la Harpe, Durand, rue Saint-Jacques, à Saint Landry, & au Griffon. M. DCC. LI [-MDCC. LXXX], Paris, 1751-1780.

19)　注 14）の「日本の数学 100 年史」編集委員会編の文献，p. 19：川尻信夫：“幕末における〈数学〉意識の形成過程”，『思想』，643，1978 年，p. 95.

20)　注 14）の「日本の数学 100 年史」編集委員会編の文献，p. 19.

21)　市川齋宮は，数学担当の命を受けた翌年の万延元年（1860）に，蕃書調所の頭取であった古賀謹一郎より独語習得が命じられた（「第二章　第一節　幕末から明治初期における東京大学前身校における英語，仏語，独語の語学教育の歴史的背景」を参照.

22)　注 14）の「日本の数学 100 年史」編集委員会編の文献，p. 28.

23)　同上の文献，p. 29.；原平三：“蕃書調所の科学及び技術部門において”，『帝国学士院記事』，2, 3，1943 年，p. 437.

24)　福井市立図書館に現存する『数学教授本』の第 1 巻は，慶応 3 年（1867）に刊行されたものであるが，刊行年については元治元年（1864）とするものもある（岩波書店編集部編：『近代日本総合年表』，岩波書店，1968 年；注 14）の「日本の数学 100 年史」編集委員会編の文献，p. 29 を参照).

25)　注 14）の「日本の数学 100 年史」編集委員会編の文献，p. 30.

26)　注 4）の文献，付録 p. 8.

27)　注 7）の日本科学史学会編の文献：“第八章 工部省・開拓使における科学技術教育”，p. 337 より．日本における近代科学の全面的な導入が開始されたとき，大学ないしそれに準じるレベルでその中心となったのは，東京大学およびその前身校と，札幌農学校であった（渡辺正雄：『増訂 お雇い米国人科学教師』，北泉社．1996 年．p. 8.）．実際，明治 12 年（1879）に，卒業生が理科，工学，農学の分野で学士称号を得られたのは，東京大学，工部大学校と，翌年，第一回の卒業生を出した札幌農学校のこの 3 校であった（中山茂：『帝国大学の誕生』，中央公論社，1978 年，p. 19.）．

28)　東京大学前身校の変遷については，主に東京帝国大学編：『東京帝国大学五十年史―上冊―』，非売品；1932 年，文部省編：『学制百年史―記述編―』，帝国地方行政学会，1972 年，p. 76-77；p. 92-95；p. 220 を参照．「五箇条の御誓文」は，文部省編：『学制百年史―資料編―』，帝国地方行政学会，1972 年，p. 7 に収録されている．

29)　この時開設された機関について，上野益三『お雇い外国人③自然科学』，鹿島研究会出版会，1968 年，pp. 32-33．では物産局と記述している．しかし，東京大学創立百二十周年記念東京大学展：『学問のアルケオロジー』，東京大学出版会，1997 年，p. 48；p. 75 において物産方という記述になっているので，本稿はそれに従う．またこれまで窮理学と呼んでいたが，文部省が物理学という言葉を正式に採用するのは，明治 5 年の終わりから 6 年（1873）の初めごろである（橋本万平：“明治初期の物理（1）”，『物理学史研究』，3, 1，1966 年 2 月号，pp. 11-12.）．また，それまで「舎密」，「精煉方」と呼んでいたが，幕府より「化学」という言葉に改称されたのは，慶応元年（1865）3 月である（上述の上野の文献，p. 34.）．

30)　次節の「幕末から明治初期における東京大学前身校における英語，仏語，独語の語学教育の歴史的背景」を参照．

31)　国立公文書館蔵：「大学南校貢進生差出届」，資料請求番号：本館-2A-025-00・公副 00136100，明治 2 年 6 月付を参照．貢進生は 15 万石以上の藩からは 3 名，5 万石以上の藩からは 2 名，それ以下の藩からは 1 名という定員が決まっていた（注 28）の東京帝国大学編の文献，p. 148 を参照）．彼らは学習の条件として漢学，「和漢ノ古典」の教養が前提条件であった（幕末維新期漢学塾研究会，生馬寛信編：『幕末維新期　漢学塾の研究』，渓水社，2003 年，p. 72）．

32)　注 28）の東京帝国大学編の文献，p. 152.

33)　同上の文献，p. 206.

34)　国立公文書館蔵：「学制改革ニ付東南校一先閉校及貢進生ヲ廃ス」，資料請求番号：本館-2A-009-00・太 00240100，明治 4 年 9 月 18 日．理学，文科，法科を教えていた大学南校と並び，医学を教えていた大学東校に，この時期に来日したドイツ独国人お雇い医学教師のミュルレルとホフマンが来日した．彼らは来日早々，生徒の語学力，学力の進捗に格差があり授業に支障があることを実感し，貢進生への再試験を行い，成績不審者を退学にした．大学南校もこの大学東校の政策にならったと思われる．このことに関しては，小澤健志：“明治四年の佐賀藩医学校好生館のドイツ語教育”『佐賀大学地域学歴史文化研究センター紀要』，7，2013年3月，p. 43；p. 49.；L. Müller：“Tokio-Igaku”，Deutsche Rundschau, 57, 1888, pp. 318-320. を参照．邦訳はレオポルト・ミュルレル著，石橋，小川，今井訳：『東京—医学』，ヘヒストジャパン（株），非売品，1975年，pp. 17-21を参照.

35） 注28）の東京帝国大学編の文献，p. 151.；pp. 200-201. この考え方は幕末にも起こり，一部の有能な人材を育てるだけでは新しい時代に対応出来ないことがはっきりするにつれて，藩校の中で藩士の子弟のみならず「社寺農商ノ者」まで対象を広げ，組織的に，かつ段階を踏んで教育することに意味があると判断されるように至った（幕末維新学校教育会編：『幕末維新期における学校の組織化に関する総合的研究 II』，非売品，1991年，pp. 87-88.）.

36） 注28）の東京帝国大学編の文献，p. 184.

37） 同上の文献，pp. 238-240.

38） 出版社不明：『第一大学区第一番中学一覧表』，明治6年7月9日付.

39） 同上.

40） 国立公文書館蔵：「第一中学ヲ開成学校ト改称」，資料請求番号：本館-2A-009-00・太00468100，明治6年4月10日付の公文書を参照．また“東京開成学校規則　第一章学校 ノ目的及編制　第一条”に，「東京開成学校は文部省の所轄にして諸科専門ノ生徒を教育する官立大学校なり」とある（東京開成学校編：『東京開成学校一覧　明治8年2月』，明治8年，p. 6）.

41） 2009年5月4日に九州大学において行われた日本科学史学会2009年度第56回年会報告会において，蔵原三雪氏が行った“W. E. Griffis' Journals（1872, 1, 23～1874, 9, 17）の研究（3）—グリフィス（W. E. Griffis）とリッテル（H. Ritter）—”の講演の際の配布資料，p. 2を参照.

42） 注40）の東京開成学校編の文献，p. 4. 本科5学科の中で，理学科だけが就業年数が4年間であり，それ以外の学科は3年間であった（注28）の東京帝国大学編の文献，pp. 290-291.）.

43） 注28）の東京帝国大学編の文献，p. 261；“東京開成学校規則　第一章　画工の目的及編制”の第4条を参照（注40）の東京開成学校編の文献，p. 7）.

44） 注40）の東京開成学校編の文献，pp. 6-7.

45） 注28）の東京帝国大学編の文献，pp. 302-305. 山川健次郎が日本人としてはじめて東京開成学校教授補に就任するのは，明治9年（1876）1月17日である（東京開成学校編：『東京開成学校　第四年報　明治9年』，明治9年12月，p. 44.）．武村重和は論考の中でこのとき生徒10名を対象に始まったと言及している（武村重和：“東京開成学校と外人科学者—日本自然科学教育成立史研究—4—”，『広島大学教育学部紀要　第一部』，14，1965年10月，p. 33.）．10名というのは，最上級クラスの生徒数と思われる.

46） 橋本万平：『素人学者の古書探究』，東京堂出版，1992年，p. 113.

47） 注45）の東京開成学校編の文献，p. 2.

48)　東京大学創立百二十周年記念東京大学展：『学問のアルケオロジー』，1997 年，東京大学出版会，p. 127.)．；注 3）の文献，pp. 78–79 を参照．後者の文献では，伊東玄朴が設けた種痘所を源としていることを言及しておく．

49)　新政府は明治元年（1868）6 月には江戸に設置されていた旧幕府の医学所を引継ぎ，継続・発展させ，同年 12 月には学校管轄にすることを決定している（国立公文書館所蔵：「医学所ヲ江戸ニ置ク」，『太政類典草稿・第一編・慶応三年～明治四年・第百二十七巻・学制・学校建置』，明治元年 6 月 26 日，請求番号：本館-2A-024-08・太草 00128100.；国立公文書館所蔵：「旧幕府医学所ノ跡ヲ以テ創メテ医学所ヲ興ス」，『太政類典・第一編・慶応三年～明治四年・第二十三巻・官制・官庁制置一』，明治元年 6 月 28 日，請求番号：本館-2A-009-00・太 00023100.；東京都公文書館蔵：「医学所を学校管轄とす」，『第 1）法令類纂・巻之 28・衛生部・上，（市役所写本）法令類纂　巻之二十八』，明治元年 12 月 25 日，収録先の請求番号：632. B2. 06. 632. C3. 26.)．しかし，翌年 1 月には医学所は東京府の管轄になっており，新政府の混乱ぶりがみられる（東京都公文書館蔵：「(原議欠）（行政官より医学所を東京府管轄とする旨申達)」，『大学校大病院御用留・(大病院掛書類，学校御用留，大病院御用留）慶応 4 年』，明治 2 年 1 月 17 日，収録先の請求番号：605. A4. 10.)．

50)　森川潤：『明治期のドイツ留学生―ドイツ大学日本人学籍登録者の研究―』，雄松堂出版，2008 年，p. 64.

51)　石黒の回想は，石黒忠悳：『懐旧九十年』，岩波書店，1983 年，p. 174；小澤健志：“明治四年の佐賀藩医学校好生館のドイツ医学教育”，『佐賀大学地域学歴史文化センター研究紀要』，第 7 号，2013 年 3 月，pp. 40–42 を参照．

52)　向井晃氏は，幕末の佐賀藩の蔵書目録について，「明治前作成の洋書目録として最大のもの」と言及している（緒方富雄監修：『復刻版　蘭学資料研究―附巻―』，龍渓書舎，1987 年，p. 44）このリストは『佐賀藩鍋島家旧蘭書』というタイトルで，佐賀県立図書館に保管されている．このリストを複写したものは，『洋書目録』というタイトルで同図書館郷土資料参考室において自由に閲覧できる（資料請求番号：S 複鍋/091/046)．小澤健志：“佐賀藩が所有していたオランダ語の医学書”，『佐賀大学地域学歴史文化センター研究紀要』，第 8 号，2014 年 3 月，pp. 15–16. を参照．

53)　相良知安が明治政府に採用されてから独国医学採用に尽力した詳細は，鍵山栄：『相良知安』，(財）日本古医学資料センター，1973 年，pp. 97–125 が詳しい．相良が独国医学界の優位性に気が付いていたことは，同文献，pp. 80–82 を参照．

54)　青木歳幸：『江戸時代の医学―名医たちの 300 年―』，吉川弘文館，2012 年，pp. 237–239.

55)　安政 4 年（1857）から長崎で教えていた蘭国人医学教師ポンペが実施していた教育時間割を見てみると，医学教育と思われる科目以外に“化学”，“採鉱学”の授業が行なわれていた（荒瀬進：“徳川幕府直轄の長崎医学校の教育方針とその付属病院運営の回想”，『医学史研究』，21，1966 年，p. 1085.)．佐賀藩医学校好生館では，幕末にすでに医生に対して窮理学，化学に加え，数学が教授されていたことが明らかになっている．長崎の精得館の予科教育と佐賀藩医学校の予科教育については，注 51）の小澤の文献，pp. 43-44 を参照.

56）注 54）の文献，pp. 247-248.

57）明治 2 年（1869）6 月に大学校分局と改称される直前に，東京府から政府へ移管された（東京都公文書館蔵：「昌平校を改め大学校と称し開成医学二校を属す件」，『（第 1）法令類纂・巻之 83・学制部・1，（市役所写本）法令類纂　巻之八十三』，明治 2 年 6 月 15 日，収録先の請求番号：632. B4. 03. 632. C4. 23.）.；注 49）を参照.

58）東京都公文書館蔵：「大学校を大学と開成所を南校と医学校を東校と改称」，『（第 1）法令類纂・巻之 28・衛生部・上，（市役所写本）法令類纂　巻之二十八』，明治 2 年 12 月 17 日，収録先の請求番号：632. B2. 06, 632. C3. 26.）．当時の長崎病院学則との職員は，管轄が大学東校へ移管した（東京都公文書館蔵：「長崎病院学則並学職人員進退大学東校へ管轄被仰付」，『（第 1）法令類纂・巻之 28・衛生部・上，（市役所写本）法令類纂　巻之二十八』，明治 3 年 2 月 28 日，収録先の請求番号：632. B2. 06, 632. C3. 26.）.

59）寺崎昌男：『東京大学の歴史』，講談社学術文庫，2007 年，p. 12.

60）日本物理学会編：『日本の物理学史—上巻（歴史・回想編）—』，東海大学出版会，1978 年，p. 101；吉良枝朗：『明治期におけるドイツ医学の受容と普及—東京大学医学部外史—』，築地書館，2010 年，p. 44-46 を参照.

61）注 60）の吉良の文献，p. 45.

62）国立公文書館所蔵：「南校教師ワクネル東校へ操替ノ儀伺」，『公文録・明治五年・第四十六巻・壬申一月～三月・文部省伺（一月・二月・三月）』，明治 5 年 2 月，請求番号：本館-2A-009-00・公 00669100.；国立公文書館所蔵：「孛人ワグネル氏ヲ東校予科教師ニ雇易ヘキネツピンクヲ代員トシ外ニ一名雇入」，『太政類典・第二編・明治四年～明治十年・第六十九巻・外国交際十二・外客雇入六』，明治 5 年 2 月 22 日，請求番号：本館-2A-009-00・太 00291100.；東京都公文書館蔵：「文部省傭分　医学　プロシア人ワグネル」，『院省使傭外国人名簿・附自費雇』，明治 7 年，収録先の請求番号：604. D3. 09.）．また，「第三章　第三節　長崎滞在から東京滞在まで」を参照.

63）注 60）の吉良の文献，p. 61.；注 60）の文献，p. 101.；ユネスコ東アジア文化研究センター編：『資料御雇外国人』，小学館，1975 年のワグネル，コッヒウス，シェンデル，ランガードの頁を参照.

64）注 60）の吉良の文献，p. 61.；注 63）のユネスコ東アジア文化研究センター編の文献のワグネル，ランガルトの頁を参照．本稿では対象としていない年代であるが，日本における物理学教育に重要なことなので言及しておく．明治 10 年（1877）に創設された東京大学医学部には，当初日本語で講義を行い，独語習得の時間を省き医師の速成するために別課を設けていた．ここで物理学を教えていたのが，当時助教授であった飯盛挺造である．彼は明治 12 年（1879）にこの講義記録をもとに『物理学』を出版したが，この本は 3 巻から成り，合計で 1383 頁にもなる物理学書であった．この本は大正初年まで二十数版を重ね，明治時代における物理学教育に大きな貢献と役割を果たした（注 60）の文献，p. 101.）．ホフマン，ミュルレルが来日する前年には，大学東校教師石黒忠悳によって医生向けの化学啓蒙書の翻訳本を出版している（石黒忠悳訳：『化学訓蒙』，大学東校，明治 3 年）．この本が果たした役割については，注 7）の日本科学史学会編の文献，pp. 84–87 を参照．

65）　公田蔵："明治期の日本における理工系以外の学生に対する「高等教育」の教育"，『数理解析研究所講録』，1392，2004 年，pp. 104–111 を参照．

66）　目録全体は，東京大学医学部創立百年記念会，東京大学医学部百年史編集委員会編："明治 11 年 12 月東京大学医学部文庫書目"，『東京大学医学部百年史』，東京大学出版会，1967，pp. 657–698．である．この中で明治 10 年（1877 年）時の独語の書籍リストは同文献，pp. 657–683．また英語・蘭語・仏語・ロシア語の書籍リストは，同文献，pp. 685–690 に記載されている．また和漢籍のリストが同文献，pp. 691–698 に記載されているが，本稿では言及しない．著者が，本稿で言及している書籍の種類と冊数をカウントするにあたり注意した事項は次の通りである．一点目は，著者と本のタイトルだけ記載され，所有部数が記載されていない場合，その書籍の所有数は 1 部とみなした．二点目は目録には日本地図，世界地図，アジア圏の地図も一部として記述されていたが，本稿ではカウントしていない．但し，地理学書は一部として含めた．三点目はヨーロッパ各地の新聞，学術雑誌は除外した．四点目は本稿の趣旨が東京大学前身校の科学教育であるため，明治 11 年（1878）9 月 25 日に到着した書籍リスト（同文献，pp. 683–684）はカウントしていない．ちなみにこの時に到着したのは，45 種類の書籍が 225 冊である．明治 10 年（1877）11 月 8 日付で，当時の駐日独国弁理代理公使であったフォン・アイゼンデッヒャー（Eisendecher, Karl. 1841–1934）は本国外務省に宛てた書簡で，当時の東京大学医学部の蔵書数は 1 万冊にのぼり，その中の 5 分の 4（80%，約 8000 冊）が独語の本であること，そしてそのほとんどが医学専門書であることを報告している（トスカ・ヘゼキール編；北村，小関訳：『明治初期御雇医師夫妻の生活―シュルツェ夫人の手紙から―』，玄同社，1987 年に付録として，この手紙の内容が紹介されている（同文献，pp. 379–388））．特に書籍の蔵書については，同文献，p. 383．に記載されている．フォン・アイゼンデッヒャーの報告にあるように独語の本が約 8000 冊を所有していること，そのほとんどが医学専門書であることは，"明治 11 年 12 月東京大学医学部文庫書目"と比較すると大きな誤差がある．しかし実際には，フォン・アイゼンデッハーの報告が正確であり，このリストが洩れている可能性がある．このことを調査することは，著者の今後の課題である．このフォン・アイゼンデッヒャーの報告は，ポツダムの国立中央公文書館に所蔵されている（同文献，p. 379.；Vianden, , H.：*Die Einfürung der deutschen Medizin in Japan der Meiji-Zeit*, Triltsch Verlag，Düsseldorf, 1985 を参照）．

67）　目録には「コッペー　窮理学書」ヲルムステッド　窮理書」，「ガノー　窮理書」としか記載されておらず，原書言語による著者，本のタイトルの綴り，出版年，版が記載されていない．学校で何版を使用していたのかはわからないので，以下に特定した書籍は，初版の出版年を記載している．独語のタイトルとオリジナルの綴りを特定するにあたり参考にしたのは，当時の法理文学部の独語書籍リスト（高野彰監修・編："東京大学法理文学部図書館独逸書目録（明治10年刊)"，"東京大学法理文学部図書館佛書目録（明治10年刊)"及び"東京大学法理文学部図書館英書目録（明治10年刊)"，『明治初期東京大学図書館蔵書目録—第一巻—』，ゆまに書房，2003年.）である．また，それらの書籍が実在するかどうかの確認は，注20）の独国・カールスルーエ工科大学図書館の検索システムで行なった．これらによると，コッペー，ヲルムステッド，ガノーの原書は次の通りである．Koppe, Karl：*Anfangsgründe der Physik für den Unterricht in den oberen Klassen der Gymnasien—sowie auch für gebildete Leser überhaupt—*, G. D. Bädeker, Essen，初版1848年.；Olmsted, Denison：*An introduction to natural philosophy: designed as a text book—for the use of the students in Yale College—*, Conn., B. L., Hamlen, New Haven，初版1838年．書籍のタイトルにあるように，米国・イエール大学で使用されていたテキストのようである．タイトルは自然哲学（natural philosophy）とあるが，書籍の分類では，物理学（physics）になっている．また，Ganot, Adolphe著，Atkinson, Edmund訳：*Elementary treatise on physics experimental and applied—for the use of colleges and schools—*, H. Baillière, London, 1863．またはCours de Pysiqueというタイトルの物理学書で，Peck, W. G．によって英語に翻訳され*Introductry Course of Natural Philosophy for the Use of Schools and Academies*, A. S. Barmes & Burr, New York, 1860である．

68） 目録によると化学書で，最も所蔵していた書籍は「ストレッケル　無機化学」で200冊，次は「ロスコー　化学書」で150冊，ストレッケル　化学書」が20冊であった．また英語・蘭語・仏語・ロシア語の本のリストを調べてみると，「スチール　化学書」を69部所有していた．原書は次の通りである．Strecker, Adolph & Regnault, Victor：*Kurzes Lehrbuch der organischen Chemie*, Friedrich Vieweg und Sohn, Braunschweig，初版1853年.；Roscoe, Henry Enfield著，Schorlemmer, Carl翻訳協力：*Kurzes Lehrbuch der Chemie—nach den neuesten Ansichten der Wissenschaft—*, Friedrich Vieweg und Sohn, Braunschweig，初版1867年．英語のオリジナル版は，*Lessons in elementary chemistry*, Macmillan & Co., London, 1866.；Strecker, Adolph & Regnault, Victor：*Kurzes Lehrbuch der Chemie*, Friedrich Vieweg und Sohn, Braunschweig，初版1851年.；Steele, Joel Dorman：*A fourteen weeks course in chemistry*, A. S. Barnes, New York，初版1867年.

69） 目録によると，数学書は「カンブリー　数学書（1篇から4篇)」を50冊ずつ，「ルーブニッツ　算学書」を40冊，「クッチ　算術書」を30冊所有していた．テキストではないが，「アフグスト　対数表」を50冊所蔵していた．注18）のカールスルーエ工科大学図書館の検索および注67）の高野彰監修・編の独語の"数学および天文学書"の頁（pp. 292-293）を参考に書籍のオリジナルタイトルを特定すると，カンブリー書はKambly, Ludwig：*Die Elementar Mathematik—für den Schulunterricht*—, Ferdinand Hirt, Breslau：1866-1873（Theil 1. Arithmetik und Algebra., Theil 2. Planimetrie., Theil 3. Ebene und spährische Trigonometrie., Theil 4. Stereometrie.）．ループ二ッツ書とクッチ書は特定できなかった．またアウグスト書であるが，欧米の図書館にアウグスト，おそらく独語の綴りはAugustであると思われるが，Augustという名字（Family name）の人物で該当者はいなかった．しかし，ミドル・ネームがAugustで，苗字がツェッチ（Zech）という人物で対数表を作成していた．該当するかわからないが，その書籍は次の通りである．Zech, Julius August Christoph：*Logarithmisch-trigonometrische—Tafeln mit vier Stellen*—, H. Laupp'sche Buchhandlung, Tübingen, 1864.

70）国立公文書館所蔵：「工部省ヲ置ク」，『太政類典・第一編・慶応三年～明治四年・第十九巻・官制・文官職制五』，明治3年10月20日［閏］，請求番号：本館-2A-009-00・太00019100．また，旧工部大学校史料編纂会：「工部省ノ設置」，『旧工部大学校史料・同付録』，青史社，1978年，pp. 2-3．を参照．

71）注48）の東京大学創立百二十周年記念東京大学展の文献，p. 383.；大内兵衛，土屋喬雄編：『明治前期財政経済史料集成　工部省沿革報告』，第17巻（復刻版），原書房，1979年，p. 7.

72）国立公文書館所蔵：「工部省学校ヲ設ク」，『太政類典・第一編・慶応三年～明治四年・第百十七巻・学制・学制二』，明治4年7月，請求番号：本館-2A-009-00・太00117100.；注70）の旧工部大学校史料編纂会の文献：「工部学校建設ノ建議」，pp. 4-5.

73）この学校が明治6年（1873年）8月に開校し，明治18年（1885年）に東京大学と合併するまでにお雇い外国であった．圧倒的に英国人が多かったことがわかる（渡辺正雄他編：“日本の近代化と化学”，『改訂　明治前期学術雑誌論文記事総覧—明治前期学術雑誌論文記事集成別巻—』，1990年，ゆまに書房，付録p. 90.；注70）の旧工部大学校史料編纂会の文献：「工部学校建設ノ建議」，pp. 353-356を参照）．

74）注70）の旧工部大学校史料編纂会の文献：「工学寮トマセソン商會ノ関係」，pp. 48-50.

75）同上の文献，p. 50．マセソン商會とは，マセソン（Matheson, H. M.）によって横浜英一番館で経営されていた商社のこと．伊藤博文とマセソンは旧知であった（注48）の東京大学創立百二十周年記念東京大学展の文献，p. 383）．また，国立公文書館所蔵：「英人都検兼工学博士ダイエル外二名来航」，『太政類典・第二編・明治四年～明治十年・第七十二巻・外国交際十五・外客雇入九』，明治6年6月23日，請求番号：本館-2A-009-00・太00294100.；注48）の東京大学創立百二十周年記念東京大学展の文献，p. 383を参照．英国側の責任者のダイアー以下，8名の氏名と担当科目は，注70）の旧工部大学校史料編纂会の文献：「外人教師ノ來著及増員」，pp. 73-74を参照．

76）日蘭学会編：『洋学史事典』，雄松堂出版，昭和59年の「工部大学校」の頁より．スイス連邦工科大学（Eidgenössische Technische Hochschule．1855年創設）．

注

77) 注 70) の旧工部大学校史料編纂会の文献：「外人教師ノ來著及増員」, p. 77. この史料によると, 生徒数が定員に達せず再募集が行われている.
78) 同上の文献：「工學寮學課並諸規則—明治七年二月改正—」, p. 195.
79) 注 48) の東京大学創立百二十周年記念東京大学展の文献, p. 216.
80) 注 70) の旧工部大学校史料編纂会の文献：「化学実験所ノ設置」, p. 132.
81) 同上の文献：「生徒ノ入校」, pp. 121-122.
82) 国立公文書館所蔵：「工部大学校開業式」, 『単行書・詔勅録・国書之部・批准之部・委任状之部・証認状之部・勅語之部・外国公使以下へ勅語』, 明治 11 年, 請求番号：本館-2A-033-05・単 00183100; 注 48) の東京大学創立百二十周年記念東京大学展の文献, p. 217.; 注 59) の文献, p. 12. 第一回卒業生に関しては, 注 70) の旧工部大学校史料編纂会の文献：「卒業」, pp. 133-134 を参照.
83) 注 48) の東京大学創立百二十周年記念東京大学展の文献, p. 218. 洋書とは別に和漢書籍を 4046 冊所蔵していた. また同文献, p. 225 には, 明治 10 年, 明治 16 年 3 月, 明治 17 年 3 月, 同年 12 月, それぞれの時点の蔵書数が記載されている.
84) 植村正治："工部大学校書房所蔵の理学図書—研究ノートに代えて—", 『流通科学大学論集—経済・情報・政策編—』, 22, 1, p. 43.; Library of the Imperial College of Engineering : *Cataloue of Books he of ocontained in the Library of the Imperial College of Engineering. Library of the Imperial College of Engineering,* Tokyo. 1878. 参考書 3445 冊の内訳は大別して, 工学系の専門書, 科学系の専門書, その他の分野の 3 つであり, 全体で 23 分野に分類されている. その他には文学全般書 (General Literature), 詩と小説 (Poetry and Novels), 辞書など 1059 冊があるので, これを除くと工学専門書, 科学書, 及び定期雑誌, 紀要 (Periodical, Transaction & c.) であり, 合計 2386 冊を所蔵していたことになる. この中で最も所蔵していたのが, 紀要 (Periodical, Transaction & c.) で 569 冊であり, 順に機械学書が 236 冊, 化学及び冶金学書が 206 冊, 数学書が 197 冊, 土木学書 (Civil Engineering) が 192 冊, 地質学・鉱山学・鉱物学書 (Geology, Mineralogy, and Mining) が 185 冊, 物理学書 (Physics) が 148 冊である.
85) 注 84) の植村の文献, p. 42.
86) 同上の文献, p. 42 によると, エアトンが使用したテキストは, デシャネル (Deschanel, A. P.) 著, エベレット (Everett, J. D.) 訳：*Elementary treatise on natural philosophy,* Blackie, 1870. オリジナルは仏語で, デシャネル (Deschanel, Augstin-Privat) : *Traité élémentaire de physique,* L. Hachette et cie., Paris, 1868.
87) 注 84) の植村の文献, p. 42.
88) 小倉金之助："明治数学史の基礎工事", 『数学史研究』, 2, pp. 191-192 を参照. 工部寮で明治 7 年 (1874) 当時, すでに代数学, 幾何学, 微積分, 微分方程式を教えていたことを記した一次史料として, 工學寮學課並諸規則—明治七年二月改正—の第 79 条を参照 (注 70) の旧工部大学校史料編纂会の文献：「工學寮學課並諸規則—明治七年二月改正—」, p. 214.). また, 工部学校の数学教育についてまとめたものは, 注 14) の「日本の数学 100 年史」編集委員会編の文献, p. 70.

を参照.

89）　目録には，書籍情報は英文で著者の名前とタイトルの略名のみ書かれているだけで，書籍の正式なタイトルが不明であった．著者は注18）のカールスルーエ工科大学図書館の検索を用いて，実在する書籍の正式なタイトル名と出版社名を確認した．以下がその結果である．書籍情報に版数が書かれていないので，以下では初版の年数を記載している．また初版の後にカッコ書きしている部数は，目録に記載されていた（工部学校は所蔵していた）所蔵冊数である．代数学書は次の2部．*Algebra - for the use of colleges and schools-*, Macmillan, Cambridge, 初版1858年．（59部を所蔵）；*Algebra for Beginners, -With numerous examples-*, Cambridge, London Macmillan & Co., 初版1863年（190部）．幾何学書は，次の5部．*The elements of Euclid for the use of schools and colleges*, Macmillan, London, 初版1862年．（54部），*Mensuration for beginners-with numerous examples-*, Macmillan and Co., London, Cambrige, 初版1869年（150部）；*A treatise on plane co-ordinate geometry as applied to the straight line and the conic sections -with numerous examples-*, Macmillan, Cambridge, 初版1855年（93部）；*Trigonometry for beginners with numerous examples*, Macmillan & Co., London, Cambrige, 初版1866年（234部）；*Plane Trigonometry for the use of colleges and schools -With numerous examples-*, Macmillan and Co., Cambridge, 初版1859年（32部）．微分・積分学書は次の2部．*A treatise on the integral calculus and its applications -with numerous examples-*, Macmillan & C., Cambridge, 初版1857年（54部）；*A treatise on the differential calculus - with numerous examples-*, Macmillan and Co., London, 第三版1860年（73部）．この最後の書籍だけ第三版の出版年を記載しているのは，初版（1852年）のタイトルは*A Treatise on the Differential Calculus, and the elements of the Integral Calculus*であり，目録に記載されているタイトルと異なるためである．

90）　目録によると，トドハンターの書籍以外で所蔵数が多かったのは，ウィルソンの初歩幾何学が339部，チェンバーズの対数表（189部），ウィルソンの幾何学が112部である．これらの書籍の出版社，出版地，初版の出版年は次の通りである．Wilson：*Elementary Geometry*, London and Cambridge, 初版1868年（339部）；Pryde, J.：*Mathematical tables*, Lond. & co., 初版1885年（189部）；Wilson：*Solid Geometry and Conic Sections—with appendices, etc.—*, London, Cambridge, 初版1872年（112部）である．

91）　東京山林学校については，特に記載していない限り東京大学農学部のホーム・ページの「東大農学部の歴史」（http://www.a.u-tokyo.ac.jp/history/galleryx.html）より抜粋した．

92）　国立公文書館所蔵：「農学校」，『旧勧業寮第一回年報撮要』，明治9年，請求番号：本館-2A-035-05・記01570100, pp. 28-29を参照.

93）　国立公文書館所蔵：「内藤新宿農事修学場ニ於テ生徒募集・二条」，『太政類典・第二編・明治四年～明治十年・第二百四十六巻・学制四・生徒一』，明治9年7月3日，請求番号：本館-2A-009-00・太00469100．また，この件に関して東京を含めた地方には，次のような布達が出たようである．東京都公文書館蔵：「明治9年7月3日　甲第57号，府下内藤新宿勧業寮支庁内農事修学場へ農業生徒20名獣医生徒30名を限り学術試験の上入学許可の旨内務省より達し有りに付志願の者は本貫寄留の別無く規則に照準し来たる7月15日迄に直に同寮支庁へ申出るべき旨布達」，『本庁布達・甲〈庶務課〉』，明治9年7月3日，収録先の請求番号：608. D5. 07. より．

94) 5名の氏名は次の通りである．獣医学教師マクブライド（Mcbride, John Adams. 1843-1889），農学教師カスタンス（Custance, John Daniel. 1818-1896），試業科教師ベクビー（Begbie, James. 生没年不明），予科（英語）教師ウィリアム・ダグラス・コックス（Cox, William Adams. 生没年不明），農芸化学教師のキンチである．

95) 熊沢喜久雄：“キンチとケンネル―わが国における農芸化学の曙―”，『肥料科学』，9，1986年，p. 7.

96) 熊澤恵理子：“駒場農学校英人化学教師エドワード・キンチ”，『農村研究』，113，2011年9月，p. 3.「ロスコーの化学書」のオリジナル版は，注68）の Roscoe：*Lessons in elementary chemistry* と思われる．

97) 「ワーリントン氏農業化学書」，「ブンセン氏斯瓦分析書」を含む27点を購入している（注96）の熊澤の文献，p. 4).「ワーリントン氏農業化学書」のオリジナル版は，Warington, Robert：*Chemical papers*, Harrison and Sons, London，初版1869年と思われる．しかし日本語のタイトル（農業化学書）から推測すると，彼の著書リストの中で，*The chemistry of the farm* という著書が該当するかに思われるが，この本の初版は1881年なので，キンチが購入した1877年にはまだ出版されていない．しかし，この本の第三版（1884年出版）は，明治19年（1886）9月に森要太郎訳：『農場化学』，有隣堂，として翻訳本が出版されている．また，「ブンセン氏斯瓦分析書」のオリジナル本は，Bunsen, Robert Wilhelm Eberhard：*Gasometry, comprising the leading physical and chemical properties of gases*, Walton and Maberly, London，初版1857年と思われる．

98) 「帝国農学校化学教室においてなされた分析結果（Results of Analyses performed at the Chemical Laboratory of the Imperial College of Agriculture, Tokyo, Japan)」と題された明治11年（1877）より記録がはじまった実験ノートは，1冊が約400頁のものが3冊にわたり，特にその第1冊目にキンチ時代の分析結果が記入されている（キンチ，ケンネル等：「実験分析結果記録ノート」，東京大学農学部図書館蔵）．このノートの考察，キンチの日本における教育活動，足跡については，注95）の文献，pp. 2-19が詳しい．

99) 国立公文書館所蔵：「農学校ノ件」，『勧業寮第二回年報』，明治10年，請求番号：本館-2A-035-05・記01571100，pp. 97-100を参照．

100) 注95）の文献，p. 19.

101) 内訳は農学士22名，獣医学士29名，農芸化学士4名．

102) 国立公文書館所蔵：「農商務省之部　山林学校設置ノ件」，『記録材料・議案簿・第一局処務記録』，明治15年10月，請求番号：本館-2A-035-02・記00635100.

103）国立公文書館所蔵：「山林学校設立并本校概則ヲ定ム」，『公文類聚・第六編・明治十五年・第四十八巻・学政一・学政総』，明治 15 年 10 月 25 日，請求番号：本館-2A-011-00・類 00048100.; 国立公文書館所蔵：「農商務省山林学校名称ヲ定ム」，『公文類聚・第六編・明治十五年・第四十九巻・学政二・校舎・教官・生徒・博物及書籍館及雑載』，明治 15 年 11 月 21 日，請求番号：本館-2A-011-00・類 00049100.

104）注 48）の東京大学創立百二十周年記念東京大学展の文献，p. 235.

105）注 91）のホーム・ページより.

106）東京都公文書館蔵：「北海道に農工業諸課学校取立の儀伺」，『（第 1）法令類纂・巻之 84・学制部・2，（市役所写本）法令類纂　巻之八十四』，明治 5 年 1 月 20 日，収録先の請求番号：632. B4. 04, 632. C4. 24. より.

107）国立公文書館所蔵：「舎密学教師等六人米国ヨリ御雇入伺」，『公文録・明治五年・第七十四巻・壬申一月～五月・開拓使伺元（一月・二月・三月・四月・五月）』，明治 5 年 1 月，請求番号：本館-2A-009-00・公 00698100. 同年 2 月に開拓使の要人より，「米人クラーク御雇入伺」という公文書が提出されている. このクラークは，明治 9 年（1876 年）に札幌農学校に教頭として来日する W. S. クラーク（Clark, William Smith. 1826-1886）のことなのか著者はわからなかった（国立公文書館所蔵：「米人クラーク御雇入伺」，『公文録・明治五年・第七十四巻・壬申一月～五月・開拓使伺元（一月・二月・三月・四月・五月）』，明治 5 年 2 月，請求番号：本館-2A-009-00・公 00698100.）.

108）東京都公文書館蔵：「開拓使学校を芝山内に設く」，『（第 1）法令類纂・巻之 8・職制部・5，（市役所写本）法令類纂　巻之八』，明治 5 年 9 月 2 日，収録先の請求番号：632. B1. 13, 632. C3. 08. より.

109）国立公文書館所蔵：「仮学校規則届」，『公文録・明治五年・第七十五巻・壬申六月～八月・開拓使伺亨（六月・七月・八月）』，明治 5 年 8 月，請求番号：本館-2A-009-00・公 00699100. 専門科 4 クラスは，専攻学科名がつけられていないが授業内容でおおまかなことはわかる. “専門第一” では，「舎密学」「器械学」「画学」の 3 科目（のみ）が教えられていたので，器械工学が専門に教えられ，“専門第二” では「鉱山学」「地質学」「画学」なので同様に鉱山学，地質学が専門に教えられ，“専門第三” では「建築学」「測量学」の 2 科目のみで建築学が専門で，“専門第四” では「舎密学」，「本草及び禽獣学」「農学」「画学」の 4 科目のみであり，農学・畜産系が専門であることがわかる.

110）東京都公文書館蔵：「開拓使東京学校を札幌に移す」，『第 1）法令類纂・巻之 8・職制部・5，（市役所写本）法令類纂　巻之八』，明治 8 年 8 月 7 日，収録先の請求番号：632. B1. 13, 632. C3. 08. より.

111）国立公文書館所蔵：「札幌ニ農学校ヲ建設米国人三名雇入」，『太政類典・第二編・明治四年～明治十年・第七十六巻・外国交際十九・外客雇入十三』，明治 8 年 5 月 15 日，請求番号：本館-2A-009-00・太 00298100. また，国立公文書館所蔵：「農学教師米人ウイリアム，エス，クラーク外二名雇入ノ儀上申」，『公文録・明治九年・第百九十五巻・明治九年五月～八月・開拓使伺（五月・六月・七月・八月)』, 明治9年7月, 請求番号：本館-2A-010-00・公01926100には, クラークが米国・マサチューセッツ州立農科大学学長在職のまま, 札幌農学校教頭に雇入れられたことが記載されている.

112) 注27) の渡辺の文献, p. 315. また, 次の2つの公文書が残っている. 国立公文書館所蔵：「札幌農学校開設届」, 『公文録・明治九年・第百九十六巻・明治九年九月～十二月・開拓使伺（九月・十月・十一月・十二月』, 明治9年11月, 請求番号：本館-2A-010-00・公01927100.; 国立公文書館所蔵：「札幌農学校開設」, 『公文録・明治九年・第百九十六巻・明治九年九月～十二月・開拓使伺（九月・十月・十一・十二月)』, 明治9年11月22日, 請求番号：本館-2A-009-00・太00344100.

113) ペンハローは化学の他に植物学, 農学, 英学を教授し, ホイーラーは数学の他に土木学, 英学を教授した. 両者については, それぞれ注27) の渡辺の文献, pp. 343-357.; pp. 330-342が詳しい.

114) ヘイトについては, 同上の文献, p. 11; pp. 382-390を参照.

115) 同上の文献, pp. 316-317.

116) 国立公文書館所蔵：「札幌農学校生徒学位授与」, 『太政類典・第四編・明治十三年・第十九巻・地方・特別地方開拓使』, 明治13年8月10日, 請求番号：本館-2A-009-00・太00724100.

117) 注27) の渡辺の文献, p. 11.

118) 国立公文書館所蔵：「札幌農学校生徒内村鑑三外九名へ学位授与」, 『太政類典・第五編・明治十四年・第十五巻・地方・地方処分』, 明治14年8月11日, 請求番号：本館-2A-009-00・太00790100.

119) 国立公文書館所蔵：「文部省札幌農学校ヲ管理センコトヲ請フ許サス」, 『公文類聚・第六編・明治十五年・第四十九巻・学政二・校舎・教官・生徒・博物及書籍館及雑載』, 明治15年5月13日, 請求番号：本館-2A-011-00・類00049100.; 国立公文書館所蔵：「農商務省札幌農学校ヲ管理ス」, 『公文類聚・第六編・明治十五年・第四十九巻・学政二・校舎・教官・生徒・博物及書籍館及雑載』, 明治15年6月12日, 請求番号：本館-2A-011-00・類00049100.

120) 注27) の渡辺の文献, pp. 10-11.

121) 国立公文書館所蔵：「師範学校建立伺」, 『公文録・明治五年・第四十七巻・壬申四月～五月・文部省伺（四月・五月)』, 明治5年5月, 請求番号：本館-2A-009-00・公00670100.; 国立公文書館所蔵：「小学教導場ヲ師範学校ト称シ志願者入校ヲ許ス」, 『太政類典・第二編・明治四年～明治十年・第二百四十五巻・学制三・学校』, 明治5年5月15日, 請求番号：本館-2A-009-00・太00468100. 後者の公文書から, 師範学校は当初, 「小学教導場」という名称であったことがわかる. 明治5年（1872）4月に文部省が政府（正院）に提出したこの小学教導場建立の趣旨については, 注3) の文献, p. 235を参照.

122) 注3) の文献, p. 8.

123) 国立公文書館所蔵：「官立小学師範学校建設之大意」, 『記録材料・文部省第一年報』, p. 149, 明治6年, 請求番号：本館-2A-035-05・記01487100.

124)　注 14）の「日本の数学 100 年史」編集委員会編の文献，pp. 57-58. を参照.

125)　注 3）の文献，pp. 236-237.

126)　注 3）の文献，p. 138.；国立公文書館所蔵：「師範学校米人スコット及ワシントン雇入」，『太政類典・第二編・明治四年～明治十年・第七十巻・外国交際十三・外客雇入七』，明治 5 年 8 月 8 日，請求番号：本館-2A-009-00・太 00292100.；国立公文書館所蔵：「第一大学区一番中学教師スコット師範学校へ操替ノ儀伺」，『公文録・明治五年・第四十九巻・壬申八月～九月・文部省伺（八月・九月）』，明治 5 年 8 月，請求番号：本館-2A-009-00・公 00672100. これらの公文書によると，ワシントン（Washington, T. B. 生没年不明）という人物も雇用されている．注 63）のユネスコ東アジア文化研究センター編の文献によると，ワシントンはスコットの代用教師として第一大学区一番中学教師に赴任している．古賀徹はスコットによって日本に米国モデルの教員養成が展開されたと報告し，師範学校と米国の学校の教育カリキュラムを比較している（古賀徹：“東京師範学校付属小学校教則と米国サンフランシスコ公立学校カリキュラムとの比較考察”，『教育学雑誌』，28，1994 年，p. 191.）.

127)　「第一章 第二節　明治初期における“物理学”“化学”及び“数学”という言葉の変遷」を参照.

128)　注 88）の「日本の数学 100 年史」編集委員会編の文献，p. 61 および p. 73 を参照し，ここに記載されている書籍について注 18）のカールスルーエ工科大学図書館の検索を用いて，実在する書籍の正式なタイトル名と出版社名，出版地を確認する作業を行った．ロビンソンの書籍は算術書で，米国・ニューヨークの Ivison, Blakeman, Taylor & Co. という出版社から刊行されていた“ロビンソンの数学シリーズ（Robinson's mathematical series)”の 2 冊で，正式なタイトルは次の通りである．*First lessons in mental and written arithmetic—On the objective method—*，1871 年；Daniel, W. Fish, Robinson, Horatio N. との共著：*Robinson's progressive primary arithmetic—for primary classes in public and private schools—*，初版 1863 年．後者の書籍は，「日本の数学 100 年史」編集委員会編の文献，p. 61 には出版年が 1862 年と記述されているが，カールスルーエ工科大学図書館の検索では初版が 1863 年になっていた．次にデービスの書籍であるが，算術書が 1 冊と代数学書が 3 冊である．算術書は“デーヴィスの算術書シリーズ（Davies' arithmetical series)”の 1 冊であり，*University arithmetic —embracing the science of numbers, and general rules for their application—*, A. S. Barnes & Co., New York, 1867. 代数学書は *Elements of algebra—the basis of M. Bourdon embracing Sturm's and Horner's theorems and practical examples—*, A. S. Barnes, New York, 1869.; *New elementary algebra—embracing the first principles of the science—*, A. S. Barnes & Co., New York, 1870; *University algebra—embracing a logical development of the science, with numerous graded examples—*, A. S. Barnes and Co., New York, Chicago, 1870. マークス（Marks, B.）の書籍は幾何学書で，*First lessons in geometry—In two parts—*, Ivison, Blakeman, Taylor & Co., New York, etc., 1875.

注

129） 国立公文書館所蔵：「大坂府宮城県へ師範学校設立」，『太政類典・第二編・明治四年～明治十年・第二百四十五巻・学制三・学校』，明治6年6月15日，請求番号：本館-2A-009-00・太00468100.；国立公文書館所蔵：「愛知広島長崎新潟四県下へ師範学校設立」，『太政類典・第二編・明治四年～明治十年・第二百四十五巻・学制三・学校』，明治6年7月14日，請求番号：本館-2A-009-00・太00468100.；国立公文書館所蔵：「師範学校四校設立ノ儀伺」，『公文録・明治七年・第百六十七巻・明治七年二月・文部省伺（布達并達）』，明治7年2月，請求番号：本館-2A-009-00・公01189100.；国立公文書館所蔵：「第五号愛知県下外三ケ所師範学校設立ノ条」，『公文録・明治七年・第百六十七巻・明治七年二月・文部省伺（布達并達）』，明治7年2月，請求番号：本館-2A-009-00・公01189100.

130） 卒業生に関する公文書は，国立公文書館所蔵：「師範学校卒業生徒ヲ各地方小学訓導ニ任用セシム」，『太政類典・第二編・明治四年～明治十年・第二百四十六巻・学制四・生徒一』，明治8年3月20日，請求番号：本館-2A-009-00・太00469100. 全国の師範学校の一覧表は，国立公文書館所蔵：「附録　第一　師範学校一覧表」，『記録材料・文部省第三年報第一冊』，pp. 606-610，明治8年，請求番号：本館-2A-035-05・記01489100. に記載されており，設立年，教員数，生徒数，所轄自治体が詳細に記載されている．また，当時の小学校の数は注3）の文献，p. 7を参照.

131） 国立公文書館所蔵：「東京女子師範学校開業届」，『公文録・明治八年・第六十六巻・明治八年十一月～十二月・文部省伺（布達）』，明治8年11月，請求番号：本館 -2A-009-00・公01448100. この学校の設立伺いとして，次の公文書がある．国立公文書館所蔵：「東京府下女子師範学校設立ノ儀伺」，『公文録・明治七年・第百六十六巻・明治七年一月・文部省伺』，明治7年1月，請求番号：本館 -2A-009-00・公01188100. 注130）の公文書：「附録　第一　師範学校一覧表」には，東京府管轄の女子師範学校は存在しないので，この伺書は東京女子師範学校設立のためのものであったことは間違いない.

132） 東京都公文書館蔵：「物理器械御買上之義伺（文部省督学局より米国へ注文の有無を照会に付小学師範学校と協議の上，同省へ回答）」，『諸官省往復留〈学務課〉』，明治9年9月21日，収録先の請求番号：608. D3. 01.

133） 菅原国香："明治初期の化学者たち（1850年代～1880年代）"，『物理学史研究』，6, 1，1970年3月，p. 6-7.；上野益三編：『お雇い外国人（3）自然科学』，鹿島研究所出版会，1968年，pp. 20-21.；藤田英夫：『大阪舎密局の史的展開』，思文閣出版，1995年，p. 15.

134） 注133）の藤田の文献，p. 20. 会話書は，ガラタマ口述：『英蘭会話篇訳語』，出版地不明，渡部氏，明治元年.

135） 国立公文書館所蔵：「舎密局ヲ大坂ニ置ク」，『太政類典・第一編・慶応三年～明治四年・第百十八巻・学制・学校二』，明治元年7月，請求番号：本館-2A-009-00・太00118100.

136） 国立公文書館所蔵：「開成所ノ理化学講場ヲ大阪ニ移シ又舎密局ヲ置ク」，『太政類典草稿・第一編・慶応三年～明治四年・第二十一巻・官制・文官職制七』，明治元年 10 月 28 日，請求番号：本館-2A-024-08・太草 00021100.

137)　注 133) の藤田の文献，p. 24．明治 2 年 2 月の時点で，舎密局は大阪府の管轄であった（国立公文書館所蔵：「大阪舎密局ヲ大阪府ニ属ス」，『太政類典草稿・第一編・慶応三年～明治四年・第二十一巻・官制・文官職制七』，明治 2 年 2 月，請求番号：本館-2A-024-08・太草 00021100.）．

138)　詳細は，注 133) の藤田の文献，pp. 24-26 を参照．また，この講演はハラタマ述；三崎嘯輔 訳：『舎密局開講之説』，舎密局，大阪，明治元年 で読むことができる．

139)　芝哲夫：『オランダ人の見た幕末・明治の日本―化学者ハラタマ書簡集―』，菜根出版，1993 年，p. 9.

140)　国立公文書館所蔵：選者：ハラタマ，訳者：三崎嘯輔：『理化新説』，4 巻（刊本），内閣文庫，明治 2 年．この本については，日蘭学会編：『洋学史事典』，雄松堂出版，1984 年の「理化新説」の頁を参考にした．この他にも講義録として，国立公文書館所蔵：ハラタマ：『格物新説』11 冊（写本），内閣文庫 と，ハラタマ述．：『金銀精分』，秋田屋市兵衛（大阪開成学校），明治 5 年 2 月がある．しかし，前者の文献の扉に「横浜司薬場」の印があり，全 11 巻で 1486 頁に及ぶ著書にかかわらずハラタマの名前を見つけることができないので，1961-62 年に内閣文庫が目録を作成する際に「ハラタマ著」に書き改めたが，「ハラタマ」の名前を出したのかは不明であるという（板倉聖宣，中村邦光：“ハラタマ（？）の『格物新説』について”，『日本物理学会年会予稿集』，35, 4, 217，1980 年 3 月号，p. 217.）．

141)　注 11) の文献，p. 89 で言及されている．

142)　大阪理学所への改称に関する公文書は次のものがある．国立公文書館所蔵：「大阪化学所改称伺」，『公文録・明治三年・第六十巻・庚午五月～八月・大学伺』，明治 3 年 5 月，請求番号：本館-2A-009-00・公 00374100.；国立公文書館所蔵：「大阪化学所ヲ改メテ理学所ト称ス」，『太政類典・第一編・慶応三年～明治四年・第十九巻・官制・文官職制五』，明治 3 年 5 月 19 日，請求番号：本館-2A-009-00・太 00019100．また，大阪開成所分局理学所への解消に関しての公文書は，東京都公文書館蔵：「大阪理学所洋学所を開成所の分局と為す」，『（第 1）法令類纂・巻之 8・職制部・5，（市役所写本）法令類纂　巻之八』，明治 3 年 10 月 24 日，収録先の請求番号：632. B1. 13, 632. C3. 08．上述の公文書のタイトルには，普段我々が文献で目にする「大阪舎密局」ではなく，「大阪化学所」という名称が使用されている．また，東京公文書館所蔵の文書タイトルに「大阪理学所洋学所」とあるが，これは「大阪理学所」と「大阪洋学所（校）」の 2 つの機関のことである．また，ここにある開成所は東京に設置されていた開成所のこのである．

143)　明治 3 年（1870）4 月まで政府所管であったものを 5 月に大阪にあった造幣寮へ，10 月に政府へ移管している（国立公文書館所蔵：「大坂理学所ヲ当分造幣寮ノ所轄トス」，『太政類典・第一編・慶応三年～明治四年・第百十八巻・学制・学校二』，明治 3 年 5 月，請求番号：本館-2A-009-00・太 00118100.；国立公文書館所

蔵：「大坂理学所本学へ復轄申立」，『公文録（副本）・明治三年・第六十一巻・庚午九月～閏十月・大学伺』，明治3年10月，請求番号：本館-2A-025-00・公副00375100.

144） 注139）の文献，p. 22.；国立公文書館所蔵：「理学所教師蘭人ハラタマ帰国二付謝儀」，『公文録・明治三年・第六十二巻・庚午十一月～十二月・大学伺』，明治3年11月付，請求番号：本館-2A-009-00・公00376100.

145） 国立公文書館所蔵：「外客雇入　大阪理学所雇教師ハラタマ解傭ニ付独逸人レートヲ雇入」，『太政類典草稿・第一編・慶応三年～明治四年・第五十九巻・外国交際・条約，外客雇入』，明治3年10月5日［閏］，請求番号：本館-2A-024-08・太草00060100.

146） 寄田啓夫："『ワグネル伝』考（一）―生い立ちと来日前の経歴―"，『香川大学教育学部研究報告第1部』，香川大学教育学部編，77，1989年9号，pp. 53-68.

147） "Nekrolog für Dr. Gottfried Wagener", *Mittheilungen der deutschen Gesellschaft für Natur- und Völkerkunde Ostasiens*, 6, 57，1896年，pp. 357-364.

148） 梅田音五郎編：『ワグネル先生追懐集』，故ワグネル博士記念事業会，1938年.

149） 神保小虎："我邦に於ける鑛物学の歴史"，『地質学雑誌』，10, 122，1903年，p. 445に収録．さらに彼がその地で鉱山技師であったことに言及している資料には，例えば，原田準平："明治以後の鉱物学界"，『地学雑誌』，63, 3，1954年，p. 62.；注133）の上野編の文献，p. 139；日本科学史学会編：「第4章　採鉱冶金技術教育の発展」，『日本科学技術史大系―第20巻採鉱冶金技術―』，第一法規出版，1965年，pp. 176-177．がある.

150） エルヴィン・クニッピング著，小関，北村訳編：『クニッピングの明治日本回想記』，玄同社，1991年，p. 128.

151） 塚原徳道："リッテルと理化学会の夜明け"，『科学朝日』，1978年2月号，38, 2，pp. 146-150；塚原徳道：『明治化学の開拓者』，三省堂，1978年，pp. 148-150を参照.

152） 橋本万平："明治初期の物理―4―物理日記（付理化日記）"，『物理学史研究』，8, 3，1972年9月，p. 20.

153） 東京大学総合図書館蔵「東京大学関係雇外国人書類」の中の「傭外国人教師講師名簿」及び，京都大学総合人間学部図書館舎密局・三高資料室に所蔵されている．後者の契約書の写真は，注133）の藤田の文献の第21図で紹介されており，リッター直筆の契約書を読むことができる．さらに，この文献，pp. 97-98には契約書の全文の和訳が掲載されている.

154） 注63）のユネスコ東アジア文化研究センター編の文献より.

155） 明治3年（1870年）春より開始された（国立公文書館所蔵「大学南校二於テ独逸語伝習ヲ始ム」，『太政類典・第一編・慶応三年～明治四年・第百十六巻・学制・教員及属員』，明治2年12月，資料請求番号：本館-2A-009・太00116100）；Rauck, M, "Victor Holtz and the "German School" in Tokyo"，『岡山大学経済学会雑誌』，28, 2，1996，pp. 99-126を参照．東京大学設立に関して文部省から当時の東京府に届いた公文書は，東京都公文書館蔵：「（原議欠）（文部省より同省所轄東京開成学校・東京医学校を合併し東京大学と改称の旨布達)」，『文部省布達』，明治 10 年 4 月 12 日，収録先の請求番号：608. A7. 05.

156) 東京大学法文理学部の前身校の明治以降の変遷は，開成学校（明治元年（1868）9 月，大学南校（明治 2 年（1869）12 月），南校（明治 4 年（1871）7 月），第一大学区第一番中学（明治 5 年（1872）4 月），開成学校（明治 6 年（1873）4 月），東京開成学校（明治 7 年（1874）5 月），東京大学（明治 10 年（1877）4 月）である（注 59）の文献，p. 12）．また，注 57）および注 58）を参照．

157) 明治 18 年（1885）当時の伊藤博文総理大臣と森有礼文部大臣は，大学の理想をそれぞれ「国家官僚の養成を中心に国家に奉仕する大学」，「国家のための大学」と描いていた（天野郁夫：『大学の誕生（上)―帝国大学の時代―』，中公新書，2004 年，p. 8.）．

158) 明治 19 年（1886）に公布された「帝国大学令」(明治十九年三月二日勅令第三号）の第一条で帝国大学は，「国家ノ須要ニ応ズル学術技芸ヲ教授シ及其蘊奥ヲ攻究スル」ものとし，学術の中枢機関としての使命を明確化した（注 157）の文献，p. 9；注 2）の文献，p. 152.）．また，森は明治 22 年（1889）の講演で「帝国大学ニ於いて教務ヲ挙クル，学術ノ為メト，国家ノ為メトニ関スルコトアラハ，国家ノ為メノコトヲ最モ先ニシ，最モ重セサル可ラサル如シ」と言及し，学生が学校で学ぶ目的を「国家ノ為」と明確にしている（注 157）の文献，p. 9；大久保利謙編：『森有礼全集―第一巻―』，宣文堂書店，1972，p. 663 を参照）．

159) 国立公文書館所蔵：「法学教師嗹人ローゼンスタン雇入」，『太政類典・第二編・明治四年～明治十年・第六十九巻・外国交際十二・外客雇入六』，明治 4 年 12 月，請求番号：本館-2A-009-00/太 00291100；注 63）のユネスコ東アジア文化研究センター編の文献のローゼンスタンの頁を参照．

160) 彼は南校で教えた後，明治 8 年（1875）7 月 1 日より 10 月 15 日まで，大熊春吉が経営していた独語学校壬申義塾において，独語教師として雇用されていたことがわかっている（上村直己：“大熊春吉と壬申義塾”，『日独文化交流史研究』，1998 年号，p. 30.）．著者が彼の生涯について調べた文献は以下の文献を調べた．Historischen Kommission　hrsg. Von Bayerische Akademie der Wissenschafften：*Neue Deutsche Biography 1-24*, Duncker & Humblot, Berlin, 1952-2010；Hermann August Ludwig Degener：*Wer ist's ?* -unsere Zeitgenossen- Zeitgenossenlexicon, 4. Ausgabe, 1908；東京開成学校編：『東京開成学校一覧　明治 8 年 2 月』，1875 年；注 63）のユネスコ東アジア文化研究センター編の文献.；渡辺正雄編：『改訂明治前期学術雑誌論文記事総覧―明治前期学術雑誌論文記事集成別巻―』，ゆまに書房，1990 年.；伊藤俊太郎他：『科学技術史辞典―縮印版―』，弘文堂，1994 年.；武内博：『来日西洋人名事典―増補普及版』，日外アソシエーツ，1995 年.；日蘭学会編集：『洋学関係研究文献要覧（1868-1982)―20 世紀文献要覧大系 17―』，日外アソシエーツ，1984 年.；注 140）の日蘭学会編の文献；注 133）の上野編の文献.；吉本秀之（編)：“日本における化学史文献：日本篇”『化学史研究』，vol. 34, 2007, pp. 205-330.；注 155）の M. Rauck の文献，pp. 99-126.

注

161） 青木周蔵との契約書の写しは，国立公文書館蔵：「独乙人トゼロースキー来着ニ付条約始末申上」，明治6年8月，資料請求番号：本館-2A-009-00・公00784100.；注63）のユネスコ東アジア文化研究センター編の文献のトゼロフスキーの項を参照．明治6年（1873年）9月当時の鉱山学科第三級の教育カリキュラム（時間割）によると，トゼロフスキーは「代数学」「幾何学」を教えており，「物理学」「化学」は教えていない（『文部省雑誌』，第四号，明治6年9月10日.；注5）の東京大学百年史編集委員会編の文献，p. 294．を参照）.

162） 本稿のクニッピングについての記述は，注150）の小関，北村訳編の文献に依存している.

163） 国立公文書館所蔵：「普國ニ於テ撰擇スル教師来航迄再ヒセーケルヲ傭入」，『太政類典・第二編・明治四年～明治十年・第六十九巻・外国交際十二・外客雇入六』，資料請求番号：本館-2A-009-00・太00291100，明治3年6月3日.；注63）のユネスコ東アジア文化研究センター編の文献のゼーゲルの頁を参照.

164） 注150）の小関，北村訳編の文献，p. 108.

第二章　明治10年の東京大学設立までの前身校における独国人科学教師

第一節　英語，仏語，独語の語学教育の歴史的背景

この節では，明治に入り本格的な西洋学問の受容が始まる以前の江戸時代における3言語の受容状況について述べる．具体的には，幕府公認の公式な学習・習得のはじまりと，そのための学習書・テキスト及び日本語辞典刊行の概略を紹介する．

これまで幕府公認の西洋の言語習得は蘭語であったが，3言語のうち最初に公認され習得が始まったのは仏語である．その背景には文化3年（1806）の露艦隊がエトロフ島の村落を襲い，松前奉行に宛てた手紙を置いていくという事件が挙げられる．この時の手紙はロシア語，日本語，満州語，仏語の4か国語で書かれていた[1]．このことが契機となり，幕府は仏語の重要性を認識し文化5年（1808）に長崎奉行の蘭語通詞6名に，長崎に滞在していた蘭国商館長ドゥフ（Doeff, Hendrik. 1777-1835）のもとでの仏語の取得を命じた[2]．最初，彼らは仏語で書かれた蘭語—仏語のテキストで勉強したようである[3]．そして，東京大学前身校であった蕃書調所において安政6年（1859）に仏語学習の建議がなされ，翌年万永元年（1860）に“仏蘭西学”として仏語教育が始まった[4]．ここで教育用として使用されていたのテキストは，蕃書調所編集：『NOEL ET CHAOSAL GRAMMAIRE FRANCAISE『仏蘭西文典』（出版年不明）であり，東京大学前身校において初めて出版された仏語の教育書（文法書，読本，会話書）である[5]．明治になる以前に東京大学前身校で作成された（発行された）仏語の教育書は，上述の書籍以外に1冊，仏日辞典，単語集が2冊しかなかった[6]．一方，民間（個人）で発行された仏語の教育書は7冊，仏日辞典，単語集は2冊であった[7]．幕末期には横浜には官営仏語学校が作られ，江戸の開成所と並ぶ正式の仏語の教育機関もあった[8]．

次に幕府に習得が公認された言語は英語である．その背景にある要因の一つが，同年の文化5年（1808）に起きたフェートン号事件である．これは英国船が突如長崎湾に侵入し，出島の蘭国人を人質にするという事件であった．これを機に幕府は英国が仏国と並ぶヨーロッパの強国であることを認識した．そして幕府はその翌年文化6年（1809）に，長崎の蘭語通詞たちに英語の習得を命じた．すでに

仏語の学習を始めていた通詞たちはいったん仏語の学習を中断し，英語学習を開始した[9)]．最初，彼らも蘭語–英語のテキスト及び辞典で勉強したと思われる．蘭語–英語–日本語の対訳会話本が出版されたのは文政年間（1818～1830）である[10)]．東京大学前身校であった蕃書調所では，幕末の万永元年（1860年）に“仏蘭西学”とともに“英吉利学”として英語教育が始まった．ここで教育用として使用されていたテキストは初心者用の英文法書『ファミリアル・メソード』という本である．茂住実男は，このとき以前に蕃書調所にはボムホフやホルトロップが作成した蘭英辞書，英蘭辞書が輸入され，常備されていたのではないかと推測している[11)]．明治になる以前に東京大学前身校で作成された（発行された）英語の教育書は，上述の書籍以外に7冊，英日辞典，単語集は3冊であった．同様に民間（個人）で発行された英語の教育書は上述の英文法書，英日辞典，単語集の合計が発行される以前のものが19冊であった[12)]．この他に清国在住の宣教師などによって編まれ，ロンドン，バタビア，香港，広東，上海などで刊行された辞書や翻訳された語学書は，安政6年（1859）に発行された本をはじめとして10冊ある[13)]．これらの本の中で，「最も画期的であり，また最大のものは『英和対訳袖珍辞書』（文久2年（1862）発行）であると茂住実男は指摘している．この本はH. Picardの『英蘭―蘭英辞典』[14)] の英蘭の部を底本としており，編纂主任として当時の蕃書調所の教官によって約3年という短期間に脱稿したものである．この本の序文には，「辞書編纂の意図は，英語研究・教育が我が国において広く行われるようになってきたゆえ，本格的な英和辞典を出版し，その研究者・学習者に資する」というものであった．また茂住は「当時，辞書らしい辞書といえば輸入ものの蘭英・英蘭辞書があるのみで，それらは学習者にとって必ずしも便利・簡単明瞭というものではなかったため，誠に時宜に適った企画であったといえる．」と言及している[15)]．

そして3言語のうち最後に公認された言語は，独語である[16)]．独語の習得のはじまりは，上述の両言語より半世紀遅い万延元年（1860）である．この年の蕃書調所の頭取であった古賀謹一郎が当時蘭学（蘭語）教員であった市川齋宮（1818-1899）に独語習得が命じられ（「独逸学之命」），一年ほど遅れて同じく蘭学教員であった加藤弘之（1836-1916）に命が下された[17)]．最初，彼らは蕃書調所にあった独語の文法書や蘭語文と対訳したものを用いて，独学で習得する他なかった[18)]．万延元年（1860）7月にはオイレンブルク伯の遠征艦隊が来日し，一行は赤羽接遇所（プロシア公使館）に滞在していた．市川と加藤は所有していたヴァイフェンバッハ（Weiffenbach）の独語のテキストを持参し，使節付武官テォドール・ファン・ブンセン（van Bunsen, Theodor. 1832–1892）のもとに通いこの年の12月に9回にわたって独語を教わった[19]．市川と加藤は蘭語をすでに習得していたので，独語の習得も早かったようである．彼らは独語を勉強して1, 2年ほど経った文久2年（1862）には蕃書調所では，"独逸学"と称して独語教育を始めた[20]．このように早急な独語通訳官を養成する必要性があった一番の要因は，プロイセン王国全権公使オイレンブルクとの間で交わした通商条約の第21条に起因する．21条は今後5年間は両国との間の文書は日本語及び蘭語で執り行うが，その後（慶応3年（1867）11月19日）以降は，独語をもって執り行うというものであった．そのため，幕府は早急に，独語通訳官を養成する必要に迫られたのである[21]．独語習得のために独日辞典の作成に必要がせまられたが，このとき，日本に独日辞典はなかった．とりあえず，2人によって文久2年（1862）冬に『官板濁逸単語篇　洋学調所』という単語集が作成された[22]．ようやく明治3年（1870）から4年（1871）にかけて大学南校で次の3冊のテキストが刊行された．*Die Ersten Lection des deutschen Sprachunterrichts*; *Lehrbuch der deutschen Sprache*;『独語読本兼演習本』．これらの独語学習テキストが作成された後に作成された独語学習テキストは『独逸文典』のみで，独語単語集は上述の『官板濁逸単語篇　洋学調所』の1冊の他には仏語学者の村上英俊が慶応3年（1867）に作成した独語，仏語，英語の3言語による単語帳のみであった[23]．幕末までに，民間（個人）で発行された独語の教育書及びは独日辞典，単語集は作成されていない[24]．蕃書調所から開成所に改称された後の慶応2年（1866）の語学教員（教授，教授手伝，同手伝並の三階級）を調べてみると，英語教員13名と蘭語教員としての兼任者1名，仏語教員5名と蘭語教員としての兼任者1名，蘭語，英語，仏語3カ国語の兼任教員1名，独語教員8名である[25]．その後，開成学校は明治政府に引き継がれ，お雇い外国人たちによって各言語によって西洋学問の教育が行われた．

以上，江戸幕府政権下における東京大学の前身校の語学教育の概略を，独語を中心にみてきたが，著者が注目したことは次の2点になる．1点目は幕府公認で仏語及び英語の学習が開始されたのは文化5年（1808）頃であり，幕府公認で蕃書調所（東京大学前身校）において両言語の学習が始まったのは，それから約半世紀後の万延元年（1860）であった．しかし，独語の学習開始時期は両言語の約半世紀後であり，その教育が開始されたのは，ほぼ同時期である．2点目は1点目に関連するが，英語，仏語は学習の開始時期から蕃書調所における教育が開始されるまで約半世紀の期間があったため，蕃書調所の日本人スタッフによる語学教材，辞典などがすでに作成され教育に使用されていた．しかし，独語は上述のように学習開始時期と教育の開始時期は短かったため，教材，辞典が充実していなかった．中直一氏は論考の中で，上述の『単語篇』について「独逸書籍から採録した単語を列挙したものに過ぎず，しかも訳語が与えられていない箇所も多い，という水準のもの」，また「『独逸文典』は独国で出版された文法書を単に翻訳したものにすぎない」と言及し，独語教育の単語集（単語篇）及び文法書の不備を指摘している[26]．このような諸事情より独語を習得した者が英語，仏語と比べ少なかったために，明治に入り東京大学前身校において，お雇い独国人教師による授業を通訳したり，外交面などで独語を通訳できる人材が手薄であったことは容易に想像できる[27]．

第二節　英語，仏語，独語クラスの生徒の変遷

東京大学前身校（開成所）においての3か国語による教育が開始されてから，幕末までの生徒数を比較する．仏語，英語の両言語の教授が開始されたのは万延元年（1860）である．幕末の慶応2年（1866）10月には，英語の学習者が約150名，仏語の学習者が約60名であったが，同年末には英語生が約300名，仏語生が約100名にまで増加している[28]．文久2年（1862）に蕃書調所において独語学習者の生徒募集をしたところ50名ほどが集まり，幕末までには100名ほどになったという[29]．

その後，明治2年（1869）4月の開成学校の生徒数は，英語クラス240名，仏語クラス160名であり，独語クラスは開講されなかった[30]．翌年1月には大学南校において貢進生制度ができ，全国の各藩から生徒たちが集まり，全生徒310名の内訳は英語クラス219名，仏語クラス74名，独語クラス17名であった[31]．

大学南校は南校と改称され，明治4年（1871）10月に再スタートした．この時，生徒の定数を500名とし，その中で英語を履修する生徒を250名，仏語と独語を125名ずつと定め[32]，教師1名につき，生徒30名の受け持ちとした[33]．翌年，明治5年（1872）4月当時の南校全生徒440名の各言語の生徒数とクラス数を見てみると，英語クラスの生徒数が223名で9クラス，同様に仏語が129名で5クラス，独語が88名で4クラスであった[34]．南校が再スタートした際，全生徒500名数の半数に英語を学ばせ，残り半数を2言語で半数ずつ学ばせるという学校の方針は，仏語クラスの生徒数は達成されたが，上述の通り英語クラスで27名の生徒数不足（定員達成率約89%），同様に独語クラスで37名の不足（定員達成率約70%）であり当初の目論見とおりにはならなかった[35]．南校では専門課程がなかったので，普通科課程で1人の教師が全科目を教えていた[36]．明治5年

表１　３言語クラスの時代別の生徒数の変遷

年代	学校名	言語クラス	生徒数
慶応２年	蕃書調所	英語	約150名
		仏語	約60名
		独語	
慶応２年末	蕃書調所	英語	約300名
		仏語	約100名
		独語	
文久２年	蕃書調所	英語	?
		仏語	?
		独語	約50名
明治２年４月	開成学校	英語	約240名
		仏語	約160名
		独語	
明治３年１月	大学南校	英語	219名
		仏語	74名
		独語	17名
*明治４年10月	南校	英語	*250名
		仏語	*125名
		独語	*125名
明治５年４月	南校	英語	223名
		仏語	129名
		独語	88名
明治５年８月	一番中学	英語	176名
		仏語	129名
		独語	85名
明治６年４月	開成学校	英語	52名
		仏語	50名
		独語	61名
明治８年２月	東京開成学校	英語	約49名
		仏語	78名
		独語	57名

＊明治４年10月の生徒数は，南校設置時の学校側受け入れ予定人数.

(1872) 8月に改称された第一大学区一番中学では，英語クラス176名，仏語129名，独語85名である[37]．この学校では，各言語クラスとも，外国教師1名につき上級クラスで25名，下級クラスで30名，予科生徒クラスで40名ずつの人数制限があった[38]．翌年3月18日に同校への入学受付が行われたが[39]，募集人数が集まらず5日後に再募集を行っている[40]．

次に明治6年 (1873) 4月に改称された開成学校では，英語クラスは法学と理学専攻の生徒に分けられたが，その理学専攻生は52名で，内訳は本科第四級生が20名，予科第一級生が32名であった．また仏語クラスであった諸芸学専攻生は50名で，内訳は予科第三級下級生が10名，予科第一年上級生が16名，予科第一年下級生が24名であった．そして独語クラスであった鉱物学専攻生は61名で，内訳は本科第三級生が11名，予科第一級生が16名，予科第二級生が16名，予科第六級生が18名であった[41]．この時点では，科学に関する科目を習得していたのは，独語クラスの生徒が多かったことがわかる．そして独語クラスが閉鎖される5か月前の明治8年 (1875) 2月の「物理学」,「化学」を学んだ各言語別の生徒数を見てみると，英語クラスの「化学科」,「理学科」の生徒数は約49名，仏語クラスの諸芸学科は78名，独語クラスの鉱山学科は57名である[42]．3言語クラスの生徒数を時代別にまとめると表1のようになる．明治6年 (1873) から修学課程に「予科」と「本科」は設置されたが，以下では両方の課程の生徒数を記載している．

第三節　明治新政府樹立後の英語，仏語，独語クラスの科学教師の変遷

明治新政府は，江戸幕府において西洋学問を受容・教育していた開成所を引き継いでお雇い外国人教師による教育を開始し，開成所を西洋学問の教育の場として発展させていった．前節で言及したように，江戸幕府政権下ですでに英語，仏語，独語の教育は行われていたが，それは日本人教師のみで行われ，外国人教師はいなかった．明治新政府になり開成学校にようやく外国人教師が採用され，語学教育にあたった．最も早い時期に採用されたのは，明治元年 (1868) 12月に採用された教育を開始した仏語クラスのプーセー (Pousset, F. 生没年不明) であり[43]，英語クラスでは明治2年 (1869) 4月には英国人パーリー (英語のつづり不明) という人物がいたことは明らかになっているが，12月には契約を解除されている[44]．独語クラスでは明治3年 (1870) 1月から教育を開始したスイス人カデルリー (Kaderli, Jakob. 1827–1874) が最初である．しかし彼は前年の8月から英語教師兼 (仮) 独語教師として採用されており，当初は英語教師として着任している[45]．彼が

当初，英語教師として迎えられた理由として彼が英語を読み書きできただけではなく，学校当局が独語クラス設置の準備が間に合わなかったことが挙げられる[46]．しかし，彼らは語学教育のみを行ない，生徒の語学レベルが問題で物理学，化学，理学，法律などの専門科目を行なうまでには至っていなかった．東京大学の前身校が，開成学校，大学南校，南校と改称していく過程で，お雇い外国人教師の数も増えていった．「表2　明治元年以降から明治10年の東京大学創設までに科学科目を担当した教師たち」から明らかになることは，以下の三つである．

一つ目は各言語のクラスの科学教師の総数は31名であり，国籍別で人数は，独国人，米国人，仏国人9名ずつで，英国人4名であること．スタッフの平均在職期間は多い順に，米国人が約34ヵ月間，仏国人が約30ヵ月間，英国人が約30ヵ月間，独国人が27ヵ月間である[51]．また，独国人教師の平均在職期間が他言語クラスの教師と比較して最も少ないことは，教師の入れ替わりが多かったと言える．

二つ目は東京大学の前身校が，時代とともに改称していく過程におけるお雇い教師たちの人数をまとめると次のようになる．開成学校から大学南校（明治元年（1868）から明治2年（1869）12月）の期間は該当者なし．大学南校時代（明治2年（1869）12月から明治4年（1871）7月）の期間は8名[52]，南校時代（明治4年（1871）7月から明治5年（1872）8月）の期間は14名[53]，第一大学区一番中学時代（明治5年（1872）8月から明治6年（1873）4月）の期間は14名[54]，開成学校時代（明治6年（1873）4月から明治7年（1874）5月）の期間は18名[55]，東京開成学校から独語及び仏語クラスの閉鎖（明治7年（1874）5月から明治8年（1875）7月）の期間は21名[56]，独語及び仏語クラスの閉鎖から東京開成学校閉鎖（東京大学の創設）（明治8年（1875）7月から明治10年（1877）3月）の期間は12名[57]である．学校の語学教育の浸透と教育設備の充実などの要因で，徐々にお雇い教師たちも増員され，独語クラス及び仏語クラスの閉鎖から東京開成学校閉鎖（東京大学の創設）までの期間に，独国人教師の廃止によりお雇い教師たち全体の人数が減少していることは明らかである．

最も長期にわたり在職したのは米国人ヴィーダーであり，明治4年（1871）3月から東京大学創設までの73ヵ月間在職し，次はウィルソン（Wilson, Horace E. 1843-1927）で，明治4年（1871）7月から東京大学創設までの69ヵ月間在職し，次に仏国人のマイヨで，大学南校時代の明治3年（1870）8月から明治8年（1875）7月の仏語クラスの諸芸学校閉鎖までの60ヵ月在職していた．独国人で

表２　明治元年以降から明治10年の東京大学創設までに科学科目を担当した教師たち[47)]

担当クラス	国籍	氏名	担当科目	在職時期	在職期間
独語クラス	独	ワグネル[48)]	物理学・化学・数学	明治３年10月～明治４年９月 明治８年１月～明治10年３月	39ヵ月
	独	シェンク	化学・数学	明治４年10月～明治８年７月	46ヵ月
	デンマーク	ローゼンスタン	物理学・数学	明治４年12月～明治５年９月	10ヵ月
	独	リッター	物理学・化学	明治６年３月～明治７年12月	22ヵ月
	独	トゼロフスキー	数学	明治６年９月～12月	3ヵ月
	独	クニッピング	数学	明治４年３月～明治７年４月	38ヵ月
	独	ウェストファル	数学	明治７年３月～明治８年７月	17ヵ月
	独	ゼーガー	数学	明治５年10月～明治７年４月	19ヵ月
	独	グレーフェン	数学	明治５年３月～明治６年３月 明治７年３月～明治８年２月	25ヵ月
英語クラス	米[49)]	ヴィーダー	物理学	明治４年３月～東大創設	73ヵ月
		グリフィス	化学	明治５年１月～明治７年７月	31ヵ月
		クラーク	化学	明治６年12月～明治７年12月	13ヵ月
		ロックウェル	化学	明治８年９月～明治９年７月	11ヵ月
		ジュウェット	化学	明治10年１月～東大創設	3ヵ月
		ウィルソン	数学	明治４年７月～東大射殺	69ヵ月
		スコット	数学	明治４年８月～明治７年８月	37ヵ月
		アンサンク	数学	明治７年３月～明治７年９月	6ヵ月
		パーソン	数学	明治７年９月～東大創設	32ヵ月
	英	メージャー	物理学・数学	明治４年２月～東大創設	58ヵ月
		アトキンソン	化学	明治７年９月～東大創設	31ヵ月
		ホワイトマーク	数学	明治４年２月～明治５年２月	13ヵ月
		ホール	数学	明治４年１月～明治４年４月 明治４年７月～明治５年８月	17ヵ月
仏語クラス	仏	マイヨ	物理学・化学	明治３年８月～明治８年７月	60ヵ月
		レピシェ	物理学・数学	明治５年２月～明治７年６月	29ヵ月
		フーク[50)]	物理学・数学	明治６年９月～明治10年３月	43ヵ月
		クロッツ	物理学・化学	明治７年８月～明治９年９月	26ヵ月
		マイエ	物理学・化学	明治７年10月～明治８年10月	11ヵ月
		ベルソン	物理学	明治９年６月～東大創設	8ヵ月
		ビジョン	数学	明治３年12月～明治６年８月	33ヵ月
		リュウ	数学	明治７年３月～明治８年７月	16ヵ月
		マンジョウ	数学	明治８年５月～東大創設	24ヵ月

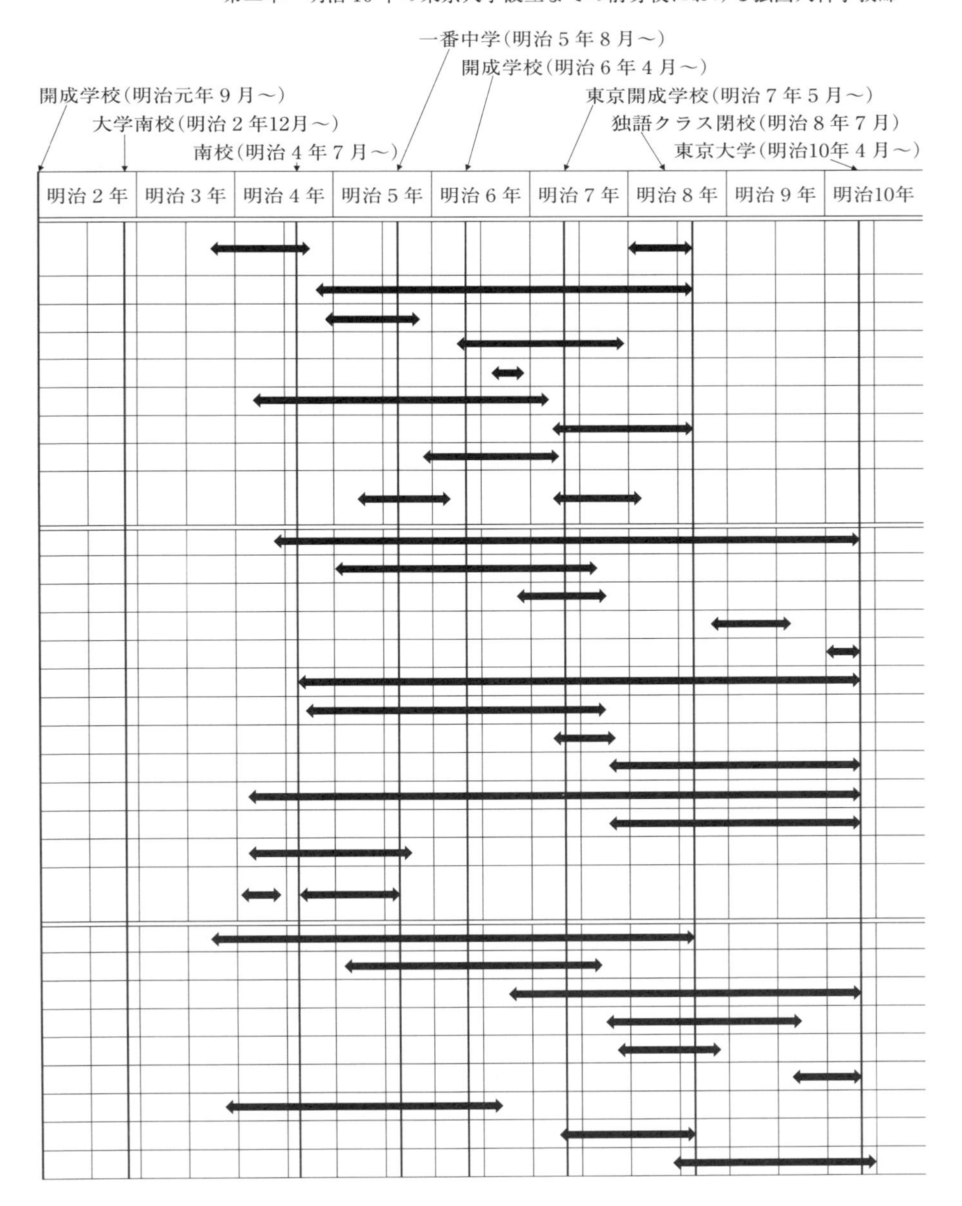
一番中学（明治５年８月～）
開成学校（明治６年４月～）
開成学校（明治元年９月～）
東京開成学校（明治７年５月～）
大学南校（明治２年12月～）
独語クラス閉校（明治８年７月）
南校（明治４年７月～）
東京大学（明治10年４月～）
明治２年
明治３年
明治４年
明治５年
明治６年
明治７年
明治８年
明治９年
明治10年

最も長く在職していたのは，ワグネルの39カ月である．

三つ目は科学科目を担当する教師の着任時期についてであるが，仏国人（仏語クラス）ではマイヨ（物理学・化学担当）の着任が明治3年（1870）8月と最も早く，独語クラスでは独国人ワグネル（物理学・化学・数学担当）の着任が明治3年（1870）10月，英語クラスでは英国人メージャー（Major, Alfred. 生没年不明）（物理学・数学）の着任が明治4年（1871）2月という順であったことが明らかになった．

次に3言語クラスにおいて科学教師数と，生徒数の関係を述べる．第一章で言及したように，独語クラスの生徒がはじめて募集されたのは，大学南校時代（明治2年（1869）12月から明治4年（1871）7月）である．この時の各言語の教師数は，独語科学教師2名，英語科学教師4名，仏語科学教師2名であり，この時の生徒数は独語クラス17名，英語クラス219名，仏語クラス74名であった[58)]．よって教師1名あたりの生徒担当人数は独語が9名，英語が55名，仏語が37名であった．次に南校時代（明治4年（1871）7月から明治5年（1872）8月）は，それぞれの言語の科学教師数は独語教師4名，英語教師7名，仏語科学教師3名である．この時の生徒数は，それぞれ独語クラス88名，英語クラス223名，仏語クラス129名であり，教師1名あたりの生徒担当人数は独語が22名，英語32名，仏語43名であった．また，第一大学区一番中学時代（明治5年（1872）8月から明治6年（1873）4月）は，それぞれの言語の科学教師数は独語クラス6名，英語クラス5名，仏語クラス3名である．この時の独語クラス生徒数は85名，英語176名，仏語129名であり，教師1名あたりの生徒担当数は，独語クラスが14名，英語クラス35名，仏語クラス43名であった．さらに開成学校時代（明治6年（1873）4月から明治7年（1874）5月）は，それぞれの言語の科学教師数は独語クラス7名，英語クラス7名，仏語4名である．この時の独語クラス61名，英語クラス52名，仏語クラス50名であり，教師1名あたりの生徒担当数は独語クラスが9名，英語クラス7名，仏語クラス13名であった．そして，東京開成学校に改称されてから独語，仏語クラスが閉鎖されるまでの期間（明治7年（1874）5月から明治8年（1875）7月）は，それぞれの言語の科学教師数は独語クラス5名，英語クラス9名，仏語クラス7名である．この時の独語クラス生徒61名，英語49名，仏語78名であり，教師1名あたりの生徒担当数は，独語クラスが12名，仏語クラス11名，英語クラス5名であった．

以上，大学南校から東京開成学校において独語クラスが閉鎖される期間の，各言語の科学教師数と生徒数について調べ教師1名あたりの生徒数を算出した．ここから独語クラスについて明らかになったことは，独語クラスの最初の募集があった大学南校時代から南校，第一大学区一番中学に改称されるまでの期間は，独語クラスにおける教師1名あたりの生徒数が3言語の中で最も少ないということである．このことは第一節で言及した独語を習得する際に最も必要となる独和辞典が最も少なかった学習環境を，少しでも改善することに役立ち，3言語の中で独語クラスの教師が生徒一人一人に目が行き届いた教育環境にあったと言える．また，生徒たちは教師たちに授業内容の質問がしやすい環境であったと思われる．第一大学区一番中学後に改称された開成学校，東京開成学校で英語クラス教師の1名あたりの生徒数が上昇した，英語クラスが法学，理学及び工学専攻に分離され[59]，理学（科学）を学ぶ生徒が減少したためであると思われる．この時，独語クラスは鉱山学科，仏語クラスは諸芸学科と改称され，両言語の生徒には科学科目の習得は必修であった．また，第一大学区一番中学時代に独語クラスの生徒数は85名であったにもかかわらず，開成学校，東京開成学校時代に61名まで減少したのは，このときすでに独語クラスの閉鎖が決定していたので，他言語の分野に転籍したり医学校，農学校への転籍のために自主退学した生徒がいたことが原因である[60]．

第四節　言語別クラスにおける科学科目の教育状況
—独語クラスを中心に—

この節では科学科目の教育状況について，第一に明治5年（1872）と6年（1873）の教育カリキュラム（時間割），第二にその当時使用された科学教科のテキスト，第三に独語クラスが閉鎖される直前の明治8年（1875）6月に行われた両科目の試験問題，第四に独語クラス閉鎖後の生徒たちの足跡を紹介する．

2.4.1. 明治5年（1872）と6年（1873）の教育カリキュラム（時間割）

まず東京大学が創設される以前の東京大学前身校の教育カリキュラム（時間割）で，独語クラスの最も古いものは，管見では明治5年（1872）4月の南校時代のものである[61]．この頃は，月曜日から土曜日まで，毎日5時間，週30時間の授業が行われていた．毎日この独語クラスは4クラス開講されており，最上級クラスはローゼンスタンが担当していた「独一の部」であった．窮理学（物理学）が毎週2時間教えられており，化学はまだ教えられていなかった．時間割で確認する限り，「独一ノ部」より下位の3クラスでは両科目は教えられていない．数学は「独一ノ部」において「算術」が毎週4時間，「代数学」が同様に2時間，「幾何学」が同様に2時間で，数学の時間として毎週8時間，開講されていた．

さらに次クラスのクニッピングが担当した「独二の部」では，「算術」が6時間と「幾何学」が3時間開講されており数学の時間として毎週9時間，開講されていた．さらにシェンクが担当した「独三ノ部」及びグレーフェンが担当した「独四ノ部」クラスでは，「算術」が6時間，開講されていた．

一方，最も多くの9クラスが開講されていた英語クラスでは，最上級クラスの「英一ノ部」から「英三ノ部」の上級3クラスにおいて，窮理学（物理学）及び化学科目が週に3時間ずつ開講されていた．担当していたのは，前者の科目がヴィーダーで後者がグリフィスであった．数学は「英一ノ部」において「算術」が毎週4時間，「代数学」が同様に2時間，「幾何学」が2時間で，数学の時間として毎週8時間，開講されていた．次クラスの「英二ノ部」では「算術」が4時間，「代数学」が1時間，「幾何学」が2時間で数学の時間として毎週7時間が開講されていた．「英三ノ部」「英四ノ部」「英五ノ部」「英六ノ部」「英七ノ部」及び「英ノ八部」クラスでは，「算術」が毎週6時間開講され，最下位の「英九ノ部」では数学は開講されていなかった．

また，仏語クラスでは6クラスが開講されていたが，最上級クラスの「仏一ノ部」において窮理学が3時間，化学が5時間開講されており，以下「仏二ノ部」，「仏三ノ部」においては窮理学のみ2時間ずつ開講されていた．いずれもマイヨが一人で担当していた．数学は「仏一ノ部」において「算術」が2時間，「幾何学」が5時間で，数学の時間として7時間，開講されていた．「仏二ノ部」では「算術」が6時間，「幾何学」が2時間，「代数学」が2時間で，数学の時間として毎週10時間が開講されていた．「仏三ノ部」では「算術」が5時間，「幾何学」が1時間，「代数学」が1時間で数学の時間として7時間，開講されていた．「仏四ノ部」，「仏五ノ部」では「算術」が6時間開講されていたが，最下位の「仏六ノ部」では開講されていなかった．

以上のことからわかることは，次の3点である．1点目は，「物理学」「化学」「数学」を修学する生徒はいずれの言語のクラスにおいてでも，後述するようにある一定の語学力を習得した生徒たちのクラスでしか開講されなかったことである．独語クラスは4クラス中上位1クラス，同様に英語クラスは9クラス中3クラス，仏語は6クラス中3クラスであり，仏語クラスの最上級クラスにおいては，上述の通り物理学及び化学の開講時間の合計が週8時間であった．その他の言語クラスの両科目の開講時間と比較して，その時間数は顕著である．これらのことから，当時3言語のクラスで物理学，化学の教育時間が最も多かったのは，仏語クラスであったことがわかる．週間における数学の時間数が最も多いのは，「仏二ノ部」の10時間であり，順に「独二ノ部」の9時間，「英語一ノ部」及び「独一ノ部」の8時間となっている．

2点目は独語の最上級クラスで，窮理学が教えられていたにもかかわらず，化学が教えられていなかったことである．その理由として考えられるのは，独国人教師たちの人員不足である．当時のカリキュラムをみてみると，独語クラス4クラスを4人の独国人教師たちと3名の日本人教官で担当していた．独語最上級クラス「独一の部」は，ローゼンスタンが一人で担当し日本人教官はいなかった．一方，「英一ノ部」からは「英三ノ部」までの3クラスは，米国人教師4名と日本人教官3名（「英三ノ部」では4名）が担当している．また，「仏一ノ部」からは「仏三ノ部」までの3クラスは，仏国人教師3名と日本人教官1名が担当している．独国人教師の中に，化学を教授できる人材がいなかったわけではない．実際，このカリキュラムが作成された4ヵ月後に，南校は第一大学区第一番中学に改称されるが，この時に独国人教師シェンクは，米国人教師グリフィス，仏国人教師マイヨとともに東京大学前身校で初めての化学専任の教師になっている．この時，物理学専任教師になったのは米国人ヴィーダー，数学専任教師になったのは，独国人ゼーガーと仏国人レピシェ（Lepissier, Emile. 1838頃-1894頃）である[62]．

3点目は「物理学」「化学」の授業の考察に間接的に関連する項目であるが，著者が「独一の部」のカリキュラムを調べていたところ，「文典」の時間が週に3時間，「書取」の時間が同様に2時間，「読方」の時間が6時間，「作文」の時間が5時間，開講されており独語の習得時間に11時間があてられていた．一方，英語クラスの最上級クラスである「英一ノ部」では，「文典」の時間が2時間，「作文」の時間が2時間，「読方」の時間が2時間で英語習得の時間と思われる科目の時間は，6時間であった．同様に仏語の最上級クラスの「仏一ノ部」では，「作文」が2時間，「文典」が2時間であり，仏語習得の時間と思われる科目の時間は合計4時間であった．独語クラスの語学習得にあてている時間数が顕著に多いことは明らかである．著者が2点目で指摘した独語クラスで化学が教えられなかった理由の一つとして，人材不足の他に独語クラスの教師たち，特に「独一の部」を担当したローゼンスタンが，生徒たちの語学力が未熟であったために独語の習得を優先したカリキュラムになったのではないかと思われる[63]．以上が管見で最も古い明治4年（1871）の東京大学前身校における科学科目の教育カリキュラムについてである．

次にこのカリキュラムが作成された翌年，開成学校に改称された明治6年（1873）9月の独語クラス（鉱山学科）の最上級クラスの「鉱物学本科第三級」のカリキュラムを精査する[64)]．この時，物理学の時間が週に3時間，化学が4時間で，いずれも担当教師はリッターである．独語クラスは鉱山学科と改称され，「地質学」の授業が週に2時間，「金石学」の授業が4時間，シェンクによって行われた．前年までカリキュラムにあった「文典」，「作文」，「読方」という授業はないが，「翻訳」という独語習得に関連すると思われる授業が週に6時間行われていた．数学は週に7時間開講され，内訳は「算術」2時間，「代数学」が3時間，「（画法）幾何学」が2時間である．

また，英語クラス最上級の「理学科予科第一級」では，ヴィーダーによる「物理学」の授業が週に4時間，グリフィスの「化学」の授業が4時間あり，「翻訳」の時間が独語クラスと同じ6時間となっている．数学の時間は週に9時間開講されており，内訳は「算術」が3時間，「幾何学」が3時間，「代数学」が3時間である．

仏語クラス（諸芸学科）最上級の「諸芸学予科第三級下級」では，「物理学」の授業が3時間，「化学」が2時間行われており，両科目ともマイヨが担当している．数学の時間は週に11時間開講されており，内訳は「算術」が4時間，「幾何学」が5時間，「代数学」が2時間である．仏語クラスでは，「翻訳」という授業題目は行われていなかったが，「作文」という授業が2時間，文法が1時間で語学取得の時間は3時間となっている．他の2言語クラスと比較して語学習得にかける時間は半分となっている．以上より明らかになったのは，次の2点である．1点目は，各言語の最上級クラスにおける「物理学」及び「化学」の授業は，独語クラスが週に6時間，英語クラスが8時間，仏語クラスでは5時間であり，2年前に最も両科目の授業時間数が多かった仏語クラスにおける授業数が3言語クラスの中で最も少なくなり，英語クラスが最も多くなった．仏語クラスでは明治4年（1871）の時点で「仏二ノ部」クラスで数学の時間が他の言語クラスを含めて全クラスの中で10時間と最も多かったが，明治6年（1873）になりさらに1時間増加していることが特徴である．2点目は独語の語学習得の時間と思われる「翻訳」の授業にかける時間が，英語クラスと同じになったのは，独語クラスの生徒たちの語学力が向上したと思われる．それにともない，前年独語クラスは物理学の授業が週に2時間のみで化学の授業が上述の事情もあって行われていなかったが，この年になり物理学，化学の両科目の合計が7時間に増え，さらに鉱山学科の主要科目である「地質学」と「金石学」の授業が新規に始められた，と思われる．以上が，管見で2番目に古い東京大学前身校における科学科目の授業カリキュラムの概要である．

2.4.2. 当時使用された科学教科のテキスト[65]

独語クラスで使用されていた「物理学書」は，最上級クラスの本科三級で「セートレルの物理化学天文学書」，予科第一級でウーレ（Ule）：*Populäre Naturlehre*（*Physik*）であった．この書籍の表紙には，“Für Jedermann faßlich（誰でも理解できるように）”という記載があり，一般市民を読者対象とした書籍であることがわかる．両クラスともリッターが担当していた[66]．セートレルのオリジナル書籍は特定できず，どのような内容の書籍かどうかわからなかったが，ウーレのオリジナル書籍（1867年出版）を入手できた．目次は以下の通りである．

Kapitel 1. Die Algemeinen Bewegungserscheinungen（第1章 一般的な回折現象）

Kapitel 2. Die Erscheinungen der Wellenbewegung（Schall, Wärme und Licht）（第2章 波動現象（音，熱，光））

Kapitel 3. Die magnetischen und electischen Erscheinungen（第3章 磁気および電気現象）

Kapitel 4. Die physikalischen Verwandlungserscheinungen oder die Wechsel- wirkung der physikalischen Kräfte（第4章 物理学的変化現象や物理的な力の相互作用）

著者は，Uleの書籍以外で使用されていたテキストの可能性として，日本で最初に大学で使う教科書として日本人の手で編集・出版された明治12年（1879）から15年（1882）にかけて刊行された飯盛挺造編の『物理学』に注目し[67]，飯盛たちが参考にした独語のテキストの特定を行った．著者が飯盛のこの書籍を選んだ理由は，飯盛たちが執筆するにあたり，これらの独語の書籍を十分に読みこなしていたと思われるが，それは独語クラスで使用されていたためではないかと推測されるからである．飯盛たちはすでに修学を終えており，独語クラスの出身ではない．しかし，独国人教師たちが物理学の授業の際にこれらのテキストを使用していたために，飯盛たちは日本語の物理学書を執筆するにあたり，独国人教師たちが使用していた書籍を参考にしたのではないかと推測されるからである．『物理学』の序文に，「『ミュルレル氏』及び『アイゼンロール氏』の両名の本を基にし，『ヨフマン氏』『ウェ子ル氏』，『デ　シャ子ル氏』の3名の本を補びとして使用した」とある．当時の東京大学の独語図書リストの中で，該当すると思われる書籍は次の書籍である[68]．Müller：*Lehrbuch der Physik und Meteologie. 2 Bd.*；Eisenlohr：*Lehrbuh der Physik*；Jochmann：*Grundriss der Experimental-Physik*；Wüllner：*Lehrbuch der experimentalphysik. 3 Bd*である[69]．『デ　シャ子ル氏』の書籍は，独語書籍リストにはなかったが，オリジナルが仏語で英語に翻訳されたDeschanel著，Atkinson翻訳：*Elemantary Treatise on natural philosophy*のことと思われる[70]．

次に「化学書」は，本科三級で「(著者名記述なしの) 化学書」，予科第一級と予科第二級クラスでストッツハルト (Stöckhardt)：*Die Schule der Chemie*を使用していた．この書籍の表紙には，“Schulgebrauch und zur Selbstbelehrung, insbesondere fuer angehende Apotheker, Landwirthe, Gewerbtreibende etc. (学校でテキストとして使用したり，自主学習用．特に，将来の薬剤師，農業技術者，工場経営者のために)”という記載があり，この書籍が，中等学校生から職業学校生を対象とした書籍であったことがわかる．両クラスともリッターが担当していた[71]．著者が入手できた1870年版の書籍の目次は，次の通りである．この本には，章 (Kapitel) とセクション (§) のナンバーリングがなされていなかったので，著者が章とセクションのナンバーリングを行った．

Kapitel 1.　Unorganische Chemie (第1章 無機化学)

§1.　Chemische Vorgänge. Mass und Gewicht (化学的な事象．度量衡)

1.1.　Chemische Veränderungen und Versuche (化学的な変化と実験)

1.2.　Wägen und Messen (考量と測定)

1.3.　Specifisches Gewicht (比重)

1.4.　Die alten Elemente (古い元素)

1.5.　Wasser und Wärme (水と熱)

§2.　Nichtmetalle oder Metalloide (非金属すなわち非金属元素)

2.1.　Erste Gruppe：Organogene (第一族：有機化合物)

2.2.　Zweite Gruppe der Nichtmetalle：Pyrogene (第二族：発熱物質)

2.3.　Dritte Gruppe der Nichtmetalle：Halogene (第三族：ハロゲン)

2.4.　Vierte Gruppe der Nichtmetalle：Hyalogene (第四族：ガラス)

§3.　Säuren (酸)

3.1.　Erste Gruppe：Sauerstoffsäuren oder Verbindungen der Nichtmetalle mit Sauerstoff (第一族：酸素酸すなわち酸素を含んだ非金属化合物)

3.2.　Zweite Gruppe：Wasserstoffsäuren oder Verbindungen der Halogene mit Wasserstoff (第二族：水素酸すなわち水素を含むハロゲン化合物)

3.3. Dritte Gruppe：Organische Säuren（第三族：有機酸）

§4. Metalle（金属）

4.1. Licht Metalle（軽金属）

4.1.1. Erste Gruppe：Alkalimetalle（第一族：アルカリ金属）

4.1.2. Zweite Gruppe：Erdalkalimetalle（第二族：アルカリ土類金属）

4.1.3. Dritte Gruppe：Erdmetalle（第三族：土類金属）

4.2. Schwere Metalle（重金属）

4.2.1. Eisengruppe（鉄族）

4.2.2. Silbergruppe（銀族）

4.2.3. Platingruppe（白金族）

4.2.4. Chromgruppe（クロム族）

Kapitel 2. Organische Chemie（第2章 有機化学）

§1. Pflanzenstoffe（植物質）

§2. Pflanzenfasser oder Cellulose（植物性繊維すなわち繊維素）

§3. Stärke（でんぷん）

§4. Dextrin und Gummi（糊精とゴム）

§5. Pflanzenschleim（植物粘質液）

§6. Zucker（糖）

§7. Eiweissartige Stoffe oder Proteinstoffe（タンパク質状の物質すなわちタンパク質）

§8. Verwandlung des Zuckers in Weingeist（エチルアルコール中における糖の変化）

§9. Verwandlung des Weingeistes in Aether（エーテル中のエチルアルコールの変化）

§10. Verwandlung des Weingeistes in Aethylen（Aethylen 中のエチルアルコールの変化）

§11. Verwandlung des Weingeistes in Essig（酢の中のエチルアルコールの変化）

§12. Verwandlung des Zuckers in Milchsäure und Buttersäure（乳酸及び酪酸中の糖の変化）

§13. Bildung von Weingeist, Essigsäure und Milchsäure beim Brotbacken（パン中のエチルアルコール，酢酸および酪酸の生成）

§14. Melthylalkohol oder Holzgeist（メチルアルコールすなわち木精）

§15. Amylalkohol oder Fuselgeist（アミルアルコールすなわちフーゼル精）

§16. Anderweite Alkohole（その他のアルコール）

§17. Fette und Oele（脂肪と油）

§18. Flüchtige oder ätherische Oele（精製油と精油）

§19. Terpentine, Harze und Gummiharze（テルペチン，樹脂及びゴム樹脂）

§20. Glycoside und Bitterstoffe（糖原質と苦味素）

§21. Farbstoffe oder Pigmente（染料や顔料）

§22. Natürliche Pflanzenbasen oder Alkaloide（天然植物塩基すなわちアルカロイド）

§23. Organische Säuren（有機酸）

§24. Unorganische Bestandtheile der Pflanzen（植物の無機成分）

§25. Ernährung und Wachsthum der Pflanzen（植物の栄養と成長）

§26. Thierstoffe（動物質）

§27. Das Ei（卵）

§28. Die Milch（ミルク）

§29. Die Nahrungsmittel und die Verdauung（食物と消化）

§30. Das Blut（血液）

§31. Die Athmung oder Respiration（息づかいすなわち呼吸）

§32. Das Muskelgewebe（筋肉組織）

§33. Die Galle（胆汁）

§34. Das Bilde- und Knorpelgewebe（構成組織と軟骨組織）

§35. Die hornartigen Gewebe（角質組織）

§36. Das Knochengewebe（骨組織）

§37. Die festen und flüssigen Excremente（固体状と液体状の排泄物）

§38. Analytischer Anhang（分析的な補足）

最後の「数学書」は，本科三級で代数学書として，ハイス（Heis）：*Sammlung von Beispielen und Aufgaben aus der allgemeinen Arithmetik und Algebra* を使用していた．この書籍の表紙には，“Für Gymnasien, höhere Bürgerschulen und Gewerbschulen（ギムナジウム生，および高等国民と職業学校生のために）”という記載があり，この書籍が，ギムナジウム生から職業学校生を対象とした書籍であったことがわかる．著者が入手できたオリジナル書籍（1850年出版）の目次は，次の通りである．

Kapitel 1.　Anwendung der Sätze über Summen und Differenzen（第1章 加法（足し算）と減法（引き算）の適用）

Kapitel 2.（第2章）

§2. A.　Anwendung der Sätze von Producten und Quotienten（乗 法（かけ算）と除法（割算）の適用）

§2. B.　Maß der Zahlen（計算の基準）

§2. C.　Decimalbrüche（循環小数）

§2. D.　Verhältnisse und Proportionen（比例と割合）

Kapitel 3.（第3章）

§3. A.　Potenzen mit ganzen Exponenten（整数指数による累乗）

§3. B.　Wurzeln（累乗根）

§3. C.　Wurzeln aus Zahlen und algebraischen Summen（数字と代数和による累乗根）

Kapitel 4.（第4章）

§4. A.　Gleichungen von ersten Grade（一次方程式）

§4. B.　Gleichungen von zweiten Grade（二次方程式）

§4. C.　Diophantische Gleichungen（ディオファントス方程式）

Kapitel 5.（第5章）

§5. A.　Progressionen（数列）

§5. B.　Kettenbrüche und Theilbruch-Reihen（連分数数列と断分数数列）

Kapitel 6.　Permutation, Combination, Variation, binomischer und polynomischer Lehrsatz, figurirte Zahlen, Wahrscheinlichkeitsrechnung（第6章 順列，組み合わせ，変分，二項定理と多項式定理，図形数，確率計算）

Kapitel 7.　Gleichungen von höheren Graden und transzendente Gleichungen（第7章 高次方程式と超越方程式）

§7. A.　Eigenschaften der Gleichungen in Bezug auf ihre Wurzeln（累乗根に関する方程式の性質）

§7. B.　Directe Auflösung der Gleichungen vom dritten Grade（3次方程式の直接解）

§7. C.　Directe Auflösung der Gleichungen vom vierte Grade（4次方程式の直接解）

§7. D.　Directe Auflösung der Gleichungen vom höheren Graden（高次方程式の直接解）

§7. E.　Transzendente Gleichungen（超越方程式）

Kapitel 8.　Anwendung der Algebra auf Aufgaben aus der Geometrie, Physik und Chemie（第8章 幾何学，物理学，化学からの課題に対する代数学の適用）

§8. A.　Aufgaben aus der Geometrie（幾何学からの課題）

§8. B.　Aufgaben aus der Physik（物理学からの課題）

§8. C.　Aufgaben aus der Chemie（化学からの課題）

また幾何学書（「三角衡書」）として，コッペ（Koppe）：*Die ebene Trigonometrie für den Schul und Selbstunterricht* が使用されていた．この書籍のタイトルにあるように，“für den Schul und Selbstunterricht（小中学生で使用したり，自習用のために）”という記載があり，この書籍が，小中学生を対象とした書籍であったことがわかる．著者が入手できたオリジナル書籍（1874年出版）の目次は，次の通りである．

Kapitel 1.　Von der triogonometischen Functionen（第1章 三角関数について）

§1. A.　Von den Werthen, welche die trigonomischen Functionen bei sich ändernder Große des Winkels durchlaufen（角度の大きさを変更するときの三角関数の値について）

§1. B.　Von den Beziehungen, welche zwischen den verschiedenen trigonometrischen Function des nämlichen Winkels oder Bogens stattfinden（同一の角度または弧の間の様々な三角関数の関係について）

§1. C.　Von den triogometrischen Functionen solchen Winkel, welche der Summe oder Differenz zwischen gegebenen Winkel gleich find（角度の和と差が同等に与えられた三角関数について）

§1. D.　Berechnung der trigonometrischen Functionen（三角関数の計算）

Kapitel 2.　Von der Auflösung der Dreicke（第2章 三角形の解について）

§2. A.　Auflösung des rechtwinkligen Dreiecks（直角三角形の解について）

§2. B.　Auflösung des gleichschenkligen Dreiecks（二等辺三角形の解について）

§2. C.　Auflösung des　Dreiecks überhaupt（三角形の一般解について）

§2. D.　Trigonometrische Kreisrechnungen（三角法の円計算）

Kapitel 3.　Aufgaben（第3章 練習問題）

§3. A.　Aus der analytischen Trigometrie（解析三角法について）

§3. B.　Aufgaben über Dreiecke（三角形について）

§3. C.　Vierecksaufgaben（四角形について）

Kapitel 4.　Anwendungen der Trigometrie auf die Feldmesskunft（第4章 測量術における三角法の適用）

Kapitel 5.　Polygonometrie（第5章 多角形解析法）

§5. A.　Umformung der Coordinaten（座標変換）

§5. B.　Gleichungen über das Vieleck（多角形についての方程式）

Tafel der Sinns, Cosinus, Tangenten und Cotangenten（正弦，余弦，正接，余接の一覧表）

本科三級の代数学の担当教師はトゼロフスキー，三角術はクニッピングが担当し，予科クラスの代数学はトゼロフスキーが担当していた[72]．

ここで，独語クラス以外の2言語クラスで使用されていた科学科目のテキストについて記す．英語クラスで使用されていた「物理学書」は，最上級クラスの「理科予科第一級」でカッケンボス（Quackenbos, G. P.）の *Natural Philosophy* とガノー（Ganot, A.）の *Elementary trease on physics experimental and applied* と *Introductry Course of Natural Philosophy for the Use of School and Academies* がそれぞれ使用されていた．前者のカッケンボスの書籍には対象読者の記述はないが，彼がニューヨークにある学校の校長に従事し，初等および中等用教科書を著していることから，この書籍が，小中学生を対象とした書籍であったことが推測される．後者のガノーの書籍の副題に“for the Use of school and Academies

(小中学校生および大学生のために)”とあることから，この書籍が小学生から大学生まで幅広い層を対象とした書籍であったことがわかる．「理科予科第二級」ではスチール（Steele）：*Fourteen weeks in natural philosophy* が使用されていた．この書籍には対象読者の記述はないが，序文に“Suggestion to Teachers（教師への提案)”という見出しで1ページを割いており，“Professor（教授)”ではなく，“Teachers（教師)”という言葉を使用していることから，この書籍は小中学生を対象とした書籍であることがわかる．すべての物理学の授業をヴィーダーが担当していた[73]．化学書は「理科予科第一級」でフーケン・バーナル合著『化学書』,「理科予科第二級」でパーケル著（Barker）：*A text book of elementary chemistry* と，フーカル著（Hooker）：*Science for the school and family; First book in chemistry* が使用されていた．最初のフーケン・バーナルの著書は，該当する書籍を特定できず，読者対象者は不明である．次の Barker の書籍には，読者対象者の記載はないが，彼の肩書きは“PROFESSOR OF PHYSICS IN THE UNIVERSITY OF PENNSYLVANIA（ペンシルバニア大学物理学教授)”とあることから，この書籍は大学生を対象とした書籍であったことが推測される．最後の Hooker の書籍は，タイトルおよび副題に“for the school and family; First book in chemistry”とあることから，この書籍は化学学習の初心者，および家庭で家族を対象とした書籍であることがわかる．すべての化学の授業を，グリフィスが担当していた[74]．「数学書」は「理科予科第一級」と「理科予科第二級」では，ロビンソン（Robinson）の代数学書 *New elementary algebra*，幾何書は，ロビンソン：*Key to Robinson's New geometry and trigometry and conic sections and abalytical geometry* が使用されていた．前者の代数学書の副題に“embracing the first principles of science（科学の最初の法則を含む)”とあることから，科学学習の初心者である小中学生を対象にした書籍であることがわかる．また，後者の幾何学書の副題に“for teachers and students（教師と学生のために)”とあることから，小中学校教師および大学生を対象とした書籍であることがわかる．また，ロビンソンの算術書 *Progressive higher arithmetic* が使用されていた．この書籍の表紙には“For schools, Academies, and Mercantile Colleges（小中学校，大学，商業学校向け)”とあることから，小中学生，大学生，商業学校生を対象にした書籍であることがわかる．代数学と算術をウィルソン，幾何学をヴィーダーが担当していた[75]．明治8年（1875）当時の東京開成学校が所有していた英語の書籍には，著者名，タイトルと所有部数が記載されており，所有部数が多いものはテキストとして使用されていた可能性が大きい．数学書の中でロビンソン以外の書籍で所有部数が最も多い書籍は，Felter：*New practical arithmetic*（122部），Bradbury：*An elementary geometry*（121部）の順になる[76]．これらの書籍も，テキストとして使用されていた可能性がある．

一方，仏語クラスで使用されていた「物理学書」は，全クラス（「予科第三級下級」，「第一年上級」，「第一年下級」）でGanot：*Cours de physique purement expérimentale*が使用されていた．ガノーの書籍の副題には，英語クラスのところで言及したように“小中学校生および大学生のために”とあることから，この書籍が小学生から大学生まで幅広い層を対象とした書籍であったことがわかる．すべての物理学の授業をマイヨが担当していた[77]．明治8年（1875）になるとガノー及びカッケンボスの書籍以外に，予科第一級ではドロー子一の『重学』，本科下級クラスではアルメイダの『物理学』のテキストが使用されたようである[78]．ドロー子一およびアルメイダの書籍は該当する書籍を特定できず，読者対象者は不明である．「化学書」としては，予科第三年下級で「モンペン　レーギョール ブルース化学書」，予科第一年上級でMonvel：*Notions de chemie*が使用されていた．書籍より読者対象者を特定できなかったが，著者の肩書きはパリ師範学校リセ・シャルルマーニュ校の化学および物理学教授なので，この書籍は，将来の小中学校教師である師範学校の生徒を対象としたものであったと思われる．すべての化学の授業をマイヨが担当していた[79]．

2.4.3. 明治8年（1875）6月に行われた試験問題[80]

この試験は独語クラス（鉱山学科）が閉鎖される1か月前に行われており，独語クラスだけではなく，他の2言語による科学科目の授業の進捗状況を知ることができる史料である．鉱山学科は当時4クラスあったが，この試験の4ヵ月前の明治8年（1875）2月名簿によると，最上級クラスの予科第一級10名（但し，名簿から消されている大塚義一郎を含む），同第二級14名，第三級15名，第四級該当者なし，第五級18名で合計57名である[81]．しかし，試験問題では，上級クラスから「Classe I.」「Classe II.」「Classe III. A」「Classe III. B」となっている[82]．これは各学科課程（カリキュラム）の記述と同様であり，次のような対応になっている．「Classe I.」は「第一年本科下級」，「Classe II.」は「第二年本科中級」，「Classe III. A」は「第三年本科上級」，「Classe III. B」は「第三年本科下級」に対応していると思われる[83]．この章の最後に各言語クラスの物理学（天文学を含む），化学（金属化学を含む），数学の試験問題を「添付資料—明治8年6月に行なわれた各言語別，科学科目の試験問題—」として紹介する．本来は各言語で出題されたものを，著者が翻訳したものである．これをもとに，独語クラスの物理学の問題を考察して特筆すべき点は，物理学現象の説明に数学（数式）用いる問題が出題されていることである．当時，日本で物理学（自然学）書として出版されていた書籍は，福澤諭吉の『訓蒙 窮理学』（明治元年出版），片山淳吉の『物理階梯』（明治5年）等があったが[84]，これらは物理学（自然学）の初歩的な内容説明が目的である．これらの書籍を読んで物理学（自然学）を学んだ生徒たちが，明治8年（1875）6月に東京開成学校で行なわれた物理学の試験問題を解くことができたかどうかについては否定的である．この点は，東京開成学校においてお雇い外国人教師によって教えられていた学問（この場合，物理学）が，西洋科学の啓蒙という目的だけではなく，「国家発展の人材を育てるための学問である」という高い目的を持っていたことを示す一例であると言えないであろうか．これらのことは，英語，仏語クラスにも言うことができ，両言語の試験問題に物理学現象の説明に数学（数式）用いる問題が出題されている．物理学クラス試験問題の中から，最下級クラスの「第一年本科下級」の問題から「全反射（totaler Reflexion)」，「第二年本科中級」の問題から「ブンゼン光度計（Bunsen'sche Photometer)」，最上級クラスの「第三年本科」の問題から「比重（Specifische Gewicht)」という物理用語に着目する．著者がこれらの用語に着目した理由は，それぞれのクラスの問題の中で，生徒たちの理解度を知るためのキーワードになると思ったからである．
「2.4.2. 当時使用されている科学教科のテキスト」で言及したように，物理学の授業で使用されていたテキストは，Ule：*Populäre Naturlehre*（*Physik*）である．
「第一年本科下級」と「第二年本科中級」で出題された物理学用語である「全反射」，「ブンゼン光度計」という光学分野に関して，この書籍の目次を見てみると，「第1章 一般的な回折現象」及び「第2章 波動現象（音，熱，光)）」の内容に相当する．さらに「第三年本科」で出題された「比重」という力学の分野に関しては，「第4章 物理学的な変化現象や物理学的な力の相互作用」の内容に相当する．
著者は物理学の授業のテキストの可能性として上述の「2.4.2.」で飯盛挺造編の『物理学』を挙げ，飯盛はこの本を執筆するにあたり参考文献としてJochmann, Müller, Jochmann 及び Wüllner の著書を挙げていた．著者は，Ule：*Populäre Naturlehre* と同様に，「第一年本科下級」から「第三年本科」で出題された「全反射」「ブンゼン光度計」「比重」という物理学用語が，4名の著書の中で記述されているかどうか調べた[85]．その結果，「全反射」という用語は，Jochmann の著書のみで言及されていた．同様に「ブンゼン光度計」は Müller の著書のみで言及され，「比重」は Eisenlohr および，Jochmann の著書で言及されていた[86]．

Wüllnerの書籍では調べることはできなかったが，その他の3名の著書で，「全反射」「ブンゼン光度計」「比重」という用語に言及した書籍はなかった．以上のことから，Uleの書籍と独語クラスの物理学の試験問題は一致すること，さらに飯盛が参考にした4名の独語テキストの書籍は，独語クラスが閉鎖される直前では使用されていなかった可能性が大きいことが明らかになった．

次に，独語クラスの化学の試験問題について考察する．問題の中には，1 m^{3}の水素を生成するための亜鉛の量を算出させたり，金属体と非金属体の酸化化合物の還元についてなど，現在の高等学校レベルの内容のものが出題されている．当時独語クラスの化学の授業では，ストッツハルトの*Die Schule der Chemie*が使用されていたが，この書籍の表紙には“Zum Schulgebrauch und Selbstbelehrung, insbesondere für angehende Apotheker, Landwirthe, Gewerbtreibende etc.（学校でテキストとして使用したり，自主学習用．特に将来の薬剤師，農業技術者，工場経営者等のために）”とある．これから推測できるように，この書籍は初等教育を終えた生徒たちが将来，化学の知識を必要になる職業に就くための中等教育以上の教育施設で使用されていた化学のテキスト，自主学習書である[87]．このテキストは，ほぼ現在の日本の高等学校レベルの内容のものであるので，上述のように試験問題のレベルと一致する．さらに，添付資料の中の「4. 化学（独語クラス）」において，ワグネルが作成・出題した「第二年本科中級」の問題1に，「金属体と非金属体の酸素化合物の還元について記述せよ.」というものがある．この問題は，ストッツハルトの*Die Schule der Chemie*の目次にある「第1章 §2. 非金属すなわち非金属元素」と，「§4. 金属」に一致する内容である．

次に数学の試験問題について考察する．「第一年本科下級」において，代数学の問題が2題と幾何学の問題が3題出題されているが，代数学の問題は上述のHeisの書籍の目次と，幾何学の問題はKoppeの書籍の目次の内容とほぼ一致する．代数学の問題2題のうちの「1. 複利が5%の借金40,000ターラーがあり，毎年利子を含み5,000ターラー支払う場合，10年後に残っている借金を求めよ.」という問題は，ウェストファルが作成したオリジナル問題と思われるが，それ以外の幾何学，代数学の問題は，HeisとKoppeの書籍の目次のタイトルに準じている．以上，独語クラスの物理学，化学，数学の試験問題と，クラスで使用されていた3科目のテキスト内容（目次）との比較を行った結果，それぞれがほぼ一致することが明らかになった．

次に独語クラスの科学科目授業内容と，他の2言語クラスで行なわれた授業内容について，物理学と化学の問題を比較する．まず，物理学であるが英語，仏語の両クラスで物理学のテキストとして使用されていたテキストに，ガノーの書籍（『大ガノー』）がある．著者が，独語クラスの「第一年本科下級」「第二年本科中級」「第三年本科」で出題されていた「全反射」「ブンゼン光度計」「比重」という物理学用語を調べたところ，すべての用語がこの『大ガノー』の中で言及されていた[88]．このことから推測すると，独語クラス閉鎖直前の明治8年（1875）6月時の物理学の授業は，英語，仏語クラスの物理学の授業と遜色がなく，同等の水準の授業が行われていたと言える．英語，仏語クラスの化学の問題も，独語クラスと同様のレベルの試験問題が出題されている．両クラスで使用されていたテキストの中で，とてもレベルが高い内容の書籍であったGanotの*Elementary treatise on physics experimental and applied*は，独語クラスの試験問題と相応のレベルとテキストであったと思われる[89]．

これらのことから“物理学”，“化学”同様に“数学”の授業も英語，仏語クラスと遜色がないものであったと推測できる．添付資料として数学の問題は算術，代数学，幾何学，整数論の試験を紹介する．

2.4.4. 独語クラス閉鎖後の生徒たちの足跡

日本における独国人教師たちの教授活動の様子の一端を知る手掛りとして，卒業後の生徒の活躍の側面から紹介する．本稿で取り上げてきた東京大学の前身校の目的は，国家官僚養成であり，「国家ノ須要ニ応ズル学術技芸ヲ教授シ及其蘊奥ヲ攻究スル」機関であった．ここで学んだ知識を用いて，近代国家構築のために貢献する人材を養成することであった．独語クラスは他の2言語より約3年間遅く開設され，科学教師の着任（科学科目教育の開始）も2言語クラスよりも遅い．また，他の2言語クラスは明治8年（1875）7月以降も存続したが，その時に独語クラスは廃止され，存続中の生徒数も3言語クラスの中で最も少数であった[90]．東京大学の前身校で学んだ3言語の生徒たちの中で，独語クラスで学んだ生徒が最も少数である．そのような環境であった独語クラスであるが，以下においてこのクラスで学んだ生徒たちの就学後の動向を紹介し，どのような人材を輩出したのかを考察する．その方法として，著者は明治8年（1875）7月に鉱山学科（独語クラス）が閉鎖される5ヵ月前の時点で在籍していた57名の生徒たちのその後の動向を調査した[91]．生徒たちのクラスの内訳は最上級クラス（第一級）に10名，第二級クラスに14名，第三級クラスに15名，第五級クラスに18名である[92]．管見では薬学関係に進んだ者11名[93]，地質学，測量関係に進んだ者4名[94]，医学関係に進んだ者3名[95]，農学に進んだ者3名[96]，物理学者，化学者になった者2名[97]，その他9名[98]，動向不明25名[99]であることが明らかになった．最も多く薬学関係に進んだ者が多いのは，東京大学前身校の医学校おいて，明治6年（1873）9月に医学部に薬学科が設置されたことが要因の一つと考えられる[100]．日本の医学界が独国医学を採用したことにともない，薬学も必然的に独国式を採用するにあたり，彼ら独語クラスの生徒たちは授業や文献を読む際の語学（独語）面の負担が少なかったことも考えられる．

次に多い地質学，測量関係に進んだ者4名のうち，和田維四郎（1856-1920）は独語クラス閉鎖時にシェンクにその才能を認められ，シェンクの推薦によりに若干19歳で東京開成学校の助教になり，地質調査所所長を歴任し，日本における鉱山学，鉱物学，地質学研究の先駆者になった[101]．また，安藤清人（1854-1886）は，明治8年（1875）に第一回文部省奨学生として独語クラスから唯一選ばれ，独国・フライベルク鉱山大学（Bergakademie Freiberg）に留学した．優秀な成績であったが独国で肺病を患い，留学途中で帰国し日本で静養したが回復せず，33歳という若さで死去した[102]．また，神足勝記（1864-1937）は，明治9年（1876）に内務省地理寮に雇用された後，工部省鉱山局，宮内省御料局測量課長を歴任し，山林測量技師として大きな功績を残した[103]．橋爪源太郎は和田維四郎とともに，静岡県管下伊豆国地質調査を行っている[104]．管見であるが，明治8年（1875）2月に鉱山学科（独語クラス）が閉鎖された時点で在籍していた57名の生徒たちの中で，学科の専攻名にもなっている鉱山学（鉱物学，測量，地理学関係）に従事した人物は，上述の4名しか見つけることができなかった．しかし，早死した安藤を除いた3名は日本の地質測量，山林測量の実施者（責任者），また鉱山学，鉱物学，地質学研究の先駆者として日本の近代国家建設に貢献した．しかし，57名の中に動向不明者が25名いるので，その中には地方役所や官庁などで，このような仕事に従事した人物もいるかもしれない．このような職業に従事した生徒たちは，実際もっと多い可能性もある．

また，上述のこれら医学，鉱山学，地質学関連の分野以外で，独語クラス出身者の中には物理学，化学の分野で国家に貢献した生徒がいる．前者が村岡範為馳（1853-1929）であり，後者が中澤岩太（1858-1943）である．村岡は，明治11年（1878）に当時の独国領であったシュトラスブルク大学（Universität Straßburg）に留学後，東京大学医学部教授，第三高等学校教授，京都帝国大学物理学教室教授，東京数学物理学会（現在の日本数学学会と日本物理学会）の初代会長などの要職を務めた．明治24年（1891年）8月には，『日本魔境の研究』という学位請求論文を帝国大学（後の東京帝国大学）に提出し，論文博士で最初の理学博士になった[105]．

また中澤は，応用化学者として帝国大学教授，京都帝国大学理工科大学初代学長等の要職を務めた．

独語クラス閉鎖時に在籍していた生徒たちのその後を紹介したが，57 名中 25 名が動向不明である．動向不明者のその後の活躍を明らかにすることは，独語クラスの存在意義を示す史実を，さらに鮮明にできる手段になり得ると著者は思っている．著者の今後の課題である．

添付資料―明治 8 年 6 月に行われた各言語別，科学科目の試験問題―

1. 物理学（独語クラス）[106)]

Classe I.（第一年本科下級）の問題

1. 「全反射」とはどのようなものか．これはどのような状況のもとで発生するか．
2. 両凸レンズの場合で，共役点の相互位置を定める公式を導け．

Classe II.（第二年本科中級）の問題

1. ブンゼン光度計の仕組みは，どのような現象に基づいているか．
2. 凹面鏡に映し出された物体の実像を幾何学的に作図せよ．
3. 物体と凹面鏡の距離と，その物体の像と凹面鏡の距離との間にある関係をあらわす公式を導け．

Classe III. A（第三年本科上級）の問題

1. 潜水鐘（Diving bell）について記述せよ．
2. 優れた気圧計が満たすべき条件を挙げよ．
3. 直径 3 m の気球に，気圧計示度 760 mm で空気を入れる．気圧計示度が 15 mm に下がった場合，どれくらい空気は抜けているか．

Classe III. B（第三年本科下級）の問題

1. 正確でない秤を使った場合でも，正確に重量を計るにはどうすればよいか．
2. 水よりも比重の軽い固体の比重はどのように求めるか．
3. 高さ 2.5 m の柱状容器の側壁中央に，面積 4 m^2 の正方形の面がある．この容器を完全に水で満たした場合，この面にかかる圧力の大きさはどのくらいになるか．

以上，ワグネルが作成・出題．

2. 物理学（英語クラス）[107)]

General Course, First Class.（本科第一級）の問題

1. 地平線，子午線，偏角の意味を明らかにせよ．
2. 天体の偏角を調べるにはどうしたらよいか．
3. 赤経（R.A.）の意味を明らかにせよ．
4. 方程式　R.A. 天体＝R.A. 太陽＋T について説明せよ．
5. 地平線の傾斜角をどのように計算するか．
6. 視差と距離との関係を示し，視差が明らかになっている天体までの距離を明らかにする公式を示せ．
7. 太陽時間はなぜ一定ではないのか．
8. Oposition とは何か．Oposition の位置に入ることのない惑星はどれか．
10. 金星の最大近似角は 59.6 度，最少近似角は 9.6 度である．このデータから金星の太陽からの相対距離を明らかにせよ．
11. ケプラーの法則とは何か？
12. 太陽の H.P が 8.879 秒のとき，太陽までの距離を明らかにせよ？
13. 小惑星はどのように説明されるか？
14. 太陽から近い順に惑星を列挙せよ？
15. ニュートンの重力の理論とは何か？
16. 地球の質量を E，月の質量を M，月の公転軌道半径を R とすると，月と地球の相互引力を表す代数式はどのように表されるか？
17. 動きに沿うのではなく，絶えず定点の方向へ動いている天体は，その点の周囲に同一時間に同一面積を描くことを明らかにせよ．
18. 衛星がその惑星に落下する時間を調べるにはどうしたらよいか．
19. 地球の質量が 1 のとき，太陽の質量を表す式を求めよ．
20. 地球の質量および体積を 1 として，木星の密度を明らかにせよ．

以上は「天文学」の問題．パーソンが作成・出題．

1. 2 種類のエネルギーを化学的親和力によってどのように説明することができるか？
2. 次の用語の意味を明らかにせよ．(a) 仕事量，(b) 運動量，(c) エネルギー，(d) キログラムメートル，(e) 一般的な放射．
3. ジュールが確認した熱と可視運動との正確な数値関係とはどのようなものか？
4. 波長は，波の速度と何らかの粒子の振動時間の積に等しいことを示せ．
5. 単弦振動の意味を明らかにせよ．
6. ピッチが意味するもの，楽音が意味するものは何か．
7. さまざまなガスのなかの音速をどのようにしたら確認できるか？
8. 0℃ で長さ 10 m の金属製の棒が，50℃ では 10.02 m になる．この場合の線膨張係数および体積膨張係数を求め，25℃ での各膨張係数を求めよ．

9. 貿易風によって示される熱対流の法則とはどのようなものか？
10. 混合によってどのように水の潜熱を求めることができるか示せ.

以上はヴィーダーが作成・出題.

General Course, First Class.（本科第一級）の問題

1. 気中重量が5斤の斤花崗岩の比重が，3.6であることがわかった．4℃の水中での重量は何斤になるか？
2. (a) ガスの体積がその圧力に反比例することと，(b) このことは圧力が密度または質量に伴って変化するとする法則の別の形にすぎないことの2点を証明せよ.
3. (a) エネルギー保存の原則が意味するものは何か？ (b) すべての力学の関数は何か？ (c) 例外なく適用される法則は何か？
4. エネルギーの法則を用いて，斜面を落ちる物体の速度をどのように明らかにできるのかを示せ.
5. 次の用語の意味を説明せよ．(a) 振動，(b) 波動，(c) 波長.
6. 管楽器では，管ではなく管内に含まれている空気柱が音を起こす実体である．このことは，どのように説明されるのか？
7. 正確な計量を行う場合，なぜ気温を把握する必要があるのか？
8. 新橋駅と横浜駅の間の線路が0℃で長さ7.3 risの一続きの鉄2本でできているとすると，27℃では長さはどのくらいになるか（a=000012）？
9. 熱放射，伝導，対流の違いは何か？

以上はヴィーダーが作成・出題.

3. 物理学（仏語クラス）[108]

Premiere Dision（第一年本科下級）の問題
光り輝く流星．それらを列挙し，描写し，その形成について説明せよ.

以上はマイエが作成・出題.

【水銀温度計の目盛りについて】
- 華氏温度計で零下6度という温度について，摂氏温度計の度数で表示せよ．気圧の高さが0,755となる場合が2回観察されたが，1回はマイナス6度，もう1回は15度であった．これらが2つとも0度となるようにするためには，この温度

に対してどのような調整を行わなければならないか．但し，水銀の体積膨張率は5550分の1，目盛りを構成する物質の膨張率は0,0004188である．

以上はクロッツが作成・出題．

【力学の構造．及び受動抵抗について】
- プロニー吸収動力計．液体の流出に関するトリチェリの原理．及びトリチェリの法則の実験に基づいた検証について論ぜよ．

以上はクロッツが作成・出題．

Second Division（第二年本科中級）の問題

【組成学と物理学について】
- 露点湿度計について．比熱の定義　―　それを定義するために理論上したがうべき手順を説明せよ．
- 融解時の潜熱の定義　―　それはどのように定義すればよいのか？

以上はクロッツが作成・出題．

Troisieme Division（第三年本科上級）の問題

【組成学と物理学について】
- 複数のガスを混合させる場合の法則について説明せよ．
- 複数のガスと様々な蒸気を混合させる場合の法則について説明せよ．
- 空気および気体が飽和状態である混合物によって占められる体積Vtの温度がT度，圧力がHであることがわかっている時，その圧力を変えた時の体積はどうなるのか？
- 温度T度，圧力Hで飽和状態となっている空気1リットルの重量はいくらか？

以上はクロッツが作成・出題．

4. 化学（独語クラス）[109]

Classe I.（第一年本科下級）の問題
1. 近年の化学理論において，元素の質量数，原子量，当量の間にはどのような違いがあるか．

2. 水素ガスの分子が，ふたつの原子から構成されていると想定される理由は何か．
3. 硫酸を還元する方法にはどのようなものがあるか．硫酸水和物の示性式はどのようなものか．また，硫酸水和物の構成はどのような型であるか．

Classe II.（第二年本科中級）の問題

1. ヨードナトリウムに二酸化マンガンと硫酸を加えて，加熱することによって得られる生成物は何か．また，分解はどの反応式に基づいて進行するか．
2. 1 m^3 の水素を生成するために必要な亜鉛の量を示せ．
3. 炭酸ナトリウム生成の際に起こる重要事象を説明せよ．また，炭酸ナトリウムから水酸化ナトリウムを生成するためにはどうすればよいか．

Classe III. B（第三年本科下級）の問題

1. 金属体と非金属体の酸素化合物の還元について記述せよ．
2. 水はどのように構成されているか．水の構成要素が相互に結合している様子を正確に示す方法としてはどのようなものがあるか，また，それにはどのような器具が使われるか．

以上はワグネルが作成・出題．

5. 化学（英語クラス）[110)]

General Course, First Class（本科第一級）の問題

【金属化学について】

1. 3つの金属，バリウム，ストロンチウム，カルシウムの化学的特性を比較せよ．
2. 数種類のマンガン酸化物の化学式を記述せよ．どのようにして塩素を水に溶かした酸性溶液から不純物の入っていない塩化マンガンを作るのか？
3. 検討対象として与えられた何らかの有機物の中に，ヒ素が存在することをどのように証明するか詳しく述べよ．
4. マグネシウム，亜鉛，カドミウムの特徴的な反応を挙げよ．
5. 水を加えると，白い沈殿物ができる何らかの水溶液を検討対象として与えられている．この水溶液に含まれている金属には何が考えられか．その金属を検出するのに，さらにどのような検査を実施するかに述べよ．
6. 天保銭は銅，鉛および錫の合金である．この主張を確認する方法を述べよ．
7. 鉛白の製造方法について記述せよ．
8. 炭酸ナトリウムの製造に用いるルブラン法は，どのような化学反応に基づいているか？

以上はアトキンソンが作成・出題．

6. 化学（仏語クラス）[111]

Premiere Division（第一年本科下級）の問題

- 脂肪質からなる複数の自然物質. — それらの組成. — 特性. ステアリンろうそくの製造について説明せよ.

以上はマイエが作成・出題.

Seconde Division（第二年　本科中級）の問題

【化学上の組成について】
- 炭化水素（proto-carbure d'Hydrogène)— デイヴィ（Davy）のランプの可燃性ガスの火—の問題. 炎とは何か — その構成はどのようになっているのか？
- 二酸化窒素の分析はどのようにおこなえばよいか？

以上はクロッツが作成・出題.

Troisième Division（第三年　本科上級）の問題

- ヨウ素, 自然状態, 調合, 物理的および化学的特性, ヨウ化水素酸の適用, 調合, 特性について説明せよ.

以上はマイエが作成・出題.

7. 数学（独語クラス）[112]

Classe I.（第一年本科下級）の問題
1. この4次方程式から, 分解方程式を導け.
   $x^4+4ax^2+8bx+4c=0$
2. 球面三角法の基本公式を導け.

以上, A. ウェストファルが作成・出題.

1. 複利が5%の借金40,000ターラーがあり, 毎年利子を含み5,000ターラー支払う場合, 10年後に残っている借金を求めよ.
2. 四角形を正六角形に変換せよ.

3. $sin 18^\circ$ を求めよ.

以上，A. ウェストファルが作成・出題.

Classe III. A（第三年本科上級）およびB（本科第三級）の問題

【幾何学】

1. ふたつ，あるいはそれ以上の正方形の和と同等である正方形を作図せよ.
2. 比例する外項として与えられた2線分の比例中項を見つけよ.

【代数学】

1. 21ポンドの銀は水中で2ポンド，9ポンドの銅は水中で1ポンド失う．ここに148ポンドの重さの銀と銅の混合物があり，それが水中で$14_{2/3}$ポンド失ったとすると，そこには銀と銅がそれぞれどのくらい含まれていたか.
2. 両者の差よりも，それらの和がm倍，それらの積がn倍大きいふたつの数を求めよ.
3. $\sqrt[3]{6^{2/3}}=2$を示せ.
4. $9^{14/1000}$の純銀の延べ棒が1本ある．その価値が455，$12_{3/4}$ターラーで，純銀が1ポンド29.23ターラーのとき，その延べ棒の重量はどれくらいか.

以上，A. ウェストファルが作成・出題.

8. 数学（英語クラス）[113)]

General Course, Third Class.（本科第三級）の問題

【幾何学および三角法】

1. 円の中心と，弧の弦上の任意の点とを線分で結ぶとき，この線分の平方と，弦に対する弓形に含まれる長方形の面積との和は，円の半径を一辺とする正方形の面積に等しくなることを示せ.
2. 60°の弦と45°の正接はそれぞれ半径に等しい．30°の正弦，60°の正矢，60°の余弦は，それぞれ半径の二分の一に等しいことを示せ.
3. 高さが138フィートの塔の最上部から，塔の最下部から直線に，しかも塔と同じ水平面上に立つ二つの物体の俯角を測定した．近い方の物体の俯角は46度10分，遠い方では18度52分であることがわかった．塔の最下部からのそれぞれの距離を求めよ.
4. 弓形の表面が全球面のとき，この弓形の角（弓形を定める二つの大円の半分がなす角）は4直角である．また，このとき，この角をつくる弧は大円の円周であることを示せ.

以上，W. E. パーソンが作成・出題.

General Course, Fourth Class.（本科第四級）の問題

【算術】

1. 1.8を476.3で割った時の商を求めよ.
   (a) 0,6590を分数に換算し，その計算も示せ.
2. ルイヴィルに到着した時，常に正確な私の腕時計は1分52秒進んでいた．私はどの方角から，どのくらい離れた場所から来たのかを説明せよ.
3. 農場は，その評価額よりも8パーセント高い8100ドルで売れた．もし8500ドルで売れていたとすると，利益は何パーセントか.
4. 利率5パーセント，額面15,600米ドルの債券を97パーセントの額で売却し，十分な金額の債券に利率6パーセント，107パーセントの額で投資するとき，年収益が540ドルになったとする．このとき，その差額で購入した住宅はいくらか.
5. 利率9%で4年9ヵ月18日後に，65.016ドルの利子がつく場合の元金はいくらか.
6. 割引利率6%，60日間のときを考える．1375.50ドルに対する真割引と銀行割引との割引料の違いはいくらになるか.
7. ボストンのある業者が，ロンドンで125ポンド15シリング6ペニーの為替手形を購入する．為替手数料を11パーセントとするとき，この為替手形の価格はいくらか.
8. 812の5乗根はいくらか.
9. 直径が35インチの丸太から挽き出すことのできる，最も大きい正方形の角材の一辺は何インチか.
10. 初項7，公比3，項数4の等比級数の和はいくらか.

以上，ウィルソンが作成・出題.

【代数】

1. 2時から3時の間で，時計の長針と短針が重なるのはいつか.
   (a) この問題を直接解くのに用いる式は何か．その応用について述べよ.
2. $a^6+9a^5b+24a^4b^2+9a^3b^3+2a^2b^4+9ab^5+b^6$ 立方根を求めよ.
3. mm と nn が分数の時．$a^m \times a^n = a^{m+n}$ であることを証明せよ.
   (a) $a^2\ b^{1/4}$ と $a^{1/2}\ b^{1/4}$ の積を求めよ.
4. $3+\sqrt{-5}$ と $7-\sqrt{-5}$ の積を求めよ.

(a) $bc+2b\sqrt{bc-b^2}$ の平方根を求めよ.

5. $\sqrt{5}-\sqrt[4]{2}$ を有理化する因数を求めよ.

6. 未知式の一番大きい累乗の係数が完全平方であるとき，平方が完成された公式を導け.

(a) $36x^2+5x=39/144$ の時，x を求めよ.

7. $\left(\dfrac{1}{1+x}\left(\dfrac{1}{1+x}\right)^{\frac{1}{3}}\right)^{\frac{1}{4}}=\dfrac{\sqrt{2x}}{12}$ の時，x を求めよ.

8. $x^{3/4}+y^{2/5}=a$ および $y^{2/3}+x^{3/4}\ y^{2/3}=b$ の時，x と y を求めよ.

9. ある商人がひと切れの布を 39 ドルで売り，仕入れ値と同じパーセントの利益を得た．この商人が支払った仕入れ値はいくらか.

10. ある二つの数の積が 320 であり，それぞれの 3 乗の差とそれらの差の 3 乗が 61 対 1 であるとき，この二つの数はいくつか.

以上，W. E. パーソンが作成・出題.

【幾何学】

1. 一つの角が相等しい 2 つのそれぞれの三角形に対し，この等しい角をつくる辺を縦横とする長方形が対応することを示せ.

2. 接線と弦とによってつくられる角の角度は，この弦が切り取る弧の長さの半分であることを示せ.

3. 二つの弦が円内で互いに直角に交わる時，この時にできる四つの線分の平方の和は，円の直径の平方に等しいことを示せ.

4. 二等辺三角形において，等辺の長さが任意で，二角の角度が等しく，第三の角の角度の 2 倍であるとき，それはどのような二等辺三角形か.

5. 半径 1 の円で，弦の長さがそれに対応する弧の長さの半分となるのはどのような場合か.

6. 直径 32 の円の中心から同じ側にある二つの平行な弦について，その長さはそれぞれ 20 と 8 である．このとき，二つの弦の間の距離を求めよ.

以上，ウィルソンが作成・出題.

General Course, Fifth Class.（予科第五級）の問題

【代数】

1. 消去法の定義を記述せよ．また，別の方法の名称も述べよ.

2. $x/2+y/3+z/4=22$

$x/4+y+z/2=33$

$x+y/4+z/8=19$　　の時の x, y, z を求めよ．

3. 定理を用いて，$(4a^3-2c^2)^4$ を展開せよ．
4. $a^6+9a^5b+24a^4b^2+9a^3b^3+24a^2b^4+9ab^5+b^6$ の立方根を求めよ．
5. $10x(a+b)^{2/3}$ を $5(a+b)^{1/4}$ で割った商を求めよ．
6. 二次方程式を二つに分類せよ．
7. $8x^2-7x+16=181$ のとき，x を求めよ．
8. 三項式 $x^2+7x=18$ を因数分解せよ．
9. 両者の和が5，またそれぞれの3乗の和が35になる二つの数はいくつか．
10. 3つの数の和が14，それぞれの2乗の和が84になる等比数列の三つの数はいくつか．

以上，ウィルソンが作成・出題．

9. 数学（仏語クラス）[114]

Premiere Division（第一年　本科下級）の問題

【解析幾何学】

第1問. 円 O と，この円の固定された半径 OA がある．移動する半径 OP の端点 P から OA に向かって垂線 PQ を，点 Q から垂線 QM を OP に向かって下ろし，次に Q 上にある M を OA に射影し，同様に M' 上にある Q を OP に，Q' 上にある M' を OA に，M'' 上にある Q' を OP に射影する．さらに同様のことを続ける．半径 OP が点 O の周囲を円を描きながら回る時，極座標上と直交座標上に M, M', M''…の点が描く各線についてそれぞれ方程式を求めよ．但し，極点 O とし，極軸は直線 CA とする．

第2問. 三角形 ABC がある．底辺 AB に対して任意の平行線 PQ を引き，さらに，点 P と点 Q をそれぞれ底辺上にある2つの固定点 B' と A' と結んで，直線 PB' と QA' とする．直線 PQ が元の位置と平行に移動する時に，これら2つの直線の交わる点 M が描く軌跡を求め，作図せよ．また，点 A' と点 B' がそれぞれ点 A，点 B と重なる時，軌跡はどうなるか？
但し，三角形の底辺を X 軸とし，OC に相当する中線を Y 軸として，

$$OA=OB=a$$

$$OC=c$$

という長さによって定義される三角形を仮定すること．

第3問. 1. 三角形 ABC の3つの高さが，ただ1点 M で交差することを解析的に証明せよ．
2. 2つの頂点 A と B が固定されていて，かつ3つ目の頂点 C が変化する

時，点 M が描く軌跡を求めよ．

1. 底辺 AB と平行な直線として与えられた DE 上の場合．
2. この底辺の中心 O を中心とし，与えられた半径を持つ円周上の点．
   これら 2 つの軌跡をそれぞれ一般形で示せ．そして 2. において，円 O の直径 $2R$ が底辺 AB と比べて大きいか，等しいか，また小さいかに応じて，様々に変わる形式について考察せよ．
   但し，三角形の底辺を x 軸，その底辺の中心から延ばした垂線を y 軸とする．

以上はマンジョウが作成・出題．

【代数学】

1. 三角形のピラミッドにおいて，この多面体の中で外接する角柱の和が，これらの角柱の数が無限に増える時に近づいていく極限値であることを計算によって証明せよ．
2. 以下の方程式の虚数根の下限値を求めよ．

$$C(x)=0$$

3. 以下の 2 つの方程式に共通の根は何か．

$$x^6-7x^4+12x^4+4x-30x^2+62x-14=0$$
$$x^5-7x^4+10x^3+15x-31x+12=0$$

以上は P. フークが作成・出題．

【幾何学】

1. 直角二等辺三角形を，その直角を作る 2 辺のうちの 1 辺が，円の直径に等しく，もう 1 辺が，内接する正三角形の辺の 3 分の 1 を半径の 3 倍から引いた時の超過分の長さに等しくなるような円を作図すると，この直角三角形の斜辺は，1/1000 の誤差を除いて，ほぼこの円周の半分となることを示せ．
2. 球体 O について．この球体の中心 O を通過するようなもう 1 つの球体の半径を求めよ．交わる部分となる円は与えられた円に等しくなることを示せいものとする．

以上は P. フークが作成・出題．

【解析幾何学】

1. 以下の方程式によって表されるシッソイド曲線を作図せよ．

$$y^2=x^3/a-x$$

2. 2つの変数を持つ2次方程式を最も単純な形にした時，係数 M と N が満たす条件とは何か.

$$My+Nx^2+F=0$$

但し，方程式は，楕円，双曲線，放物線といった種類を表わすものである.

3. 座標の第1象限に描かれる曲線を表す以下の方程式（1）の中で，座標の変換によって1次の項を消去させよ.

$$(1)\quad x^2+y^2-6x+4x+12=0$$

以上はP. フークが作成・出題.

【画法幾何学】

1. 3面体の角度の解を求めよ．その3面体については，2つの面と，その2つのうちの1面に向かい合う2面体があることがわかっている.
2. 円形の底面を持つ直円錐について，ある平面と交差する部分を明確に示せ．同時にこの交差する部分の実際の大きさと，曲線の任意の点における接線の射影も示し，投影図を描け.

以上はP. フークが作成・出題.

【三角法による解析】

1. 3つの角を持ち，以下の周を持つ三角形を算出せよ.

$A=43°\ 28'30''75$

$B=72°\ 55'24''12$　　　　$a+b+c=2{,}395^m{,}675.$

$C=63°\ 36'5''13$

2. 指数が分数かつ負である場合の，モアーヴルの公式の拡張について論ぜよ.
3. 一般的な2項方程式である $(Z^m=Q+iP)$ の根を求めるためには，この方程式の1つの根を，2項方程式 $Z^m=1$ の全ての根のそれぞれに，かけ算すればよいことを証明せよ.

以上はP. フークが作成・出題.

Seconde Division（第二年　本科中級）の問題

【幾何学】

1. 3本の中線がある三角形を作図せよ.
2. 3つの同心円があるとする．与えられた三角形と相似形であり，なおかつ各頂点が同心円のうちどれか1つの円周上にあるような三角形を挿入せよ.

3. ある三面体の角を立体にするために，この三面体の角の全ての平面角が満たさなくてはならない必要十分条件とは，どのようなものか.

以上は P. フークが作成・出題.

【幾何学】

1. 二面の前方と後方を通る直線の軌跡を求めよ.
2. 空間上で交わる任意の 2 つの平面によって作られる二面角のぎざぎざの射影図を求めよ.

以上は P. フークが作成・出題.

【三角法】

1. 以下の式を，対数によって計算可能にせよ.
   $x = tang.a + tang.b.$
3. $Sin(a+b)$ から $Cos.(a+b)$ を演繹法によって求めよ.

以上は P. フークが作成・出題.

【整数論】

1. 5049 より小さく 9 で割れる整数がある．この数を順番に 10, 15, 21, 25, で割ると，余りは常に 9 になる．この数は何か？
2. 1,15 m の幅を持つ布 231,5 m を織るために，53,48 kg の糸が使用された. 37,75 kg の同じ糸で幅 0,95 m の布は何メートル織れるか？

以上は P. フークが作成・出題.

Troisième Division（第三年　本科上級）の問題

【整数論】

1. ある数を他の複数の数で次々に割っていくと，最終的にはそれらの数の積で最初の数を割ったのに等しいということを証明せよ.
2. 3 つの金塊を溶かすとする．1 つめの金塊の純分は 0,900，2 つめは 0,920，3 つめは 0,840 である．1 つめの金塊が 7,250 グラム，2 つめは 8,025 グラム，3 つめは 9,785 グラムとすると，この 3 つから出来る合金の純分はどのいくらになるか.
3. 1/13 未満を除く $\sqrt{57}$ の計算を応用して，1/p 未満を除く $\sqrt{N}$ を算出せよ.
4. 簡略された割り算の理論を論ぜよ．但し，例えば 23.46953...; 6.325475... à0.01

を除く.

以上は A. リューが作成・出題.

Quatrieme Division（第四年　本科上級）の問題

【代数学】

1. 未知数 m を持つ連立方程式 m の解法のための一般法則を論ぜよ.
2. 濃度がそれぞれ 1,3 と 0,7 の 2 種類の液体がある. この 2 つの液体を混ぜて, 濃度 0,9 の液体を 3 リットル作るためには, それぞれの液体が何リットル必要か？
3. 記号の向きが同じ 2 つの不等式について, その各辺が正の数の場合, 双方を掛け合わせても, 不等式の向きが変わらないことを証明せよ. 全ての辺が正の数であり記号の向きが異なる 2 つの不等式において, 辺と辺とを割った場合は, 被除数の不等式の向きになる.
4. $M/0$ という不可能の象徴が, 同時に無限の象徴でもあることを示せ.

以上は A. リューが作成・出題.

【整数論】

1. ある民族において 14 年に 1 度行われる祭りがあり, 2 つめの民族には 18 年に 1 度, 3 つめの民族には 24 年に 1 度の祭りがある. これら 3 つの民族が同時に祭りを祝うのは何年に 1 度になるか. 祭りが始まったのは同じ年とする.
2. ある父親が 6 歳の息子を, 1200 フランを支払って学校へ入れる. この金額は毎年, 年度の終わりに支払われなければならない. この父親が, これから 12 年間何も払わなくてすむようにするためには, 今の時点でいくら払わなくてはならないのか. 利子は 5% と仮定する.

以上は P. フークが作成・出題.

注）

1） 中直一：“日独交流史の再検討―成立期と日本独逸学と明治政府の文教政策―”, 『ドイツ研究』, 24 号, 1997 年 6 月号, p. 3.

2） 高橋邦太郎：『日仏の交流―友好三百八十年―』1982 年, 三修社, p. 159. 宮永孝は著書の中で, 長崎の欄通詞たちは文化 4 年（1807 年）のある時期から, すでにフランス語の自習をはじめており, 長崎奉行を通じて幕府にフランス語の学習許可を求めた結果, 是なることを認められた, と言及しているが（宮永孝：

注

『日本の洋学史—葡・羅・蘭・英・独・仏・露語の受容—』，三修社，2004年，p. 349.)，高橋が言及しているように，露艦隊が松前藩に手紙を置いていった事件が仏語を学習の動機としてしては言及されていない．

3) 同上の文献によると，ピーテル・マリン（Pieter Marin）の仏語の仏蘭教科書（*Nouevelle Methode Pour apprendre les principes et l'Usage des Langues françoise et Hollandoise*, 1777.）．

4) 西堀昭：『日仏文化交流史の研究』，駿河台出版社，1981年，p. 382.；沼田次郎："蕃書調所について"，『日本医史学雑誌』，15，2，1969年8月号，p. 5.

5) 注2）の宮永の文献，p. 362.

6) 同上の文献，pp. 362-363.

7) 同上．

8) 同上の文献，p. 355.

9) 注1）の文献，p. 3.

10) タイトルは『忽兒朗士語譜厄利亜語集成』（注2）の宮永の文献，p. 201.）．

11) 茂住実男："蕃書調所における英語教育"，『英学史研究』，16号，1983年，pp. 110-111. の中で，蕃書調所で輸入されて常備された書籍として次の6点を挙げられている．ボムホツ（Bomhohh, D.）：『英蘭辞書』及び『蘭英辞典』；ホルトロップ（Holtrop, J.）：『英蘭辞書』；カリス：『英蘭辞書』；セウエル：『蘭英辞典』及び『英蘭辞書』．但し，東京開成学校の明治8年（1875）当時の蔵書には，これらの辞典は所蔵されていない（東京開成学校編：『A classifield list of the English books in the Tokio-Kaisei-Gakko—東京開成学校文庫書目—』，明治8年）．また，ボムホツとホルトロップの辞典については，早川勇：『ウエブスター辞書と明治の知識人』，春風社，2007年，p. 159；p. 161に紹介されている．

12) 注2）の宮永の文献，pp. 201-207.

13) 同上の文献，pp. 207-208.

14) Picard, A：*A New Pocket Dictionary of the English—Dutch and Dutch—English Languages*, 1857.（注31）の茂住の文献，p. 111.）．

15) 注11）の茂住の文献，p. 111.

16) 安政5年（1858年），この年に江戸幕府は米国，英国，露国，蘭国そして仏国と通商条約を結んだ（R. シムズ著，矢田部訳：『幕末・明治日仏関係史』，ミネルヴァ書房，2010年，p. 1）．日本を開国に至らしめて米国，幕府を援助した仏国に対して，独国は慶応3年（1867年）にようやく北独国連邦国家を成立させた．このことは東洋進出を出遅れさせ，それまでの日本との関係を希薄とする要因であった（寄田哲夫："日独教育交渉史研究 II"，『中部大学紀要．B』，18，1982年10月号，p. 2）．

17) 注2）の宮永の文献，pp. 321-322.；注1）の文献，p. 2. 市川はかつて嘉永6年（1853）から安政3年（1856）まで幕府天文台蕃書和解御用を務めており，外交文書翻訳官として認められていたことも選抜された理由の一つと考えられる（吉田正巳："幕末の独逸学とその展開"，『ドイツ文学』，47，1971年10月号，p. 99.；池田哲郎："本邦におけるドイツ学の創始について—蘭系ドイツ学書志

―"，『福島大学学芸学部論集』，14，1963年3月号，p. 63.）．

18）注2）の宮永の文献，p. 322．静岡県立図書館葵文庫所蔵書籍から推測すると，この時使用した辞書は，Calisch, I. M. & Dyckerhoff, W.：*Nieuw volledig Hoogduitsch-Nederduitsch en Nederduitsch-Hoogduitsch woordenboek,* Amsterdam, Tielkemeijer, 1851.（原平三："幕末の独逸学と市川兼恭"，『史学雑誌』，55，8，1944年，p. 873．を参照.）．

19）市川と加藤は所有していたWeiffenbachの書籍のタイトルは，H. Weiffenbach：*Leitfaden zum Unterricht in der deutschen Sprache und Literatur—Literarischer Lehrcursus zum Gebrauche der Königlichen Militäirakademie der See— und Landmacht.* 2-, Verbesserte Auflage, Breda, 1853.（荒木康彦："独逸学事始"『大学史研究』，23，2008年10月号，p. 62)；注2）の宮永の文献，p. 322.

20）注2）の宮永の文献，p. 323．静岡県立図書館葵文庫所蔵書籍から推測すると，この時テキストとして使用した辞書は，注19）に記載したCalisch, I. M. & Dyckerhoff, W.の独蘭・蘭独の辞書であり，文法書及び読本として，以下に紹介する11名の著者の書籍がされていた．D. Budingh, D（1845），H. Weiffenbach（出版年1853年），P. L. Hoffmann（同1858年），H. Kiepert（同1861年），M. Bock（同1862年），洋書調所（記載なし），H. Weiffenbach（出版年1863年，江戸で印刷），W. Assmann（同1863年），T. C. A. Heise（同1863年），著者の記名なし（同1865年），A. Stieler（出版年の記述なし）（荒木康彦："幕末期の「独逸学」と『官版　独逸単語篇』"，『近畿大学大学院文芸研究科紀要（Chaos)』，No. 7，2010年3月号，pp. 146-146.）．書籍の独語タイトル，綴りについては同文献を参照.

21）森川潤："幕末維新期におけるドイツ語学校の設置構想—ドイツ・ヴィッセンシャフト移植の端緒をめぐって—"，『広島修大論集．人文編』，32，2，1992年3月号，p. 208.

22）注2）の宮永の文献，p. 324．この単語篇は市川によって22の分野に分けて書かれており，1780もの独語の単語が冠詞を付けて収録されている．22の分野は，「世界と元素について」「時間と四季について」「食べ物と飲み物について」などで，荒木は今日の独語からして正確でないと想われるものが散見される，と言及している（注40）の荒木の文献，p. 137；pp. 139-140).

23）注1）の文献，p. 3．また，3冊の日本語タイトル，出版年の詳細は次の通りである．大学南校編：『最初のドイツ語読本（*Die Ersten Lection des deutschen Sprachunterrichts*)』，大学南校，明治3年；大学南校編：『大学南校の上級クラスのためのドイツ語読本（*Lehrbuch der deutschen Sprache*)』，明治3年；大学南校編：『独語読本兼演習本』，明治4年である．『官版　独逸単語篇』については，注20）を参照.

24）村上が作成した単語帳は『独英仏　三語便覧』，達理堂蔵，慶応3年である（注2）の宮永の文献，p. 334；p. 340.）．また，江戸幕府が所有していた書籍を保管している静岡県立図書館葵文庫には，幕末から明治初期にかけて独語教育に使用されていたと思われる書籍11冊が保管されている．11冊のうち，2冊が幕府教育機関であった洋学所で出版されたものであり，1冊は以前輸入した書書を部分的に復刻印刷したもので，単語集が1冊である（注20）の荒木の文献，pp. 146–147）．また，幕末江戸時代に日本で独語から日本語の直訳本も一冊も出ておらず，最初の本は独国人政治家であり大学の哲学教授であったビーデマン（Biedermann, Karl. 1812–1901）が書いた本を，明治8年（1875）から9年（1876）にかけて加藤が翻訳・出版したものである．加藤弘之訳：『各国立憲政体起立史』（6冊），谷山桜，明治8年–9年（池田哲郎："本邦における独逸学の創始—附日本見在蘭系独逸学書志—"，『蘭学資料研究会報告』，1963年1月号，第9巻，124号，p. 5. を参照）．池田の論考には，加藤が翻訳した本のタイトルを『立憲政体起立史』と記述しているが，本稿では国会図書館に所蔵されているタイトルを記載している．

25） 注4）の沼田の文献，p. 6.

26） 注1）の文献，p. 4.

27） 次のような事例がある．明治新政府は西洋式兵制を整えるために外国からの援助を考慮して，仏国式または独国式を採用するか検討した．しかし，明治3年（1870）10月付の大政官布告において，仏国式の採用が正式に決まった．この結果をもたらした現実的な理由として，仏国人教官の通訳を務められる日本人の数が独国人教官の通訳を務める日本人の数よりはるかに多かった，ことが挙げられていた（注16）R. シムズの文献，pp. 279–280.）．

28） 宮崎ふみこ："開成所に於ける慶応改革—開成所「学政改革」を中心として"，『史学雑誌』，89，3，1980年3月号，p. 345.

29） 注2）の宮永の文献，p. 323. 宮永の著書の中で，これらの生徒数の一次史料が記載されていない．

30） 国立公文書館蔵：「大学校ヲ大学ト改称開成所ヲ大学南校医学校ヲ大学東校ト称ス」，明治2年12月15日，資料請求番号：本館–2A–009–00・太00019100. この時，英語クラスではパーリー，仏語クラスではプーセー（Pousset, Fernan. 生没年不明）が語学教師として在職しており（東京開成学校編：『東京開成学校一覧　明治8年2月』，明治8年，p. 4.；注）46を参照），独語を母国語とする独国人を教師として見つけることができなかったので，独語クラスは開講されなかったっと思われる．

31） 国立公文書館蔵：「南校二於テ英仏独乙学生募集」，明治4年3月9日，資料請求番号：本館–2A–009–00・太00469100. 公文書のタイトルは"南校"となっているが，公文書が作成された明治4年3月9日の当時は，"大学南校"が正式な名称である.；注5）を参照.

32） 注2）の宮永の文献，p. 333.

33） 鈴木重貞：『ドイツ語の伝来—日本独逸学史研究—』，教育出版センター，1975年，p. 66.

34） 注2）の文献，p. 67.；注19）の荒木の文献，p. 67.

35） 各クラスの教授カリキュラム及び担当お雇い教師，日本人教師については，東京帝国大学編：『東京帝国大学五十年史—上冊—』，非売品，1932年，pp. 214–232

を参照．これによると各言語，「英一ノ部」から「英九ノ部」，「仏一ノ部」から「仏六ノ部」，「独一ノ部」から「独四ノ部」のクラスが存在し，カリキュラムを精査してみたところそれぞれの言語で，「英一ノ部」「仏一ノ部」「独一ノ部」においてレベルの高い教育が行われていたようである．

36）　同上の文献，pp. 214-232.

37）　出版社不明：『第一大学区第一番中学一覧表』，明治6年7月9日付．

38）　東京都公文書館蔵：「乾第84号　文部省第32号布達　第一番大学区東京第一番中学に於ては英仏独の3学とも外国教師1名に付上等中学生徒25人下等生徒中学生徒30人予科生徒40人ずつ受持教授致し相当の所即今不足に付右等級相当の学力有る入学志願者は同校へ願出の事」，『乾部布稿・2』，明治6年，収録先の請求番号：604. A3. 02. より．

39）　東京都公文書館蔵：「第29号達，文部省より，第一番大学区第一番中学にて学業試験を行うに付，入学志願者は同校へ出願すべき旨，達」，『文部省布達留』，明治6年3月18日，収録先の請求番号：606. C5. 10. より．

40）　東京都公文書館蔵：「（原議欠）（第一番大学区東京第一番中学生徒不足に付募集の旨文部卿より達）」，『文部省布達留』，明治6年3月23日，収録先の請求番号：606. D5. 15. より．

41）　理学専攻生の人数統計はこの年の7月，諸芸学科は12月，鉱山学科は9月時点のものである（東京大学百年史編集委員会編：『東京大学百年史─通史─』，1984年，p. 297.）．

42）　英語クラスの生徒名簿は，注30）の東京開成学校編の文献，pp. 49-53. に記載されているが，本科生の「化学専攻」の9名，「理学専攻」の14名以外は予科生の身分で105名の名前が記載されている．明治7年（1874）9月，東京開成学校は予科教育の効率化を進めるために英語クラスの全生徒に対し同じ予科教育を課したので（注35）の東京帝国大学編の文献，pp. 294-298.），両専攻を志していた正式な生徒数はわからない．しかし，『文部省第一年報』（注41）の東京大学百年史編集委員会編の文献，pp. 297-298. に掲載）では，3言語による各専攻の生徒数が記載されている．それによると，英語クラスの法学専攻は25名，理学専攻は58名，諸芸学専攻は50名，鉱山学専攻は46名，東京開成学校のときに増設された工業学専攻（注35）の東京帝国大学編の文献，p. 290）は，52名で合計231名である．その中で理学専攻の58名は約25% を占めている．上述の予科生105名の25% が「化学専攻」及び「理学専攻」の生徒と仮定すると，それらの予科生の人数は約26名となる．よって，当時「物理学」「化学」の授業を受けた生徒数は，本科生の「化学専攻」の9名，「理学専攻」の14名と上述の27名を加えて約49名と算出した．また，仏語クラスは注30）の文献，pp. 63-70及び独語クラスは同文献，pp. 70-75.

43）　ユネスコ東アジア文化研究センター編：『資料御雇外国人』，小学館，1975年，p. 376.；東京大学総合図書館蔵「東京大学関係雇外国人書類」の中の「傭外国人教師講師名簿」のプーセーの頁を参照．但し，注30）の東京開成学校編の文献，p. 3には，彼の着任は明治2年正月一日」になっている．

注

44) 注41）の文献，p. 185.；注43）のユネスコ東アジア文化研究センター編の文献，p. 376. 及びバーリーの頁を参照.
45) 注30）の東京開成学校編の文献，p. 3には，明治2年（1869年）6月にカデルリーは独語学教師として採用したとあるが，城岡啓二："お雇いドイツ人教師カデルリーの日本時代について—採用から退職，そして離日について—"，『人文集—静岡大学人文学部社会学科・言語文化学科研究報告—』，58，2，2007年，pp. 155-157；p. 190. において否定されている．またカデルリーの生涯，離日前後については，次の論考が詳しい．城岡啓二："日本最初のドイツ語お雇い教師カデルリー—(1827-1874) というひと：スイスの貧農の生まれ，傭兵，家庭教師，冒険旅行家，「鉱物学教授」—"，『人文論集—静岡大学人文学部社会学科・言語文化学科研究報告—』，2006年，57，2，pp. 151-196.
46) 日本で最も早く独語を習得し，開成学校の教師となっていた加藤弘之が，開成学校に独語を母語とする独語教師を招へいするよう建議したのは，明治2年（1869年）11月である（森川潤：『明治期のドイツ留学生—ドイツ大学日本人学籍登録者の研究—』，雄松堂出版，2008年12月，p. 66；p. 74.）.
47) 教師を選定するにあたり，参考にしたのは主な文献は次の通りである．注43）のユネスコ東アジア文化研究センター編の文献，p. 448以降の補遺の頁において開成学校から東京開成学校までに在職した3言語の教師一覧の頁.；仏国人教師については，沢護：『お雇いフランス人の研究』，敬愛大学経済文化研究所，1991年3月；米国人教師については，渡辺正雄：『増訂 お雇い米国人科学教師』，北泉社，1996年である．今日の科学科目に相当する当時の生理学の担当教師は含んでいない（第一章の注5）を参照)．また，本稿では東京大学が創設されるまでの明治10年（1877）3月までを滞在期間としてみなし，その後も東京大学に在職した教師については，表の中で滞在期間にはカウントしていない．担当科目の記述であるが，「窮理学」，「天文学」は「物理学」に含め，「算術」，「代数」，「幾何」の科目は「数学」に含めた.
48) 明治8年（1875）7月独語クラスは閉鎖されたが，ワグネルは製作所教授として製煉予科第一級並びに第二級において，東京開成学校が閉鎖される翌年3月まで在職していたが，独語クラスで「物理学」「化学」を教授していないので（『東京開成学校　第四年報　明治9年』，明治9年12月，p. 58)．本稿ではこの3ヵ月間は在職期間として見做していない.
49) 渡辺正雄は著書の中で，土木教師であったチャップリン（Chaplin, Winfied Scott. 1847-1918）を物理学教師として取り上げている．渡辺はその理由を「純粋科学を担当はしていないが，初期の東京大学における地球物理学関係の実験と教育に多く関与しているため.」としている（注47）の渡辺の文献，pp. 11-12.）．著者が彼を取り上げていない理由は，彼が土木教師であり物理学，化学の教育者とは異なることと，彼の来日が東京開成学校の閉鎖（東京大学創設）の2ヵ月前で，渡辺が言及しているように彼の地球物理学関係の実験と教育に多く関与した時期は，東京大学時代であるためである.
50) 注43）のユネスコ東アジア文化研究センター編の文献によると，フーク

（Fouque, Prosper Fortuné. 1843-1906）は政府と数学教師として契約を結んでいたようであるが，明治9年（1876）の東京開成学校仏語物理学科において物理学を担当していた．この年6月にフークが作成した物理学の試験問題は，Tokyo Kaisei Gakko［東京開成学校］編："The calendar of the Tokio Kaisei-gakko, or Imperial Uiversity of Tokio"，1876，p. 142に収録されている．但し，前年には彼はこの年には物理学，化学の科目は担当していない（同文献，1875年版）．フークの出生，来日前の足跡，来日に至る経緯，滞在中の業績については，注4）の西堀の文献，pp. 251-272が詳しい．西堀はフーク出身の仏国・ヴァル県で出生証書などの公文書の一次史料を調査している．

51）　各言語別教師の平均在職期間に，独国人トゼロフスキー（3ヵ月），米国人ジュウェット（Jewett, Frank Fanning. 1844-1925）（3ヵ月），及び仏国人ベルソン（Berson, Gustav Felix Adolf. 生没年不明）（8ヵ月）の3名の滞在期間は含んでいない．その理由として，トゼロフスキーは教授能力に問題があり3ヵ月で契約を解約されていること（「第一章 第五節　研究・調査の対象」及び注）47を参照），ジュウェットは東京大学創設の3ヵ月前に来日し，明治13年（1880）7月まで東京大学法理文学部の化学科教授を務め，滞在中の主な教授活動の場が東京大学であったこと．またベルソンは明治9年（1876）6月に来日し，明治13年（1880）7月まで東京大学法理文学部の物理学教授を務め，上述のジュウェット同様，主な教授活動の場が東京大学であったためである．ジュウェット及びベルソンは，東京大学での教育を見据えた来日であったためである．

52）　独語クラス2名（ワグネル，クニッピング），英語クラス4名（ヴィーダー，メジャー（Major, Alfred. 生没年不明），ホワイトマーク（Whymark, Georg. 1849頃-没年不明），ホール（Hall. 1844頃-没年不明），仏語クラス2名（マイヨ，ピジョン（Pigeon. 1842-没年不明））以上8名．

53）　独語クラス4名（シェンク，ローゼンスタン，クニッピング，グレーフェン），英語クラス7名（ヴィーダー，グリフィス，スコット（Scott, Marion McCrrell. 1843-1922），ウィルソン，メジャー，ホワイトマーク，ホール），仏語クラス3名（マイヨ，レピシェ（(Lepissier, Emile. 1838頃-1894頃)，ビジョン），以上14名．

54）　独語クラス6名（シェンク，ローゼンスタン，リッター，クニッピング，ゼーガー，グレーフェン），英語クラス5名（ヴィーダー，グリフィス（Griffis, W. E.），ウィルソン，スコット，メジャー），仏語クラス3名（マイヨ，レピシェ，ビジョン），以上14名．

55）　独語クラス7名（シェンク，リッター，トゼロフスキー，クニッピング，ウェストファル，ゼーガー，グレーフェン），英語クラス7名（ヴィーダー，グリフィス，クラーク（Clark, Edward Warren. 1849-1907），ウィルソン，スコット，アンサンク（Unthank, Achilles William. 1838-1905），メジャー），仏語クラス4名（マイヨ，レピシェ，フーク（Fouque, P. F.），リュウ（Rieux, A. 生没年不明）），以上18名．

56）　独語クラス5名（ワグネル，シェンク，リッター，ウェストファル，グレーフェン)，英語クラス9名（ヴィーダー，グリフィス，クラーク，ウィルソン，スコット，アンサンク，パーソン（Parson, W. E.），メジャー，アトキンソン（Atkinson, R. W.）)，仏語クラス7名（マイヨ，レピシェ，フーク，クロッツ（Klotz, Francis. 生没年不明），マイエ（Mailhet, F. E. 生没年不明），リュウ，マンジョウ（Mangeot, Stephone. 生没年不明），以上21名.

57) 独語クラス該当者なし．英語クラス7名（ヴィーダー，ロックウェル（Rockwell, Georg Jewett. 生没年不明），ジュウェット，ウィルソン，パーソン，メジャー，アトキンソン），仏語クラス5名（フーク，クロック，マイエ，ベルソン，マンジョウ），以上12名.

58) 教師数には，途中から着任した教師，及び途中で離職した教師も大学南校という名称時代に着任した教師として人数に含んでいる．在職期間は問いていない．また，教師1名あたりの生徒数は小数点第1位を四捨五入している．以後，南校時代，第一大学区一番中学時代，開成学校時代，東京開成学校から独語及び仏語クラスの閉鎖までの期間について言及しているが，すべて上述の南校時代と同様の方法で行っている．生徒数については，「第二節　英語，仏語，独語クラスの生徒の変遷」を参照．また各言語の教師数については，この中の表1を参照.

59) 前節を参照.

60) 「第一章　第三節　お雇い外国人によって“物理学”及び“化学”，“数学”が教授された政府創設の機関」の「1. 3. 1. 東京開成学校の場合」を参照.

61) 注35）の東京帝国大学編の文献，pp. 214-232には，本文で言及している3言語クラスの教育カリキュラム（時間割），クラス担当教官氏名が記載されている．明治5年（1872）になると生徒の習学レベルとして，中等教育を終えて，専門学校，大学に進もうとする生徒が養成されつつあった段階であった（日本科学史学会編：“東京大学の成立と科学技術者への道”，『日本科学技術史大系　第8巻・教育1』，第一法規出版，1964年，p. 368.）．この時期の3言語のクラス別，科目別の履修時間の統計一覧表は，注41）の東京大学百年史編集委員会編の文献，pp. 180-181に掲載されている．また，独語クラスが創設される以前の英語，仏語クラスのカリキュラムは，『大学南校規則』（明治3年（1870）7月に制定）の第二十五条に記載されている.

62) 注37）の文献.

63) 著者は生徒たちの語学力が未熟であった大きな要因は，独語のテキスト，辞書不足であり，彼らの能力不足ではない，と思っている．「第一節　英語，仏語，独語の語学教育の歴史的背景」で言及したように，日本において英語，仏語と比較して，独語の習得が始まった時期は約半世紀を遅れており，そのため，独語を習得するためのテキスト，またそれに必要な独和辞典などが作成されておらず，江戸幕府体制下で発行された独語習得のために日本語で作成されたテキストは存在せず，辞書（単語集）のようなものが2冊のみであった（注）23を参照）．その後，明治に入り独語習得者が増加し，修学のためのテキスト，辞書が作成し始められた．明治期に出版された独語の単語集・辞書で，もっとも早い時期に出版された明治5年（1872）4月に刊行されたもので，明治6年（1873）までに6冊が紹介されている．宮永は著書の中で「しかし，いずれも収録されている語いが乏しかったり説明が不じゅうぶんであったりするため，中級や上級の独語学習者の要求を満たすまでにはいたらなかったらしい.」と言及している（注2）の宮永の文献，pp. 335-336.）．また，生徒たちに人気がありよく用いられたのは，明治6年5月に刊行された薩摩学生松田，瀬之口，村松共編：『官許　独和辞典』，米国長老派教会美華書院＝ミッション印刷所（上海），明治6年5月であった（上述の宮永の文献，pp. 335-336.）．最初の和独辞典が刊行されるのは明治5年（1872）であり，2冊目が刊行されるのは，その5年後の明治10年である（上述の宮永の文献，p. 339.）．一方，英和辞典は江戸幕府体制下から多くのものが刊行され，さらに江戸幕府体制下の各藩の藩校でも英語教育を行われており，貢進生の中にはすでに英語教育を受けていたものもいた．宮永の著書では，全国22藩の英語教育の状況，及び使用されていたテキストが紹介されている（上述の宮永の文献，pp. 225-272.）．また，仏語の教育用テキスト及び辞書は，江戸幕府体制下の東京大学の前身校で4冊刊行されており（上述の宮永の文献，pp. 362-363を参照），明治になってからさらに充実し，明治元年（1868）から明治6年（1873）までに24冊（1冊は慶応2年（1866）に刊行された書籍の復刻本）のテキストが刊行されている（上述の宮永の文献，p. 364.）．また，仏和辞典は明治6年（1873）までに刊行されたものは，江戸幕府体制下で3冊，明治4年に1冊である（上述の宮永の文献，p. 366.）．また，和仏辞典は明治4年（1871年）に刊行されたものが最初であるが，単語集のようなものであった．本格的な辞典が刊行されるのは，明治20年代であった（上述の宮永の文献，p. 367.）．以上のすべてのテキスト，辞典が各言語生徒たちの語学習得に活用されていたとは思わないが，これらのことから明治初期の時期の東京大学前身校及び日本における3言語の浸透状況，啓蒙状況の様子の一端がわかるだろう．当時の独語クラスの生徒たちの独語習得は，他の2言語習得と比較してテキスト数及び辞典の数で厳しい状況下にあり，生徒たちの能力不足ではなかったことは明らかである．

64)　注41）の東京大学百年史編集委員会編の文献，p. 294．このカリキュラム表で水曜日の7時半から8時半の授業は「物理学」になているが，担当者がシェンクになっているが，その他の「物理学」の授業はすべてリッターになっているので，この部分は誤植であると思われる．また，本文で言及している英語クラスのカリキュラム表は同文献，p. 291，仏語クラスは同文献，p. 296及び『文部省雑誌―第7号―』，明治6年12月17日発行，p. 5を参照.

65)　国立公文書館所蔵：「学科教授書籍」，『記録材料・文部省第一年報』，pp. 157-158，明治6年，請求番号：本館-2A-035-05・記01487100．より．

66)　注65）の文献，pp. 157-158には，「物理学書」として使用されていた書籍は「本科第三級」で「セートレルの物理化学天文学書」，予科第一級で「オットウーレーの物理学書」と記述されている．欧米の図書館蔵書を検索できる独国・カールスルーエ工科大学図書館（www.ubka.uni-karlsruhe.de/kvk.html）の検索結果，および高野彰監修・編：“東京大学法理文学部図書館独逸書目録（明治10年刊）”，“東京大学法理文学部図書館佛書目録（明治10年刊）”及び“東京大学法理文学部図書館英書目録（明治 10 年刊）”，『明治初期東京大学図書館蔵書目録―第一巻―』，ゆまに書房，2003 年独語の“化学および物理学書”の頁（pp. 288–291）と「数学および天文学書」の頁（pp. 292–293）を参考にして，それぞれの書籍のオリジナルタイトルを確認した．以下で特定した書籍は，すべて上述のカールスルーエ工科大学図書館の検索で確認している．その結果，注 65）の文献に記載されていた「セートレルの物理化学天文学書」は特定できなかった．また，注 65）の文献に「オットウーレーの物理学書」と記載されている書籍のオリジナルタイトル，著者名，出版社，出版地は，Ule, Otto Eduard Vincenz：*Populäre Naturlehre*（*Physik*）*—oder, Die Lehre von den Bewegungen in der Natur und von den Naturkräften im Dienste des Menschen*—, Leipzig, Kiel，初版 1867 年．また教えていた教師は，注 41）の東京大学百年史編集委員会編の文献，pp. 294–295．に記載．

67）飯盛挺造編，丹波敬三，柴田承桂校補：『物理学』，島村利助［ほか］出版，明治 12–15 年．

68）独語のタイトルとオリジナルの綴りを特定するにあたり参考にしたのは，当時の法理文学部の独語書籍リスト（注 66）の高野彰監修・編の文献の独語の“物理学書”の頁，pp. 290–291.

69）欧米の図書館蔵書を検索できる独国・カールスルーエ工科大学図書館（www.ubka.uni-karlsruhe.de/kvk.html）の検索システムによると，それぞれの原書は次の通りである．Müller, Johannes：*Lehrbuch der Physik und Meteologie, 2Bd*, Friedrich vieweg und Sohn, Braunschweig, 1864；Eisenlohr, Wilhelm：*Lehrbuch der Physik—zum Gebrauche bei Vorlesungen und zum Selbstunterrichte*—, Krais & Hoffmann, Stuttgart，初版 1852 年；Jochmann, Emil Carl Georg Gustav：*Grundriss der Experimentalphysik—zum Gebrauch beim Unterricht auf höheren Lehranstalten und zum Selbststudium*—, Springer, Berlin，初版 1872 年；Wüllner, Adolph：*Lehrbuch der Experimentalphysik, 3. Bd. —Die Lehre von der Wärme*—, Teubner, Leipzig，初版 1871 年．

70）同上の方法で検索した結果，Deschanel, Augustin Privat：*Traité élémentaire de physique*, L. Hachette et cie, Paris，初版 1868 年という書籍が該当した．この書籍は，仏語の初版から 2 年後には英語の翻訳が出版され，明治 10 年（1877）当時の東京大学でも所有していたので，飯盛たちは英語の翻訳書を使用した可能性がある（注 66）の高野彰監修・編の文献，p. 183.）．独語の翻訳書は出版されていない．英語版は Deschanel, Tr. By Atkinson, E.：*Elemantary Treatise on natural philosophy*, Blackie, London，初版 1870．仏語のオリジナルは当時の東京大学では所有していない（注 66）の高野彰監修・編の文献の仏語の物理学書リストの頁，pp. 270–272 で確認）．

71）注 65）の文献，pp. 157–158 には，本科第三級で「（著者名記入なしの）化学書」，予科第一級で「ストッツハルトの化学書」，予科第二級で「ストッツハルトの化学書」と記述されている．原書は Stöckhardt, Julius Adolph：*Die Schule der Chemie*, Friedrich Vieweg und Sohn, Braunschweig，初版 1846 年．教えていた教師は，注41）の東京大学百年史編集委員会編の文献，pp. 294–295に記載．この明治6年（1873年）当時，テキストとして使用しようされていなかったが，一般によく読まれ，学校でも所有していたテキストにロスコーのテキストがある（注66）の高野監修・編の文献，p. 289.）．この独語のテキストは，Roscoe, Henry Enfield著，Schorlemmer, Carl翻訳協力：*Kurzes Lehrbuch der Chemie - nach den neuesten Ansichten der Wissenschaft,* Friedriedrich Vieweg und Sohn, Braunschweig，初版1867年．英語のオリジナル版は，*Lessons in elementary chemistry,* Macmillan & Co., London, 1866．ロスコーのテキストの内容及び日本での受容状況については，大沢眞澄："明治初期の初等化学教育"，『科学の実験』，29，10，1978年，pp. 854–861の研究報告を参照．

72）注65）の文献，pp. 157–158には，本科第三級で「ハイスの代数書」，「三角衡書」，予科第一級で「ハイスの代数書」，予科第二級で「ハイスの代数書」と記述されている．「ハイスの代数書」の原書は，Heis, Eduard（1806–1877）：*Sammlung von Beispielen und Aufgaben aus der allgemeinen Arithmetik und Algebra,* DuMont-Schauberg, Köln，初版1837年．「三角衡書」は，Koppe, Karl：*Die ebene Trigonometrie für den Schul- und Selbst-Unterricht,* Bädeker, Essen，初版1853年．教えていた教師は，注41）の東京大学百年史編集委員会編の文献，pp. 294–295に記載．

73）注65）の文献，p. 157には，予科第一級で「ガノー大の物理書」，「ガノー小の物理書」，予科第二年で「ガノーの物理書」，「スチールの窮理書」と記述されている．カッケンボスの書籍についての言及はない．カッケンボスの書籍が使われていたことに言及している文献は，東京大学総合図書館蔵："大学南校規則"，庚午明治3年（1870）閏3月，の第二十五条"一，普通専門科ノ課業大凡左ノ如シ"（注35）の東京帝国大学編の文献，p. 140に収録）；武村重和："東京開成学校と外人科学者—日本自然科学教育成立史研究—4—"，『広島大学教育学部紀要　第一部』，14，1965年10月，p. 30．カッケンボスの『窮理学書』の原書は，Quackenbos, Georg Payn：*Natural Philosophy—embracing the most recent discoveries in the various branches of physics—,* D. Appleton and co., New York，初版1859年．明治8年（1875）当時，東京開成学校ではこのテキストを281冊所有していた（注11）の東京開成学校編の文献，p. 36）．カッケンボスの経歴については，重藤慶，植松英稲：カッケンボス著ナチュラルフィロソフィーにおける"Universal Properties of matter"の概念，『平成21年度　日本大学理工学部学術講演会予稿集』，p. 1220を参照．ガノーの『窮理書』大小2冊というのは，仏国人Ganot, Adolphe著，Atkinson, Edmund訳：*Elementary treatise on physics experimental and applied—for the use of colleges and schools—,* H. Baillière, London, 1863.；*Cours de Pysique*というタイトルの物理学書で，Peck, W. G.によって英語に翻訳され*Introductry Course of Natural Philosophy for the Use of Schools and Academies,* A. S. Barmes & Burr, New York, 1860という物理学書がある．日本ではAtkinson訳の英語本を『大ガノー書』，W. G. Peck訳本を『小ガノー書』と呼んでいた．明治8年（1875）当時，東京開成学校では『大ガノー書』を66冊所有していたが『小ガノー書』は所蔵していなかった（上述の東京開成学校編の文献，p. 35）．ガノーの物理教科書の日本』及び欧米各国言語への翻訳，教育機関での利用状況については，高田誠二："Ganotの物理学教科書とその周辺―札幌農学校旧蔵書による研究上―"，『科学史研究』，II，22，147，1983年10月号，pp. 129–136.；高田誠二："Ganotの物理学教科書とその周辺―追補―"，『科学史研究』，II，23，151，1984年10月号，pp. 177–180によって詳細に検証されている．またスチールの『窮理書』の原書は，Steele, Joel Dorman：*Fourteen weeks in natural philosophy*, A. S. Barnes & Co., New York, 1869と思われる．明治8年（1875）当時，東京開成学校は37冊を所有していた（注11）の東京開成学校編の文献，p. 36）．以上の書籍の実在は，注66）のカールスルーエ工科大学図書館検索で確認した．教えていた教師は，注41）の東京大学百年史編集委員会編の文献，pp. 291–295を参照．

74) 注65）の文献，p. 157には化学書は「理科予科第一級」で「フーケン・バーナル合著化学書，「理科予科第二級」で「パーケル化学書」，「フーカル化学書」と記述されている．フーケルとバーナルという著者であるが，注11）の東京開成学校編の文献に記載されている化学書を調べてみたが，該当するような書籍を見つけることができなかった．注11）の東京開成学校編の文献で調べてみたところ，フーカルという著者は，Hooker, Worthingtonのことと思われる．東京開成学校ではHooker, Worthington：*Science for the school and family*, Harper & Bros., New York, 1863–65.；Hooker, Worthington：*First book in chemistry—for the use of schools and families*—, Harper and Bros., New York, 1862の2種の化学書をそれぞれ60部，39部所有していた．次にペーケルであるが，武村重和："東京開成学校と外人科学者―日本自然科学教育成立史研究-4-"，『広島大学教育学部紀要．第一部』，14，1965年10月，p. 30には，「ペーケル共著の化学書が使われた．」とある．ペーケルという発音に近いつづりは，PakerまたはPackerと思われるが，注11）の東京開成学校編の文献に記載されている化学書の著者の中に，このような者はいなかった．しかし，著者の中にバーカー（Barker）という人物が書いた化学書が102部あり，この書籍に間違いないと思われる．原書はBarker, George Federic：*A text book of elementary chemistry theoretical and inorganic*, C. C. Chatfield, New Haven, 1870である．書籍の実在は，注66）のカールスルーエ工科大学図書館検索で確認した．

75) 注65）の文献，p. 157には，「理学予科第一級」で「ロビンソン代数書」，「ロビンソン幾何書」，「理科予科第二級」でロビンソン代数書」，「ロビンソン幾何書」，「ロビンソン数学書」と記述されている．注11）の東京開成学校編の文献の数学書の頁（pp. 25–27）調べてみたところ，東京開成学校はロビンソンの代数学の書籍を3種所有しているが，その中で最も所有部数が多いのは135部を所有していたのは，New elementary algebra—*embracing the first principles of the science*—，A. S. Barnes & Co., New York，初版1859年なので，この書籍は授業で使用されていたと思われる．また，同様にロビンソンの幾何書を4種所有しており，最も所有部数が多いのは100部を所有していた*Key to Robinson's New geo-*

metry and trigonometry and conic sections and analytical geometry—with some additional astronomical problems：designed for teachers and students—, Ivison, Blakeman, Taylor & Co., New York, 初版1862年．である．同様に数学書・算術書（Arithmetic）を4種所有しており，最も所有部数が多いのは117部を所有していた *Progressive higher arithmetic*, Ivison, Blakeman, Taylor, New York, 初版1860年．である．ロビンソンの数学書については，「第一章　第三節　お雇い外国人によって“物理学”及び“化学”，“数学”が教授された政府創設の機関」の東京師範学校師の頁を参照.

76) 注11）の東京開成学校編の文献の数学書の頁，pp. 25–27を参照．それぞれの数学書のオリジナルタイトル，著者名，出版社，出版年（初版）は次の通りである．Felter, S. A.：*New practical arithmetic—for public and private schools—*, Scribner, Armstrong & Co., New York, 1873.；Bradbury, William F.：*An elementary geometry*, Thompson, Brown & Co., Boston, 初版1872年.

77) この当時の仏語クラスのカリキュラムは『文部省雑誌—第七号—』，明治6年12月，pp. 5–7．に記載されている．またガノー『窮理書』が仏語クラスで使用されていたことを示す文献は，注65）の文献，p. 157.；東京大学総合図書館蔵：“大学南校規則”，庚午明治3年（1870）閏3月，の第二十五条 “一，普通専門科ノ課業大凡左ノ如シ”．（注35）東京帝国大学編の文献，p. 140に収録）．ガノーの教科書については，高田誠二：“Ganotの物理学教科書とその周辺—札幌農学校旧蔵書による研究上—”『科学史研究』，II，22，147，1983年10月号，p. 133が詳しい．高田氏はこのとき使用されていたテキストは，『小ガノー』であろうと推測している．この原書は，Ganot, Adolphe：*Cours de physique purement expérimentale*, l'auteur, Paris, 初版1859年（1868年までに第4版まで出版されている）．注65）の文部省編の文献，p. 157において，英語クラスの記述ではガノー『窮理書』大小の区別がされていたが，仏語クラスでは「ガノー物理書」としか記述されていない.

78) 注30）の東京開成学校編の文献，p. 22を参照．著者は明治10年の東京大学の仏語書籍リストを調査してみたが，著書名で“ドロー子ー”，“アルメイダ”に該当するオリジナル書物は確認できなかった（注66）の高野彰監修・編の文献，pp. 270–272）．これらの書籍は教師のみが講義の際に使用し，生徒たちには配布されていなかった可能性がある．上述の目録には，書籍の著者名，タイトルのみが記載されており，所有部数は記載されていない.

79) 注65）の文献，pp. 157–158には，予科第三級下級で「モンペン　レーギョール　ブルース化学書」，予科第一年上級で「モンペル化学書」と記述されている．前者の書籍は特定できなかった．後者の書籍は，Boutet de Monvel：*Notions de chemie*, Paris, 1867．である．ブテ・モベールの書籍が使われたことを示すのは，2005年4月から6月に東京大学付属総合図書館で開催された常設展「東大初期洋書教科書の世界」で展示されていた．しかし，著者が明治10年時点の東京大学法文理学部図書館の仏語書籍のリストを調べてみたが，この書籍は所蔵されていなかったことを記述しておく（注66）の高野彰監修・編の文献，pp. 260–261

を参照.).

80) Tokyo Kaisei Gakko［東京開成学校］編："The calendar of the Tokio Kaisei-gakko, or Imperial Uiversity of Tokio", 1875, p. II.

81) 注30）の東京開成学校編の文献，pp. 70-75を参照.

82) 独語クラスの試験は，物理学，化学の他に数学，力学，数学，地理学，鉱物学，歴史学，測量学の科目が行なわれた（注80）の文献，pp. 149-159に掲載されている）.

83) 独語クラスのカリキュラムは，注30）の東京開成学校編の文献，pp. 24-25を参照.

84) 「第一章　第二節　明治初期における"物理学"，"化学"及び"数学"という言葉の変遷」を参照.

85) これらの書籍の中で，著者はWüllner：*Lehrbuch der experimentalphysik. 3 Bd* はまだ閲覧しておらず，確認することができなかった．さらにDeschanelの書籍は，独語に翻訳・出版されておらず，飯盛たちは英語の翻訳書を参考にしたと思われるので，Deschanelの書籍も確認していない.

86) 注66）の高野彰監修・編の文献には，各書籍の著者名とタイトルしか記載されておらず，当時の東京大学で所有していたこれらの書籍の版，出版年は不明である．よって，それぞれの物理学用語と書籍の中で言及されているかどうかは，著者が入手できた書籍の出版年のもので比較している．Müllerの書籍は，1864年出版の第6版の第2巻，Eisenlohrの書籍は，1860年出版の第8版，Jochmannの書籍は，1877年出版の第5版である．これらの書籍と各用語を調べた結果，「全反射」という用語は，上述のJochmannの書籍，p. 135，同様に「ブンゼン光度計」はMüllerの書籍（インデックスに記載はあるが，頁数の記載が不鮮明で解読不可），「比重」は，Eisenlohrの書籍，p. 97，およびJochmannの書籍，p. 8；p. 70に記載されている.

87) 注71）を参照.

88) Ganot, Adolphe著，Atkinson, Edmund訳：*Elementary treatise on physics experimental and applied—for the use of colleges and schools—*, H. Baillière, London, 1863.「全反射」という用語はp. 540,「ブンゼン光度計」はp. 509,「比重」はp. 24；p. 119；p. 124に記載されている.

89) 注73)；注77）を参照.

90) 「第二章　第二節　英語，仏語，独語生徒クラスの生徒の変遷」及び「第三節　明治新政府樹立後の英語，仏語，独語クラスの科学教師の変遷」を参照.

91) 著者が主に参考にした文献は，次の3点である．明治20年（1887）までに日本人によって書かれ国内外の雑誌に掲載された学術論文を網羅している渡邊正雄編：『改訂　明治前期学術雑誌論文記事総覧—明治前期学術雑誌論文記事集成別巻—』，ゆまに書房，1990年.；明治13年（1880）に創立された東京薬学会（後の日本薬学会）の創設時の会員名が記載されている清水藤太郎著：『日本薬学史』，南山堂，1971年（復刻版），pp. 447-451.；当時，独語教育機関として著名であり，その同窓会組織であった独逸学協会（後の獨協学園）の獨協学園百年史編纂室が作成した協会初期の会員名簿346名のリストと職歴より．これは“獨逸学協会会員名簿”というタイトルでホームページ上で公開されている（著者が2014年6月13日に確認）．アドレスは以下の通りである．
http://www.dokkyo-mejiro.com/100_Year/frame/index_history_02_5.html

92）注30）の東京開成学校編の文献，pp. 70–75.

93）大前寛忠（以上，第一級クラス），田原良純，藤川次郎，齋藤寛猛（以上，第二級クラス），櫻井小平太，島田耕一，八木長恭，乃美辰一，直井房太郎（以上，第三級クラス），山田薫，細井修吾（以上，第五級クラス），以上11名．以下，等級のみを記述しクラスを省略．

94）安藤清人，和田維四郎，神足勝記（以上，第一級），橋爪源太郎（以上，第二級），以上4名.

95）松崎廉，高橋順太郎（以上，第一級クラス），佐藤三吉（以上，第三級クラス），以上3名.

96）関澄蔵（以上，第一級），志賀泰山，中村弥六（以上，第二級），以上3名.

97）村岡範為馳（以上，第一級），中澤岩太（以上，第二級），以上2名.

98）寺田勇吉（太政官会計部で働きながら専修学校で統計学，獨協学校で独語を教える），中隈敬造（敬三）（東大法理文学部で経済を専攻），小木貞正（明治商業銀行（株）監査），以上第二級．岡胤信（土木工学者），木村担乎（小学校校長），以上第三級．山吉盛光（山形県師範学校校長），池田正友（東京外国語学校独語教師），久俊元長（五高独語教師），北川俊（農商務省公務局），以上第五級．以上9名.

99）大塚義一郎，寺西多喜雄（以上，第一級），臼井濟，板屋久三郎，遠藤竹造，保志虎吉（以上，第二級），城戸種久，小柴保人，溝口信清，島田吉誠，瀬川癸卯太郎，千葉嘉次郎，西郷吉義（以上，第三級），田村崇顕，服部正光，東條三郎，武島重丹，藤田精太郎，山口利八，村上叉造，木傷貞長，石井助次郎，和田垣謙三，曽根粂次郎，長尾俊二郎（以上，第五級），以上25名.

100）国立公文書館所蔵：「第百二十一号第一大学区医学校医学并製薬学予科生徒入学願出期限布達届」，『公文録・明治六年・第五十五巻・明治六年九月・文部省伺』，明治6年9月，請求番号：本館-2A-009-00・公00785100．明治6年（1873）9月に東京医学校製薬科に第一回生が入学し，明治11年（1878）に第一回の卒業生が出ている．この学校の様子，同窓生のエピソードは，根本曽代子：『草薬太平記―下山順一郎先生傳―』，廣川書店，非売品，平成6年3月，pp. 21–37を参照．東京開成学校鉱山学科（独語クラス）が閉鎖されるのは明治8年（1875）7月であるが，鉱山学科の習得を好まない下山順一郎，丹波藤吉郎，高橋三郎，高橋増次郎，三村徳太郎，納富嘉博の5名は，明治6年（1873）に東京医学校製薬科が開設されたとき，すでに転学してきた（同文献，pp. 29–30）.

101）「第三章　第五節　再び東京へ」を参照.

102）上村直己：『九州の日独文化交流人物誌』，平成16年3月，熊本大学文学部地域科学科発行，非売品，pp. 2–5.

103）同上の文献，pp. 5–7.

104）橋爪源太郎，和田維四郎編：『静岡県管下伊豆国地質取調報告』，明治15年.

105）村岡重浪："祖父 村岡範為馳のこと（明治のころ）"，『日本物理学会誌』，32，10，1977年5月号，pp. 868-871.

106）「Classe I.」，「Classe II.」，「Classe III. A」，「Classe III. B」の物理学の試験問題は，それぞれ注80）の文献，p. 149；p. 152；pp. 156-157に記載されている.

107）英語クラスは，「General Course First Class」と「General Course Third Class」で物理学の問題が出題されている．日本語でのカリキュラムに対応するのは，それぞれ「本科第一級」，「本科第三級」に相当すると思われる（注30）の東京開成学校編の文献，pp. 18-20を参照.）．「General Course」に対応する課程として「Junior Course」が設置されているので，それぞれ「本科課程」，「予科課程」を表していると思われる．「General Course First Class」と「General Course Third Class」の物理学の試験問題は，それぞれ注80）の文献，pp. 107-109；pp. 119-120に記載されている.

108）仏語クラスでは「Premiere Division」，「Second Division」，「Troisième Division」の3クラスで物理学の問題が出題されている．日本語でのカリキュラムに対応するのは，それぞれ「第一年　本科下級」，「第二年　本科中級」，「第三年　本科上級」に相当すると思われる（注30）の東京開成学校編の文献，pp. 22-23を参照.）．「Premiere Division」，「Second Division」，「Troisième Division」の物理学の試験問題は，それぞれ注80）の文献，pp. 132-133；pp. 139-140；p. 145に記載されている.

109）「Classe I.」，「Classe II.」，「Classe III. B」の化学の試験問題は，それぞれ注80）の文献，pp. 149-150；p. 153；p. 158に記載されている.

110）「General Course First Class」の化学の試験問題は，それぞれ注80）の文献，p. 112；pp. 119-120に記載されている.

111）「Premiere Division」，「Second Division」，「Troisième Division」の化学の試験問題は，それぞれ注80）の文献，p. 132；p. 140；p. 144に記載されている.

112）「Classe I.」，「Classe II.」，「Classe III. AとB共通」の数学の試験問題は，それぞれ注80）の文献，p. 150，pp. 152-153；pp. 154-155；pp. 155-156に記載されている.

113）「General Course Third Class」，「General Course Fourth Class」，「General Course Fifth Class」の数学の試験問題は，それぞれ注80）の文献，pp. 118-119；pp. 123-126；pp. 128-129に記載されている.

114）「Premiere Division」，「Second Division」，「Troisième Division」，「Troisième Division」の数学の試験問題は，それぞれ注80）の文献，pp. 133-138；pp. 140-142；p. 145；pp. 147-148に記載されている.

第三章　G.ワグネルについて

第一節　はじめに

G.ワグネル[1]は明治維新直後の明治元年（1868）に来日し明治25年（1892）に亡くなるまでの25年にわたり，東京大学（その前身校を含む），京都舎密局，及び東京職工学校等において教壇に立ち，西洋の学問である科学技術（特に工芸品の研究・改良）を日本で教授し，その普及に努めた．著者はワグネルの来日前の修学歴と経歴について言及した文献を調査したところ，次の２つの文献を確認することができた．第一は，ワグネルが会長を務めたドイツ東アジア研究協会（Deutsche Gesellschaft für Natur- und Völkerkunde Ostasiens 現在の（社）OAG ドイツ東洋文化研究協会）が刊行していた雑誌に掲載されたワグネルの“追悼文”[2]である．この追悼文の筆者は記載されていないが，ワグネルの死後４年の年月をかけて，彼の来日前後の動向について日本と独国で調査を行い，それをもとに彼の生涯を紹介している．第二は，ワグネルの死後46年を経て，東京工業大学に彼の記念碑が設立された際に，記念事業として東京工業大学とワグネルの教え子たちによって編纂された『ワグネル先生追懐集』[3]である．これはワグネルの日本での教育面，日独文化交流面での業績を中心に紹介している．これら２つの文献はワグネルを研究する際には必読の文献である[4]．しかし残念なことにこれらの２つの文献は一次史料（出典）の記述が乏しいため，記述内容の事実確認が困難であった．そこで著者はこの２つの文献を手掛りにして，ワグネルの母校であるゲッティンゲン大学公文書館に問い合わせを行い，彼の史料について調査を行った．

本稿は，ワグネルの母校ゲッティンゲン大学の史料をはじめとして，さらに彼が大学進学以前に学んだハノーファー工芸学校（現在のハノーファー大学），ギムナジウム時代の史料が保管されているハノーファー市公文書館等の史料調査を行った結果をもとにしている．その結果，ワグネルの修学歴に関する大部分の記述についての確認，及びこれまで明らかになっていなかった新事実を発見することができた．ゲッティンゲン大学で入手した史料は公文書館フンガー博士（Dr. Ulrich Hunger）[5]の承諾を得て，添付資料としてトランスクリプト及び日本語訳の全文を紹介する．著者は，本稿においてワグネルの生い立ちと高等国民学校，工芸学校時代を含む修学歴を明らかにし，さらに彼が大学に入学してから学位を取得するまでに履修した自然科目に関する科目及びそれらの担当教授を明らかにした．

第二節　生い立ちと修学歴

ゴットフリート・ヴィルヘルム・ワグネル（Gottfried Wilhelm Wagener）は[6)]，1831年7月5日，独国・ハノーファー（Hannover）市で生まれた．父はゲオルグ・ルートヴィッヒ（Georg Ludwig）[7)]で，ハノーファー市の上級官吏（Obervogt）であった[8)]．母はヴィルヘルミーネ・ゾフィー（Wilhelmine Sophie）で，旧姓はケーラー（Köhler）であった[9)]．ゴットフリートは8月21日に地元の福音ルーテル派のガーテン教会（Gartenkirche）で洗礼を受けた[10)]．彼には姉妹が2人，弟が1名いた．姉妹の2名のうち1名はハノーファー市のシュレンダー（Schlender）家に嫁いだ．もう1人はイングランドのバルク（Balk）家に嫁いだ．バルク家に嫁いだ彼女は3人の子供をもうけたが，その1人のオスカー（Oscar）は貿易を行うためにニュージーランドに移住し[11)]．現在，彼の孫にあたるマリー・バルク夫人（Mrs. Mary Balk）がダニーデン（Duniden）市に健在である[12)]．

ワグネルは，1839年8歳の時に地元の高等国民学校（Hoher Bürgerschule）に入学した[13)]．彼は担任の先生から「引っ込み思案と内向的な性格である」と指摘された[14)]．後年，ワグネルがゲッティンゲン大学に提出した履歴書の中で，この学校生活について次のように回想している[15)]．「その学校には数年間通い，すばらしい先生たちからさまざまな指導を受けた．その先生たちの中で，私のことを一番よく理解してくれたのは，テルカンプフ先生（Adolf Tellkampf. 1798-1869）であった．彼は大変知識のある人で，ことに数学に関しては明晰な指導の仕方が印象的であった．」彼は1846年，15歳でこの学校を卒業した[16)]．

ワグネルはこの年の9月3日に，ハノーファー市工芸学校（Polytechnische Schule zu Hannover）に入学した[17)]．この学校の記録によると，当時ワグネルが履修したと思われる科目と教師は次の通りである．グリュンダー（Glünder, Georg Wilhelm. 1799-1848）による高等数学と応用数学の授業，ハートマン（Hartmann, Johann Georg Friedrich. 1796-1834）による測量学，カールマルシュ（Karmarsch, Karl. 1803-1879）による機械工学，そしてヘーレン（Heeren, Friedrich. 1803-1885）による化学，物理学の授業である[18)]．当初，ワグネルは鉄道技師になるためにこの学校に入学したが，数学教師グリュンダーの助言もあり数学と自然科学を学ぶために大学教育を受けることを決心した[19)]．卒業を前にして，1847年から1848年の時期にワグネルの父ゲオルグ・ルートヴィッヒが亡くなった[20)]．その後，ワグネルの後見人には，親族と思われる弁護士のゴットフリート・ワグネルがなった[21)]．

彼は1848年，17歳の時に大学進学を目指し，1年間をかけてギムナジウムの卒業資格のために人文科目を勉強した[22]．そして彼は，1849年10月19日に数学と自然科学を学ぶためにゲッティンゲン大学に学籍登録を行った[23]．彼が学んだ科目と教師は次の通りである．工学と機械工学をシュテルン（Stern, Moritz Abraham. 1807-1894）から学び，化学をヴェーラー（Wöhler, Friedrich. 1800-1882）から，鉱物学をハウスマン（Hausmann, Johann Friedrich Ludwig. 1782-1859）から，数学的および物理学的地理学をフォン・ヴァルタースハウゼン（von Waltershausen. 1809-1876）から，光学をリスティング（Listing, Johann Benedict. 1808-1882）から，天文学をゴルトシュミット（Goldschmidt, Carl Wolfgang Benjamin. 生没年不明）から，不可秤量体の物理学をヴェーバー（Weber, Wilhelm Eduard. 1804-1891）から，幾何学と解析幾何学をウルリッヒ（Ulrich, Georg Karl Justus Ulrich. 1798-1879）から，そして最小二乗法をガウス（Gauß, Johann Carl Friedrich. 1777-1855）から教わった[24]．これらの講義を聴いたワグネルの仲間には，のちの数学者デデキント（Dedekind, Julius Wilhelm Richard. 1831-1916），数学史家のカントール（Cantor, Moritz Benedikt. 1829-1920），応用力学者のリッター（Ritter, August. 1826-1908）もいた[25]．

1851年8月16日，彼が20歳の時に，ギムナジウム教員試験に合格した．その時に提出した論文は，「重力加速度を決定する種々の方法（"Darstellung der verschiedenen Methoden, die Beschleunigung der Schwere zu bestimmen"）」という題目で，地震計に関する論文であった[26]．後年，ワグネルは日本において地震計の論文を発表し，日本における地震学の発展にも貢献があった[27]．

その後，彼は1年間ベルリン大学に留学し，偏微分方程式と定積分をディリクレ（Dirichlet, Gustav Peter Lejeune Dirichlet. 1805-1859）から，物理学史をポッゲンドルフ（Poggendorf, Johann Christian. 1796-1877）から，また光学をDavi（詳細不明）から，結晶学をヴァイス（Weiss, Christian Samuel. 1780-1856）から，力学をエルマン（Erman, Georg Adolph. 1806-1877）から，地理学をリッター（Ritter, Karl. 1779-1859）から教わった[28]．ベルリンから帰ったワグネルは1852年8月，ガウスの指導の下で，"ポテノーの問題"についての論文を作成し，学位を取得した[29]．ポテノーの問題とは，即知の3点以上の座標から特定の座標を求める問題のことである．例えば，航海中の船舶が星座を観測して現在位置を確認したり，地上の複数の測地点から山頂の高さを測量する際に座標計算を行う時に用いられている．

学位取得後，彼は1852年秋から8年間，パリに滞在し，ギムナジウムの数学教師，電話局での翻訳・通訳などを勤めた後，1860年から4年間はスイスのラ・ショー・ド・フォンで時計学校の教師を勤めた．この教師の立場は彼にとって居心地のいい職場であったが，当時の学校改革でその職を辞めざるを得なかった．その後1864年彼が33歳の時，義兄弟と共同で溶解炉の技術改良の施設を設立したり，1866年には弟と共にパリで化学工場を設立したがどちらも経営がうまくいかなかった．このようにワグネルは自分が好まないにもかかわらず，職場を転々と変えていかざるを得なかったのである．そして，ワグネルはこの化学工場の経営から撤退した後，知人の紹介で長崎での石鹼工場設立に参加するため明治元年（1868）4月，36歳の時に来日した．以上がワグネルの来日前の動向である．

第三節　長崎滞在から東京滞在まで

ワグネルは長崎の石鹼工場で従事していたが，日本人には石鹼を使う習慣がなかったこともあり，翌年には販売不振により倒産してしまった．その後，佐賀藩の有田焼の輸出を行っていた長崎のウォルシュ商会に雇用された[30]．ワグネルは有田焼に興味を持ち，窯業には従事した経験はなかったが，前述の通り化学的な知識はあったので，有田から赤絵職人や窯元職人を招き，コバルト青の用法を伝授していた[31]．その後，ワグネルは有田焼の窯を見学・指導したいという思惑と有田焼の品質・生産性の向上を目指していた佐賀藩の思惑が一致し，ワグネルの有田訪問の希望が叶えられ，英国人アベンと同伴で数回有田を訪問した[32]．このことが契機となり，明治3年（1870）4月下旬にワグネルは佐賀藩と雇用契約を結び[33]，有田焼の品質・生産性の向上を指導した．当時，蒔木による窯の焼成法しか知らなかった有田の窯業者に効率のよい石灰窯の実用性を伝授した．また，彼は熔媒剤としての石灰釉の調合実験，コバルト及び西洋顔料の実験，石灰窯の築造実験などを試み，これまで経験と熟練に頼ってきた我が国の職人技に化学的な知識を吹き込んでいった．ワグネルは有田での指導が発端となって，生涯我が国の伝統的工芸品の一つである陶磁器製造の窯業分野の向上に貢献し，自ら窯業開発とともに，多くの技術者を育てた[34]．ワグネルの有田での指導は4ヵ月間も満たずに同年8月上旬に終了した[35]．

有田での技術指導の後，ワグネルは上京し明治3年（1870）10月より39歳で大学南校教師になった[36]．彼は独語クラスでカデルリーに次いで二人目であり，“物理学”，“化学”の授業を担当できる最初の教師であった．前節で言及したように，この当時の教師は，科学科目を教授すると同時に生徒たちの独語力向上が求められた．彼は着任の翌年の明治4年（1871）には，『ワク子ル萬国史』を自身で書き上げ，生徒の独語学習にも貢献した[37]．この年の日本医学界は特筆すべき年であった．独国医学を日本に教授するために，ホフマンとミュルレルという2

名のお雇い医学教師が来日し，日本における最高の医学教育機関であった大学東校において，教育制度，カリキュラムの変更などの改革を行った．ワグネルは明治５年（1872）２月付けで東校に異動し，医生に対し“物理学”と“化学”を教授した[38]．翌年，明治６年（1873）５月から半年間，オーストリアのウィーン万国博覧会が開催されるにあたり，明治政府はそこでの出典をオーストリア政府から招請を受けた．明治政府はオーストリア公使の薦めに従って参加を決定した．明治政府は，この年の２月にワグネルを御用掛としてその出典の責任者に任命しようとした．しかし，当時，大学東校事務主任の九鬼 隆一は「彼は学校に欠くことのできない教師であるから」と猛反対したが，結局は派遣団の大隈重信（1832-1922）総裁，佐野常民（1822-1902）副総裁の熱望と江藤新平（1834-1874）参議らの斡旋でワグネルに決定した[39]．ワグネルの第一の仕事は，博覧会への出展物の選択収集であった．最初，彼は全国各地に勧誘したが自発的に応じるところがなかった．やむを得ず係官と共に直接地方の生産地に行って出品に適した物を選択し購入することになった．ワグネルはそれらを吟味・選択していった一方で，評判の高い工匠を地方から招いて仮設工場を設置し，意匠図案を与えて出品作品を作らせたりした[40]．このように多忙な日々を過ごしていたワグネルであった．この年，薩摩藩の生徒たちは独語学習のために独和辞典を自分たちで作成していたが，ワグネルはその作成に尽力した．この辞典は翌年の明治６年（1873）に出版され，薩摩藩の生徒たちだけではなく，日本中で独語を学習する者に対して大きな影響を与えた[41]．このようにして，出品物を決定し明治６年（1873）２月 25 日，ワグネル他５名のお雇い外国人スタッフと約 70 名の日本人随行者で横浜港を出港した[42]．万博は５月１日より 11 月２日まで半年間オーストリアのウィーンで開催され日本からは日本庭園を特設し，日本家屋を作り陶磁器を中心とした工芸品を展示した．ワグネルはこれらの出展物について英語の説明書を作成し，来館者に得意の語学力を生かして説明を行い，日本の理解を深めるのに尽力した[43]．京都出身の工芸家８名と，京都に籍を持つ美術工芸関連の７つの会社が優賞を受賞した[44]．ワグネルの選択・指導によって日本は野蛮国と同視されずにすんだばかりではなく，出品した数々の立派な工芸品を通じて来館者に深い感銘を与え，日本は欧米と異なった情勢における一つの文明国家であるという認識をすら与えた．これらはワグネルの尽力によってなし得たものである[45]．ワグネルはこの滞在中，博覧会の功績によってオーストリア皇帝からフランツ・ヨーゼフ勲章を授与された[46]．万博終了後，ワグネルはヨーロッパに残り，日本の工芸品向上のために特質すべき２つの仕事を行った．まず１つ目は，随行者の中から織物分野，陶磁器分野などの工芸分野の23名を選出し，ヨーロッパの新しい技術を習得させるために各地の職業学校に留学するための依頼を行ったことである．彼らはそこで学んだことを帰国後広め，向上させた．

2つ目は東京に開設を計画していた「工業博物館（国立科学博物館の前身）」のために展示品を購入したことである．これら2つのことは，すべてワグネルの権限に委ねられていた．ワグネルは翌年1月上旬に帰国したが[47]，残念なことに別送品として送った「工業博物館」の展示予定であった品々は汽船ニース号の沈没とともに海の藻屑になってしまった[48]．ワグネルは帰国後，博覧会に関して10編の報告書を政府に提出している[49]．さらに，この年に独国の工業雑誌に“日本の漆”について2編の論文を発表している[50]．帰国早々，ワグネルはそれまで従事していた東校は東京医学校に改称されていたが，そこには復帰せず，ワグネル帰国の前月に亡くなった東京開成学校鉱物学教師リッターの後任として[51]，翌明治8年（1875）2月から7月までの独語クラス閉鎖まで5ヵ月間，“物理学”と“化学”を教えることになった[52]．その後，ワグネルは同学校製作学教場教授に就任した[53]．そして9月には，内務省勧業寮の顧問にも就任し，製作学教場との隔日勤務となった[54]．この時期に勧業寮と製作学教場において，ワグネルが指導した内容は大きく分けて次の3通りである[55]．

（1）　陶磁製造に関して

　　石膏の使用方法．陶器の鋳込法．施盤の使用法．臼形粉末器の構造および使用方法．造り土の混合法．外国製陶磁器絵具および水金」の使用法等．

（2）　陶磁製造以外のもの

　　電気メッキ法．写真術．石鹼の製造方法．合金（真ちゅう・磨金）の製造法．鉱物性染色法（無機染料）等．

（3）　その他

　　七宝の製造法の改善[56]．

明治8年（1875）9月から行ってきた内務省勧業寮と製作学教場の勤務は，翌年明治9年（1876）3月には終了した．その理由は，ワグネルはこの年の5月から11月まで開催されるフィラデルフィア万国博覧会の顧問に就任したためである．ワグネルはこの年の4月から文部省から内務省に出向し，フィラデルフィア万博の日本委員の一人であった．委員12名のうち唯一の外国人であった[57]．前回のウィーン万国博覧会では経験者がおらず，出展に際しワグネルの尽力が大きかったが，今回のフィラデルフィア万博は前回の経験，米国留学経験者もいたため，細部までわずらわされることはなかった．彼は主に出品物の解説書の作成に力を傾注することができた．彼の解説は「米国費府博覧会報告書」の中に123頁を占めるものであった[58]．日本からの出展物は次の七つに分類にされる．「第一　鉱業及び冶金術」，「第二　製造物」，「第三　教育及び知学」，「第四　美学」，「第五　機械」，「第六　農業」そして「第七　園芸」であった[59]．ワグネルは万博で出品物の審査官に選抜され，激務を強いられたため健康を害し，万博の終了の2ヵ月前の明治9年（1876）9月に帰国した[60]．

その後，彼は内務省勧業寮と製作学教場に復帰したが，翌明治10年（1877）に開催された第1回内国勧業博覧会に尽力したが[61]，その後勧業寮を解雇され，さらに東京大学創設と財政上圧迫に伴う製作学教場の廃止により失業に追い込まれた[62]．その後，ワグネルは製作学教場教授時代に取り組んだ七宝焼製造の研究に没頭した[63]．

第四節　京都滞在

ワグネルは明治11年（1878）3月からハー・アーレンス・ドイツ商会の仲介で京都府に迎えられた．ハー・アーレンス・ドイツ商会は，亀戸で七宝焼の研究・改良のためにワグネルを支援していた会社であり，その縁で京都府に仲介された[64]．この年の6月にワグネルはウィーン万博における功績により，政府から勲四等に叙せられ瑞宝章を受けた[65]．ワグネルが京都で従事していた組織は，京都舎密局と医学校（現在の京都府立医科大学の前身校）に分けられる[66]．まず，前者の京都舎密局においては「七宝焼用琺瑯薬の調合」，「陶磁絵付用の絵具」，「顔料の製法」，「石鹼製造の方法」，「ビールの製造」，「無機性染色」，その他に東京の勧業寮で行っていた研究・改良して得た成果や「科学用薬器の精製法」がある[67]．この学校の研究生に講義をした内容は明石博高（1839-1910）によって編纂され，化学書1冊，磁器の品質改良に関する書3編が刊行された[68]．また，後者の医学校では一般理化学を教えており，ワグネルの教えを受けた生徒の中には，現在の京都薬科大学の草創期に活躍した小泉俊太郎（1855-1937），上田勝行（1857-1903），喜多川義比（生没年不明），香山晋次郎（生没年不明）などがいた[69]．ワグネルはこれらの機関以外でも，島津製作所，製紙工場や鉄工所等に多くの助言を行った[70]．ワグネルが京都に来て3年目の明治14年（1881），京都舎密局と医学校の閉鎖によりワグネルは，またしても失職し東京に戻った[71]．

第五節　再び東京へ

ワグネルが東京に戻った後，東京大学理学部分析化学・応用化学教授の英国人アトキンソンが任期を終了したため，明治14年（1881）秋に彼の後任としてワグネルが就任した[72]．ワグネルはアトキンソンが担当していた科目のうち，無機化学を担当することになった[73]．彼は大学に迎えられたことで研究が進み，ワグネル式と称されるガラスや陶磁器用の釉薬の成分を算出できる定式を発案し，この成果を“硝子調合物の計算及硝子の本性に就て”と“硝子硝子調合物及天然珪酸鹽類の硝子製造の応用に就て”及び“硝子，釉薬，磁器，炻器及耐火粘土に就て”というタイトルで，明治15年（1882）に独国の工業雑誌に発表した[74]．この年には，農商務省から陶器焼成窯の改良を依頼され，京都で考案したものと同型の階段式登窯を構築した[75]．また翌明治16年（1883）頃から，新しい陶磁器の製造開発に着手した．その成果は明治18年（1885）に吾妻焼と命名され，後に旭焼と改名された[76]．明治17年（1884）にはワグネルは東京大学に従事しながら，中等技術従事者の養成学校である東京職工学校（東京工業大学の前身校）に製造化学科の設立時には，ここの教師に招かれ[77]，翌明治18年（1885）9月には同学校に陶器玻璃工学科が創設された時には，そこの主任教官が着任した[78]．この学校で教職活動を行いながら，彼は私財を投じて小石川・江戸川町に工場を借り，職工職人を雇って陶磁器（旭焼）研究開発の準備を整えていった．また，農商務省にも兼務するようになり，改良実験を進めていった．明治19年（1886）3月には，帝国大学工科大学応用化学科の教師にも任命された[79]．そして，明治20年（1887）には農商務省の試験事業として東京職工学校内に諸設備が移されて，旭焼は完成し[80]，明治23年（1890）には，深川・東元町に旭焼の製作場が設立され[81]，そこで製造・販売が行われるようになった[82]．時期を同じくして，農商務省顧問としても従事しており，これまでの日本工業界発展の尽力をたたえられ，同省より特別手当が支給された[83]．そしてこの年の6月には，地質調査所（所長和田維四郎）の外国人顧問にも着任した[84]．この年の秋からワグネルは休暇を取り，独国へ帰省した．長年会っていなかった近親者，知人に会うことが目的であったが，彼は工業材料を持参し進んだ独国の専門家に実験を依頼するなど常に研究心を忘れなかった．また実科学校を巡視したり，各種の工場を見学して，日本の工業の進歩に参考となる資料を収集していた[85]．約1年間独国に帰省後，明治25年（1892）1月に帰国した．その後，復職し学生の育成に務め政府高官（勅任官）に準ずる待遇を受けた．しかし，徐々に体力が弱まり温泉療養や自宅療養を行ったが回復せず，明治25年（1892）11月8日午後4時に，62歳で永眠した[86]．遺骸は本人の生前の希望により，東京・青山墓地に埋葬された．東京都公文書館所蔵の史料によると11月11日，午後1時30分に埋葬された[87]．日本政府は彼の功績に対し勲四等を贈った[88]．

第六節　終わりに

ワグネルは明治元年（1868）に来日し，明治25年（1892）に62歳で亡くなるまでに，日本の複数の学校における科学教育，科学技術研究（特に陶磁器などの日本の工芸品），及び2回にわたる万国博覧会における日本側の責任者を勤め日本工芸を世界に紹介するなど多くの業績・功績を遺した．本稿で対象としている明治10年（1877）の東京大学設立とその前身校における彼の業績で最も特筆すべきことは，彼が教職についた当時，明治3年（1870）10月に着任した時には，貢進生制度が始まり全国から生徒が集まり，この時はじめて独語クラスが創設され，17名の生徒を迎えたことである．これまで貢進生の中には，佐賀藩，静岡藩などお雇い米国人教師による科学科目の教育が行われていていた藩校もあるが，独国人教師による教育は日本でこの学校が初めてである．ワグネルは独国人として日本で最初に生徒たちに“物理学（窮理学）”，“化学”，“数学”を教えた最初の教師であった．その後，明治5年（1872）5月からは医学校（当時は東校）の独国医学導入に伴う基礎科目充実の一環として，この学校に転任し医生に向けて理科学一般を教授した．しかし1年間も従事することなく，翌年6年2月には，ウィーン万博の展示責任者として展示物の選定委員，準備・実施責任者として教育現場（医学校）を離れた．そしてウィーン万博の終了後は，急死したリッターの後任として明治7年（1874）2月に東京開成学校鉱山学科（独語クラス）教授に就任し，この年の7月に閉鎖されるまでの半年弱の期間に“物理学”と“化学”を教授した．このようにワグネルは日本で最初に独国人による物理学”と“化学”教育の開始時期と，そのクラスが閉鎖される時期の両方で教えていた．閉鎖直前の最上級クラスの生徒は，ワグネルが初めて着任した明治3年（1870）時の生徒たちである．ワグネルが，彼らの“物理学”と“化学”の知識の上達や独語力の向上をどのように観ていたのか，彼の回想記などが残っていたらその上達程度がわかり，科学（教育）史研究及び，独語教育研究にとても貢献できると思われるが，管見では探し出すことはできなかった．以上が本稿で，対象としている明治10年（1877）以前のワグネルの日本における教育活動を中心とした状況である．

その後，彼は公私にわたり陶磁器（有田焼，七宝焼，旭焼）の研究・改良を行いながら，京都では舎密局，医学校で“理化学”や工業技術などを教え，東京に戻ってからは東京大学理学部，東京職工学校で“化学”や“陶磁器の改良技術”に関する研究活動，教授活動を行った．

ワグネルの功績は，東京大学前身校において“物理学”，“化学”，“数学”を教えただけはなく，佐賀，東京，京都の職工工業者にも自分の知識を教授した．そして，彼の教え子たちが全国で教育者，研究者，工芸者家として活躍し，日本の科学啓蒙，工芸品の品質向上に貢献した．

添付資料

以下の史料は，佐賀大学文化教育学部吉中幸平教授が2008年3月19日にゲッティンゲン大学公文書館（Universitätsarchiv Göttingen）を訪問して入手したものを，著者が提供を受けたものである．これら史料は，哲学部事務局書類“Die Dekantsakte der Philosophische Fakultät”（136, 1852/53）の中に収められている．以下に年代順に紹介する．

1. ワグネルが入学した際の学籍登録簿（独語，手稿，1849年10月16日付）

トランスクリプト
1849　16-Oct
Vor- und Zuname：Gottfried Wagener, Hannover
Stand und Wohnort der Aeltern oder Vormünder：Vorm[und]　Advocat Wagener in Hannover
Vaterland：Hannover
Studium：Mathematik und Naturwissenschaft
Studirte schon zu：Bemerkungen：Mat.[ura]　Z.[eugnis]　v.[on]　Hannover Erl[aubnis]schein

日本語訳
登録日：　1849年10月19日
氏名：　ゴットフリード・ワグネル
両親又は後見人の居住地：　後見人　弁護士　ワグネル　ハノーファー
祖国：　ハノーファー
履修科目：　数学と自然科学
既修科目：　なし
コメント：　ハノーファーのギムナジウム卒業証明書，許可証明書

2. ワグネルが卒業の際に大学に提出した修学宣誓書（ラテン語，タイプ文字，日付けなし）

ラテン語に関して，トランスクリプションならびに邦訳のチェックは，坂本邦暢氏による．

トランスクリプト

JUSJURANDUM,
a philosophiae magistris in Georgia
Augusta ante renunciationem
praestandum.

Priusquam tibi summus honoris gradus
in philosophia conferatur, iurabis：

Te hunc honoris gradum in hu-
ius academiae ignominiam alibi
non repetiturum,

et, si docendi munus adgredia-
ris, veritatis fore studiosum, de-
que Deo et religione non nisi pie
et modeste philosophaturum.

Ita tibi Deus sit propitius.
RESPONDET CANDIDATUS
Ita mihi Deus sit propitius.
G. Wagener

日本語訳

誓約

ゲオルギア・アウグスタ［ゲッティンゲン大学］で哲学の教師によって宣言の前になされるべきもの．

あなたに哲学における最高の学位が授けられる前に，あなたは次のように誓わねばならない．

あなたはこの学位を別の場所で再び得ようとしてこの大学の不名誉としない．また教える職務についたときには真理を求める者となり，神と宗教については敬虔な態度で節度を持ってしか哲学的考察をめぐらさない．

神の好意があなたにあらんことを．

志願者は応える．

神の好意が私にあらんことを．

G. ワグネル

3. ワグネルが哲学部長に学位試験を依頼した申請書（ラテン語，手稿，日付けなし）
ラテン語に関して，トランスクリプションならびに邦訳のチェックは坂本邦暢氏による．

トランスクリプト
Triennio jam absoluto
et examine, quo venia superioribus in ordinibus lycei docendi impetratur, sustento,
quum ad summos philosophiae onores ascendere cupiam,
amplissimum ordinem philosophicum Gottingensem rogo,
ut ad examen philosophicum me admittat. Godofredus Wagener

日本語訳
すでに3年間［の修学期間を］終了し，ギムナジウムの高等段階で教える許可を得るための試験を受けたので，哲学の最高の地位にのぼりつくことを望んでおります．そこでゲッティンゲンのすばらしき哲学会に，哲学の試験を私が受験することを認めるよう求めるものです．

4. ワグネルが学位申請時に大学に提出した経歴書（ラテン語，手稿，日付けなし）
ラテン語に関して，トランスクリプションならびに邦訳のチェックは坂本邦暢氏による．

トランスクリプト
Natus sum ego, Godofredus Wagener, anno 1831 Hannoverae, ubi per pueritiam et maiorem iuventutis partem versatus sum. Postquam prima elemen-

ta in schola publica accepi, scholam eam, quam hodie talem vocamus, complures annos frequentavi, ibique excellentibus sum praeceptoribus usus. Quorum ut praestantissimum nominem, Tellkampfium praesertim, bene de me meritum et scientiae suae amplitudine et facultate res mathematicas dilucide ac sagaciter tractandi, semper memoria tenebo. Quindecim autem annos natus hanc scholam reliqui et Polytechnicam entravi consilio, ut magis magisque in artes technicas inducerer et scientiam mathematicam accuratius addiscerem, id quod imprimis Glunderei viri clarissimi, cujus semper immemor ero, scholis de analysi habitis consecutus sim. Eam quum duos annos frequentassem et consilium cepissem, ut ad altiora studia colenda in Academiam cederem, aliquod tempus ad eas littreras me applicavi, quae ad maturitatis testimonium acquirendum necessariae sunt. Quo obtento Gottingam me contuli almam scientiarum sedem domiciliumque illustrissimorum virorum quorum lectionibus usus artem mathematicarum atque physicae studiosus fui. Inter alios, ne longus sim, Sternium, qui thema integralium atque mechanicen sublimiorem tractavit, Wöhlerum qui chemiam, Hansmannuim qui mineralogiam, Sartorium ab Waltershausen, qui geographiam mathematicam atque physicam exposuit, Listingium qui nobis opticen explicavit, Goldschmidium astronomiae theoriam docentem, Weberum qui secundum physices partem disciplinam imponderabilium exposuit, Ulricum qui disseruit geometriam practicam et analyticam, nomino. Denique imprimis Gaussio nostri temporis haud dubie inter mathematicos coryphaeo qui methodum quadratorum minimorum atque geodaesiam tradidit, plurimum me debere libenter confiteor semperque glorior. Qua ratione quum duos annos in litteris incubuissem, examen, quo venia superioribus in ordinibus lycei docendi impetratur, absolvi. Sed ut scientiam meam amplificarem, inde Berolinum profectus sum, ubi scholas Dirichleti aequationibus differentiales partiales continentes et theoriam integralium definitorum, Poggendorfii de physices historia frequentavi, ac Davii lectionibus opticis, Weissii crystallographicis, Ermanii mechanici diligenter interfui. Iam quum fundamenta scientiarum mathematicarum, atque physicarum confecerim, spero fore ut amplissimus ordo philosophorum ad examen, quo me dignum esse, qui in doctorum facultatis philosophicae ordinem recipiar, approbem, me admittat.

日本語訳

私，ゴットフリード・ワグネルは 1831 年にハノーファーで生まれ，幼少期と青年期の大部分をその町で過ごした．公立学校で基礎学習を習得したのちに，今日では学校と呼ばれているところに多くの年数通い，そこで素晴らしい先生たちに恵まれた．そのなかでも，もっとも秀でた名を挙げるならば，私はとりわけテルカンプフを記憶にとどめておくだろう．彼は深い学識と数学を明晰かつ明敏に教える能力とによって私のためになってくれた．私は15歳でこの学校を後にし，理工科学校に入学した．それは自分自身がいっそう工業技術へと専心し，また数学をいっそう入念に学ぶためであった．そのことを私はとくに，傑出したグリュンダー（私が彼より受けた恩に十分報いることはずっとないであろう）の解析についての授業を受けることで達成した．その学校には2年間通ったが，より高等な勉学を深めるために大学に進学したいという考えを持つようになった．博士号取得に十分なレベルの学力であることの証明を手に入れるのに，しばらくは必要な勉学に打ち込んだ．証明を得ると私はゲッティンゲン市へ引っ越しした．その町は諸学問の恵み深い座であり，傑出した人々の住まいであった．彼らの講義を利用して私は数学と物理学に精通するようになった．長々と語るつもりはないが，なかでも積分の問題と機械学の高尚な問題を扱ったシュテルン，化学を扱ったヴェーラー，鉱物学を扱ったハウスマン，数学的，および物理学的地理学を解説したザルトリウス・フォン・ヴァルタースハウゼン，光学をわれわれに説明したリスティング，天文理論を教えたゴルトシュミット，物理学の一分野に基づいて不可秤量体の分野を解説したヴェーバー，そして実践的幾何学と解析幾何学を論じたウルリッヒの名前を挙げる．最後に私たちの時代の誰もが認める一番の数学者で，最小二乗法と測地学を教授したガウスがいて，私がとりわけ彼に負うところがあることを私は喜んで認めるし，そのことを常に誇りに思っている．こうしたやり方で2年間勉学に没頭して，ギムナジウムの高等段階で教える許可を得るための試験に合格した．しかし私はさらに知識を広げるためその後ベルリンに出発した．そこで偏微分方程式と定積分の理論についてのディリクレの授業，物理学史についてのポッゲンドルフの授業，また光学についてのDaviの講義，結晶学のヴァイスの講義，機械工学のエルマンの講義も熱心に受けた．すでに物理学と数学の基礎は習得したので，上述のすばらしい哲学者たちが私に試験を受けることを認めてくれることを望む．その試験結果によって，私は自分が上述の博士たちからなる哲学部に博士論文を提出するのにふさわしい人物であることを証明するのである．

5. ワグネルとその他4名が，学位に必要な試験料と学位授与のための費用を大学側（リッター哲学部長）に支払った領収書の控え（独語，手稿，1852年8月16日付）．

トランスクリプト

Durch den Herrn Hofrath Ritter,
Decant der philosophischen Facultät, ist mir der Betrag für Examen und Promotion der Dren phils : Bender und Koblenz, Müller +Wülfel und Wagener+ Kammerer igw. Kassen Münze oder zehn Thaler sechs ggr. und acht Courants, also zusammen dreißig Thaler und zwanzig ggr Courants zur weiteren Beförderung behändigt worden, welches hiermit quittierend bescheinigt wird.

30 Th. 20 ggr. Courants　／　Göttingen, den 16ten August 1852
（小澤注：証書の執筆者の署名，肩書き部分は未解読）

日本語訳
哲学部長である宮廷顧問官リッターを通してベンダー，コブレンツ，ミューラ，ビュルフェル，ワグネル，カメラー哲学博士の試験と博士号授与のために現金硬貨，つまり10タラー6グロッシェンと8コーランツで合計30タラー20グロシェンが更なる学位授与のために私に支払われた．この証書をもって代金を領収したことを証明する．

30タラー20グロッシェン・コーランツ／　ゲッティンゲン，1852年8月16日
（小澤注：証書の執筆者の署名，肩書き部分は未解読）

6. ワグネルの学位論文（『ポテノーの問題について』）について，ガウスの評価コメント（独語，手稿，日付けなし）[88]

トランスクリプト
Die Aufgabe, welche man mit der Benennung: das Pothenotsche Problem zu bezeichnen pflegt, hat, obwohl in der Hauptsache nur einem niederen Gebiete der Mathematik angehörig, eine gewisse Berühmtheit, theils wegen ihrer grossen praktischen Nützlichkeit, theils weil so viele Mathematiker sich mit derselben beschäftigt, und die Auflösung, sowohl die geometrische als den calculatorische, in vielen verschiedenen Gestalten gegeben haben. Der Verfasser der Probeschrift hat die vornehmsten dieser Auflösung ganz gut entwickelt, und allenfalls könnte dies schon für sich wie ein einigermassen zureichendes Specimen erud. angenommen werden.

Es hat aber mehr gethan. Welche Bewandtniss es damit hat, will ich kurz auseinander setzen.

Es ist merkwürdig, dass ein so vielfach behandeltes Problem noch keineswegs erschöpft ist, sondern noch zu manchen interessanten enger damit verbundenen Untersuchungen Raum lässt. Es gehört dahin unter anderem folgendes. Wenn die Data für einen concreten Fall des Problems nicht aus entschieden richtigen Messungen entlehnt, sondern willkürlich angenommen sind, so kann es sich fügen, dass eine zutreffende Auslösung gar nicht existierte oder dass die Aufgabe physisch unmöglich ist. Man kann sogar behaupten, dass wenn die Data ganz auf gut Glück gewählt werden, unter vier Fällen durchschnittlich nur ein physisch möglicher sein wird. Es entsteht also die Frage, wie man in jedem concreten Fall die physische Möglichkeit gleich von vornherein sicher erkennen kann. Es gibt dafür ein sehr einfaches elegantes Criterium, welches jedoch bisher noch nirgends öffentlich angegeben ist, so wie überhaupt die ganze Frage bisher nirgends öffentlich in Anregung gebracht ist. Ich habe gewöhnlich in meinen Vorlesungen, wenn ich von dem Pothenotschen Problem zu sprechen hatte, dieser wesentlichen Lücke erwähnt, absichtlich ohne das Criterium selbst mitzutheilen, meine Zuhörer aufgefordert, zur eigenen Übung sich daran zu versuchen, was eventuell eben auch einen sehr schicklichen Gegenstand zu einer Inauguraldissertation abgeben könne. Zuweilen sind mir auch Versuch darüber vorgelegt, die aber allemahl misglückt waren. Ich bemerke nur, dass die Auffindung eines solchen Criteriums keinesweges besonders tiefe Kenntnisse, sondern mehr nur eine gewisse umsichtige Gewandtheit erfordert.

Hr. Wagener ist nun, vielleicht unter einem Hundert von angehenden Mathematikern, die meine Aufforderung erhalten haben, der erste, der sich mit Glück daran versucht hat. Er hat, den verschiedenen Constructionen folgend, das Ziel auf mehr als einem Wege zu erreichen gesucht. Man kann diese Wege mehr oder weniger als Unwege betrachten, die zum Theil in grosse Weltläufigkeit führen. Aber das Ziel selbst hat er erreicht, das richtige Criterium gefunden, und selbst bei der Verfolgung der mühsamen Wege muss man die bewiesene Beharrlichkeit loben.
Ich sehe demnach die Abhandlung wie eine für Zulassung zum Examen völlig genügende Probeschrift an.

Befürwortend gez. Gauss, Mitscherlich, Ewald, Hansmann, Hoeck, Hermann, Waitz, Weber

日本語訳

ポテノーの問題という名で知られているこの課題は，主にたんなる初等数学に属する問題であるが，確かに有名である．なぜならば，この問題は多くの実用的な有用性を有するのみならず，多くの数学者がこの課題に取り組み，幾何学的並びに計算的に多くの異なる形式を持って，その解答を試みた．この論文の筆者は，最も優れた解答をうまく発展させ，場合によっては，ある程度十分に立派な学術論文と認められる．しかしながら筆者はそれ以上のことを成し遂げている．私はこの事情について簡潔に説明する．多方面にわたって論じられている問題がなお尽きることなく，相当数の興味がより密接な研究の余地があるのは不思議である．それは次のようなことである．問題の具体的な場合のデータは，確固たる正確な計量から借用せず，任意とみなされた時，的確な解答は決して存在せず，またはこの問題は物理的に不可能になるかもしれない．人は，もしデータが運を天に任せて決められるとき，4つの場合の平均の場合にのみ，物理的に可能であろうと断言できる．よって，どのようにすれば具体的な場合において，最初からすぐに物理的な可能性を認識できるかどうかという問題が生ずる．これについてとても簡単でエレガントな規範があるが，この規範は未だどこにも公表されておらず，そもそもこの問題は今まで公の場所で提起されていなかった．私は常々，講義のときにポテノーの問題について話しをする場合，この根本的な欠陥に言及し，故意に規範そのものを示さず，聴講者に自分で演習することを薦める．場合によっては，これはとても適切な学位論文の対象になりうるかもしれないのである．この問題に関する研究は時として私に提出されるが，その都度不成功に終わっている．私はそのような規範を見出すためには，特に深い学識ではなく，むしろある程度の慎重なスキルのみを必要とすることに気づく．ワグネル氏は，私の勧告を受けた100名の新進数学者の中において，恐らくこの研究において成功した最初の人である．彼は異なる構造組に従い，いくつかの方法を用いて目的を達成させることを試みた．この方法は多少とも回り道として認められるが，中には世才のある方法として扱われている．しかし，彼は正確な規範を発見して目的を達成した．そして彼はすべてのスタッフから困難な方法の追求によって示された粘り強さを賞賛されるに違いない．私は，この論文について試験実施を許可するに十分な論文であることを認める．

ガウス，ミチェルリッヒ，エヴァルト，ハンスマン，ヘック，ヘルマン，ヴァイツ，ヴェーバー

注

注）

1） 彼の名前である“Wagener”という独語のつづりの発音は，本来“ヴァーゲナー”という表記が独語の発音に近いと思われるが，“ワグネル”という読み方が一般的なのでそれに従った．

2） “Nekrolog für Dr. Gottfried Wagener”, Mittheilungen der deutschen Gesellschaft für Natur- und Völkerkunde Ostasiens, 6, 57, 1896.

3） 梅田音五郎編『ワグネル先生追懐集』，故ワグネル博士記念事業会，1938 年．

4） 寄田啓夫は“『ワグネル伝』考（一)―生い立ちと来日前の経歴―”，『香川大学教育学部研究報告第 1 部』，香川大学教育学部編，77，1989 年 9 号，pp. 53-68 において，注 2）の文献と注 3）の文献の記述について詳細な解説を行っている．

5） 公文書館はニーダーザクセン州立及びゲッティンゲン大学図書館（Niedersachsische Staats- und Universitätsbibliothek Göttingen）の建物の中にある．住所は Papendiek 14, Göttingen.

6） 彼の本名については，ワグネルのキリスト教洗礼記録書による（“Kirchspiel Gartenkirche 1831”, S. 198, Evangelisch-lutherische Stadtkirchenverband Hannover, Stadtkirchenkanzlei Kirchenamt 所蔵）．

7） 同上．

8） ワグネルがゲッティンゲン大学に進学する以前に学んだハノーファー工芸学校（現在のハノーファー大学）の学籍簿による（注 17）を参照）．

9） 注 6）の記録書を参照．

10） 同上．

11） 家族構成については，注 4）の寄田の文献，pp. 54-55 を参照．

12） 同上文献をもとに著者が調査を行ったところ，オスカー・バルク（Balk, Oscar. 1864-1941）はニュージーランドのダニーデン市において“Wilson Balk &Co.”という会社を創立しお茶とスパイスの貿易を手がけて財を成した．Mrs. Mary Balk から頂いた手紙によると，オスカーのおじでワグネルという人物が日本に滞在していたことは母親から聞いて知っていた．さらに，ワグネルの日本での業績と足跡は聞かされていなかった，ということが書かれていた．現在，ニュージーランドには 30 人を超えるバルクの親族が健在であるという（2010 年 1 月 17 日付の著者への手紙）．Mrs. Mary Balk から，ワグネルの写真や生い立ちに関する新しい情報を得ることはできなかった．

13） 現在の名称はテルカンプフシューレ・ギムナジウム（Gymnasium Tellkampfschule）である．彼の入学時期については，注 2）の文献，p. 357 に“...dass, er die höhere Bürgerschule seiner Vaterstadt... in 7 Jahren absovierte und schon 15 Jahren das Reifezeugnis ...erhielt”という箇所があり，彼が 8 歳で入学したことがわかる．

14） 注 2）の文献，p. 357.

15） 添付資料 4 を参照．

16） テルカンプフシューレ・ギムナジウムの年報（*Jahresbericht*）には，ワグネルが 15 歳で卒業した記録が残っている（ハノーファー市公文書館（Stadtarchiv Hannover）蔵）．追悼文の記述と一致する．

17）　この学校は現在のハノーファー大学であり，当大学公文書館（Universitätsarchiv Hannover）には工芸学校時代の史料が保管されている．ワグネルの学籍については，当公文書館 R. ザイデル博士（Dr. Seidel, Rita）により確認（2009 年 1 月 8 日付の著者への e-mail）．

18）　当時の授業内容と教授陣については，Paul Trommsdorff：*Der Lehrkörper der Technischen Hochschule Hannover —1831-1931—*，Hannover, Hannoversche Hochshulgemeinschaft, 1931 による．グリュンダーについては，同文献，p. 4. 同様にハートマン，p. 66；カールマルシュ，pp. 47-48；ヘーレン，p. 17-18；p. 28 を参照．

19）　注 2）の文献，p. 357.

20）　注 17）の史料を参照．

21）　後日，ゲッティンゲン大学に入学した際の学籍登録簿（添付資料 1.）の中で，“両親又は後見人の居住地”の欄に，“後見人：弁護士ワグネル，ハノーファー”と記入されている．注釈 6）の史料によると，その立会人の中に，“弁護士ゴットフリート・ワグネル（Advocat Gottfried Wagener）”という人物がいる．洗礼に立会い，かつ自分の名前の一部を与えているとことから推測すると，彼はワグネルの祖父または叔父など近親者であったことは間違いないと思われる．

22）　注 2）の文献，p. 357.；添付資料 4. を参照．

23）　添付資料 1. を参照．

24）　添付資料 4. を参照．当時のゲッティンゲン大学のスタッフについては，G. W. Dunnington, J. G. Gray, and Dohse, F. E, *Carl Friedrich Gauss—Titan of Science*—, Washington. D. C, The Mathematical Association of America, 2004, p. 258. 邦訳 ダニングトン著 銀林・小島・田中訳『ガウスの生涯』，東京図書，1976 年，p. 255 を参照．

25）　聴講者の一人であったモリッツ・カントールが，後年の 1899 年 11 月 14 日にゲッティンゲン大学で行った講演で，ワグネルもガウスの講義を聴いていたことに言及している．ガウスのこの講義は 1850/51 年冬学期に行われた（注 24）の Dunnington の文献，p. 258.；邦訳，p. 255 を参照）．

26）　ワグネルがギムナジウムの教員免許を取得したことは添付資料 4. で言及されているが，研究テーマの題目と免許を取得した日までは記述されていない．所得した月日については注 2）の文献，p. 357. を参照．

27）　渡辺正雄編：『改訂　明治前期学術雑誌論文記事総覧』，ゆまに書房，1990 年によると，ワグネル自身が日本で発表した地震に関する論文は，「新案地震計—附クニッピング氏該地震計ヲ以ッテ観測シタル結果概要—」，『日本地震学会報告』，1884 年 1 号，pp. 30-55.；Wagener, G.：“Ueber Erdbebenmesser und Vorschlaege zu einem neuen Instrumente dieser Art”, *Mittheilungen der Deutschen Gesellschaft für Natur- und Völkerkund Ostasiens*, 2, 15, 1878, pp. 216-223 の 2 編である．

28）　注 2）の文献；添付資料 4. を参照．光学の Davi という人物は特定できなかった．

この人物を特定することは，著者の今後の課題である．

29) Gottfried Wagener：*Ueber das Pothenot'sche Problem*, Göttingen, Druck der Universitäts-Buchdruckerei von E. A. Huth, 1852. この学位論文はgoogleのブック検索から検索可能であり，全文をPDFファイルで読むことができる．添付資料6. を参照.

30) 佐藤節夫：“ワグネルの陶磁人脈—1—”，『陶説』，478号，1993年1月号，p. 56.；寄田啓夫：“「ワグネル伝」考（二）—来日後の経歴—”，『香川大学教育学部研究報告—第一部—』，78，1990年1月号，p. 1.

31) 注30）の佐藤の文献，p. 56.

32) 寄田啓夫：“「佐賀藩有田におけるワグネルの窯業技術指導とその意義”，『香川大学教育学部研究報告—第一部—』，83，1991年9月号，p. 3.

33) 注30）の寄田の文献，p. 1.

34) 寄田啓夫：“「ワグネルの産業教育観とその技術者養成教育”，『香川大学教育学部研究報告—第一部—』，87，1993年1月号，pp. 54-55. 佐賀藩とワグネルの窯業技術指導の詳細な内容については，塩田力蔵：『陶磁工芸の研究』，アルス出版，1927年，pp. 330-337.；注32）の寄田の文献，pp. 1-20. が詳しい.

35) 注30）の寄田の文献，p. 1.

36) 東京都公文書館蔵：「大学南校御傭教師ワクネル召連常吉召捕相成の儀」，『書翰留〈運上所〉』，収録先の請求番号：605. C5. 04.；国立公文書館蔵：「大学南校へ孛国教師ワク子ルヲ雇用ス」，明治3年10月22日，資料請求番号：本館-2A-009-00・太00057100；国立公文書館蔵：「記録材料・御雇教師部類・大学南校」，明治3年1月～明治3年10月，請求番号：本館-2A-034-08・記・00009100. 東京大学総合図書館所蔵：“御雇外国人教師講師名簿—自明治二年至昭和二年—”のワグネルの頁には，ワグネルの綴りを「Wagner」，さらに雇用身分が「大学南校英語学及普通學教師」と記載されているが，それぞれ「Wagener」，「大学南校独逸語学及普通學教師」の間違いである．国立公文書館蔵の明治2年2月付けの公文書に，「独乙語学教師同上並ワグ子ル雇入届，請求番号：本館-2A-024-00・公副00090100.」という書類が存在する．このワグ子ルという人物は，本稿で取り扱っているワグネルであるとしたら，明治2年（1869）2月当時，彼は長崎に滞在中で石鹼工場，もしくはウォール商会に従事していたころである．もし，明治政府がこの時期からワグネルを東京で独国人教師として招へいを計画していたとしたら，その後の彼の有田での窯業指導期間が4ヵ月に満たないという中途半端な状況であったことは理解できる．このように中途半端な期間で有田を去った理由として，明治政府からの招へいを受け佐賀藩がワグネルを手放したことが考えられる．

37) 城岡啓二：“1871年刊行の大学南校のドイツ語教材について—言語的特徴から見た編著者問題を中心に—”，『人文論集』，57，1，2006年7月，pp. 77-81.

38) 本稿，「第一章 第三節　お雇い外国人によって“物理学”及び“化学”，“数学”が教授された政府創設の機関」を参照．公文書では2月22日に東校に雇用されたとあるが，東京大学総合図書館所蔵：“御雇外国人教師講師名簿—自明治二年至昭和二年—”のワグネルの頁には，3 月 15 日より東校教師と記載されている．

39）第二回京都近代工業フェア開催協議会：『京都産業界の恩人　ゴットフリード・ワグネル先生』，昭和 56 年 11 月，p. 9.；国立公文書館蔵：「博覧会事務局文部省傭教師クリフエン，ワクネル両名ヲ雇入」，明治 6 年 2 月 22 日，請求番号：本館-2A-009-00・太 00287100. を参照．以後，前者の文献を『京都産業界の恩人』と記す．ここにある“クリフエン”という人物は，独国人グレーフェン（Greeven）のことであり，彼は明治 5 年（1872）3 月から翌年 3 月まで南校教師，さらに明治 7 年（1874）3 月から翌年 10 月まで開成学校教師を勤め，科目は数学と力学を担当した．グレーフェンについては，第七章を参照．博覧会での役職は，ワグネルは列品並物品出所取調技術指導であり，グレーフェンは建築が担当であった．ワグネルを博覧会事務局に招へいする計画は，すでに明治 6 年（1873）1 月にあったようである（国立公文書館蔵：「独人ワクネル并クリフエン澳国へ召連度伺」，明治 6 年 1 月，請求番号：本館-2A-009-00・公 00732100.）．

40）『京都産業界の恩人』，p. 10.；注 34）の寄田文献，p. 54. を参照．ワグネルは地方を観てまわった際に記録として筆録していた．東海，関西地方の物産調査書が「ワク子ル氏物産説話」というタイトルで現存しており，一橋大学付属図書館の土屋文庫に所蔵されている．これは上述の寄田の論文，pp. 59-67 で読むことができる．

41）ワグネルは松田，瀬之口，松村編：『独和字典』，Amerikanische Missions Buchdruckerei, Shanghai，明治 6 年 5 月の作成・編集を手伝った．このことに関しては，鈴木重貞：『ドイツ語の伝来』，教育出版センター，1975 年，pp. 97-100 が詳しい．

42）『京都産業界の恩人　ゴットフリード・ワグネル先生』，p. 9; p. 11.

43）2004 年 4 月 3 日から 6 月 27 日まで愛知県陶磁資料館で行われた展示会の際に作成された解説書より（佐藤一信：“近代窯業の父　ゴットフリード・ワグネル”，『近代窯業の父　ゴットフリード・ワグネルと万国博覧会』，pp. 6-7.）．

44）『京都産業界の恩人』，pp. 12-13.

45）同上の文献，pp. 11-12.

46）同上の文献，昭和 56 年 11 月，p. 14.

47）公文書では，帰国は明治 8 年（1875）1 月 10 日になっている（国立公文書館蔵：「佐野弁理公使外二名并御雇独人ドクトルワクネル帰朝届」，明治 8 年 1 月，請求番号：本館-2A-009-00・公 01683100.）．

48）第二回京都近代工業フェア開催協議会：『京都産業界の恩人　ゴットフリード・ワグネル先生』，1981 年，pp. 13-14.

49）国立公文書館には，次の 11 編の報告書（作成年月はすべて明治 8 年（1875）8 月）が保管されている．「ワクネル氏報告第一区鉱山及冶金術」，請求番号：本館-2A-035-06・記 01783100;「ワクネル氏報告第二区農業及山林」，請求番号：本館-2A-035-06・記 01783100;「ワクネル氏報告第三区化学工業」，請求番号：本館-2A-035-06・記 01784100;「ワクネル氏報告第四区製造上ノ食料」，請求番号：本館-2A-035-06・記 01784100;「博覧会場建築比較論」，請求番号：本

館-2A-035-06・記 01784100;「工術博物館裨益論抄訳」, 請求番号：明治 8 年 08 月;「博物館一」, 請求番号：本館-2A-035-06・記 01771100;「博物館二」, 請求番号：本館-2A-035-06・記 01771100;「芸術及百工上芸術博物館二付テノ報告」, 請求番号：本館-2A-035-06・記 01771100;「博覧会場建築比較論」, 請求番号：本館-2A-035-06・記 01784100;「工術博物館裨益論抄訳」, 請求番号：本館-2A-035-06・記 01784100.

50) 独語のタイトルは, "Japanische Lack", *Dinglers Polytechnisches Journal*, Band 218, 1875, pp. 361-367; pp. 452-456.

51) リッターについては, 第六章を参照. また, 国立公文書館蔵：「東京開成学校教授孛人リットル死去届」, 明治 7 年 12 月, 請求番号：「本館-2A-009-00・公 01199100」; 国立公文書館蔵：「文部省雇独人ドクールワクネル雇継ノ儀伺」, 明治 8 年 2 月, 請求番号：本館-2A-009-00・公 01370100. を参照.

52) この年の 6 月にワグネルが生徒に課した試験問題が残っている.「第二章　明治 10 年の東京大学設立までの前身校における独国人科学語教師」の「添付資料」を参照.

53) この製作学教場は前年の明治 7 年（1874）2 月に, 中等程度の工業生徒の教育を行なう教育機関として創設された（国立公文書館蔵：「製作学教場取設ノ儀ニ付届」, 明治 7 年 2 月, 請求番号：本館-2A-009-00・公 01189100）.

54) 『京都産業界の恩人』, p. 14. また国立公文書館蔵：「勧業寮開成学校ト協議独逸人ワクネルヲ雇入」, 明治 8 年 10 月 5 日, 請求番号：本館-2A-009-00・太 00288100.; 国立公文書館蔵：「独人ドクトルワクネルヲ勧業寮開成学校ノ両所へ雇入伺・文部省伺書合綴」, 明治 8 年 10 月, 請求番号：本館-2A-009-00・公 01534100. を参照.

55) 『京都産業界の恩人』, p. 15.

56) ワグネルは明治 7 年（1874）にウィーン万博から帰国した頃から, 七宝焼の色が鮮明さを欠くことを残念に思い, その改良に取り組んだ. 一方, 七宝焼の輸出を行なっていたアーレンスも, 西洋人の好む豪華絢爛たる色鮮やかな七宝焼はできないものかと名工たちに相談していた. そこでアーレンスは共同出資者のベイヤーと提携して東京・亀戸に七宝焼の工場を作り, ワグネルにその改良研究を依頼した. ワグネルはアーレンスが輸入した染料, 顔料, 釉薬を使って研究・改良を重ね, 初めて色鮮やかな光沢に輝く近代的な七宝焼の製造に成功した. これは色彩琺瑯七宝とか, ワグネル釉と呼ばれた. 七宝焼の改良には, ワグネルの研究に負うところが大きかった（清水正雄：『東京築地居留地百話』, 冬青社, 2007 年, p. 200. ）. 明治 10 年（1877）頃から 1 年間ほどの間にも, 七宝製造の研究に没頭していた（『京都産業界の恩人』, pp. 17-18. ）.

57) 『京都産業界の恩人』, p. 16.

58) 同上の文献, p. 16. この解説書は, 植田豊橘編『ドクトル・ゴットフリード・ワグネル伝』, 博覧会出版協会, 大正 14 年に収録されている.

59) 『京都産業界の恩人』, p. 16. この解説書は, 注 58）植田編の文献に収録されている.

60)　『京都産業界の恩人』, p. 17. 国立公文書館蔵：「御傭独逸人ドクトルワフネル米国へ派遣ノ件」, 明治 9 年 4 月 7 日-明治 9 年 4 月 21 日, 請求番号：本館-2A-037-00・雑 00166100.
61)　この報告書はゴッドフレッド・ワグネル著, 浅見忠雄等訳：『明治十年内国勧業博覧会報告書』, 内国勧業博覧会, 明治 10 年で読むことができる.
62)　『京都産業界の恩人』, p. 17. ; 国立公文書館蔵：「東京開成学校教授ワグ子ル氏解約届」, 明治 10 年 3 月, 請求番号：本館-2A-025-00・公副 02107100.
63)　『京都産業界の恩人』, p. 18.
64)　同上の文献, p. 18. ; p. 22. ワグネルは京都に来てからも七宝焼製造の研究を行なっていた.
65)　『京都産業界の恩人』, pp. 25-26 には, ウィーン, フィラデルフィア両万国博覧会の功績として叙勲を受けた旨が記載されているが, 国立公文書館蔵：「澳国博覧会事務局雇澳人ワクネル外三名ニ勲章叙賜」, 明治 11 年 6 月 21 日, 請求番号：本館-2A-009-00・太 00613100. で確認してみると, 彼はウィーン万国博覧会のみの業績として叙勲を受けている.
66)　『京都産業界の恩人』, p. 19. 京都府立医科大学創立八十周年記念事業委員会：『京都府立医科大学八十年史』, 京都府立医科大学, 1955 年, p. 62. には「十一年三月濁人ゴットフリード・ワグネルが月四百圓の給料に府に雇われ（當時四十八歳), 醫学校で理化學を, 舎秘局で化學工藝を教授した」とある. 現在の京都府立医科大学には, ワグネルに関する一次史料は所蔵していない（著者の問い合わせに対する 2010 年 12 月 7 日付の大学からの回答).
67)　注 3）の文献, p. 86. ; 注 34）寄田の文献, p. 52. ワグネルの京都における業績と滞在中の様子については, 『京都産業界の恩人』, pp. 18-26. ; 上述の寄田の文献, pp. 53-54 が詳しい.
68)　化学書は明石博高編, 柳田新太郎, 喜多川義比 記：『窊弗涅児化学紀―第一―』, 京都府舎密局, 明治 12 年 11 月. 磁器の品質改良に関する書は, “窊弗涅兒氏教授　琺瑯及磁器彩料色素製煉法”, “窊弗涅兒氏教授　琺瑯彩料調合録”, “窊弗涅兒氏教授　磁器彩料調合録” があり, これらは注 58）植田編の文献に付録として収録されている.
69)　『京都産業界の恩人』, p. 19.
70)　同上の文献, p. 22.
71)　同上の文献, p. 25.
72)　アトキンソンの帰国に関する公文書は, 国立公文書館蔵：「文部省雇英国人アトキンソン外三名帰国ニ付謁見」, 明治 14 年 7 月 7 日, 請求番号：本館-2A-009-00・太 00784100. また, ワグネルの採用に関する伺いの公文書は, 国立公文書館蔵：「英国人ホイットマン解雇独逸人ワクネル雇入ノ件」, 明治 14 年 1 月, 請求番号：本館-2A-010-00・公 03063100. ; 国立公文書館蔵：「同国人ワグネル雇入ノ件」, 明治 14 年 4 月, 請求番号：本館-2A-010-00・公 03064100. 前者の公文書によると, アトキンソンの雇用期間はこの年の 9 月 2 日までとなっている. これら 2 つの公文書から推測すると, 京都にいたワグネルは, アトキンソンの雇用期間が終了する約9か月前に後任者として名前が挙がっていたことがわかる．政府は，ワグネルを京都から東京に戻すように計画していたようである．しかし，ユネスコ東アジア文化研究センター編：『資料御雇外国人』，小学館，1975年のワグネルの頁では，この年の5月1日より同大学理学部製造化学教師として従事したことになっているが，著者はこの公文書を探し出すことはできなかった．

73） 『京都産業界の恩人』，p. 26.；注34）の寄田の文献，p. 50.；ワグネルの指導を受けた植田豊橘の回想より（注58）の植田編の文献に収録）．

74） 注34）寄田の文献，pp. 49–50.；注3）の文献，pp. 252–344に収録されている．独語のオリジナルタイトルは，それぞれ“Ueber die Berechnung der Glas-Sätze und die Natur des Glases”, *Dinglers Polytechnisches Journal*, Band 243, 1882, pp. 66–70; “Ueber Glasgemenge und die Anwendung natürlicher Silicate in der Glasfabrikation”，『同雑誌』，Band 244, 1882, pp. 400–407.；“Ueber Glas, Glasuren, Porzellane, Steinzeuge und feuerfeste Thone”，『同雑誌』，Band 246, 1882, pp. 30–37.

75） 『京都産業界の恩人』，p. 26.

76） 注34）の寄田の文献，p. 55. 旭焼の開発経過や技法についての詳細は，植田豊橘の“旭焼に就て”という講演記録に詳しく紹介されている（注3）の文献，pp. 91–104に収録）．植田は明治16年（1883）よりワグネルとともに旭焼の研究を始めた．このことは，植田は大日本窯業協会第13次講演会で言及し，その内容は“旭焼の来歴”，『大日本窯業協会雑誌』，第29号，1893年，pp. 111–116.；日本科学史学会編：『日本科学技術史大系—21巻・化学技術—』，第一法規出版，1964年，p. 106に収録されている．

77） 注34）の寄田の文献，p. 51. ワグネルの指導を受けた植田豊橘の回想より（注）58の植田編の文献に収録）．

78） 『京都産業界の恩人』，p. 27.；国立公文書館蔵：「独逸人工業化学者ワグネル雇入ノ件」，明治18年9月，請求番号：本館-2A-010-00・公0407100.

79） 東京大学百年史編集委員会編：『東京大学百年史—部局史二—』，東京大学，1987年，p. 438.

80） 注34）の寄田の文献，p. 55.

81） ワグネルは明治19年（1886）4月8日付で起草し，吾妻焼（後の旭焼）製作に関する工業実験場設立の意見書を政府に提出した．その結果，設立されたのがこの製作場である．この製作場は，マイセンの国立陶磁器試験場を理想にしていた．この意見書は，注76）の日本科学史学会編の文献，pp. 80–81に収録されている．

82） 注34）の寄田の文献，p. 55.

83） 『京都産業界の恩人』，p. 27.；国立公文書館蔵：「農商務省顧問独逸人ドクトル，ワグネル我工業ノ発達ヲ図リ其成蹟顕著ナル者ニ付賞与金ヲ下賜ス」，明治23年3月26日，請求番号：本館-2A-011-00・類00461100.

84） 山根新次，三土知方芳：“わが国の地質調査事業の沿革”，『地学雑誌』，63，3，1954年，p. 154.

85） 『京都産業界の恩人』，p. 29.

86)　明治25年（1892）11月11日の『東京日日新聞』より．ワグネルの死亡記事は，彼が晩年従事した地質調査所の和田維四郎所長が発表している．この記事によると，出棺予定は11日午前10時となっている．国立公文書館蔵：「東京工業学校傭兼農商務省傭独国人ゴットフリード，フォン，ワグネル死去ノ件」，明治25年11月14日，請求番号：本館-2A-013-00・纂00247100.；国立公文書館蔵：「東京工業学校雇教師兼顧問農商務省雇独逸人勲四等ドクトル，ゴットフリー，フオン，ワグネル勲位進級ノ件」，明治25年11月7日，請求番号：本館-2A-018-00・任A 00289100. ワグネルの死去のニュースは米国内での新聞でも報道された（“DR. VON WAGENER DIES AT TOKIO”, *The New York Times*, 1892年12月4日付）．“Von”というのは貴族を示す称号であるが，ワグネルはそれには該当していない．誤植である．

87)　東京都公文書館蔵：「青山，谷中，染井内国人墓地中外国人埋葬表（等級）上等（区数）2坪（地号）南第55号，56号（引受人）ドイツ公使館（埋葬人）文部省農商務省合雇ドイツ人ドクトル，ドットフリード，ワクネル心臓病及び続発肺水腫症（埋葬年月）明治25年11月11日午後1時30分」，『居留地・公使館地・墓地台帳 外務課〉』，明治12年—明治33年，収録先の請求番号：604. D6. 19.；東京都公文書館蔵：「青山外国人墓地へ故ドイツ人ドクトル・コットフリード・ワクネル埋葬の件」，『（普通第1種）庶政要録・雑ノ部〈官房外務掛〉明治23年—明治25年』，明治23年—明治25年，収録先の請求番号：619. D5. 11.

88)　注3）の文献，pp. 440–444において独語と日本語で紹介されている．

第四章　数学及び測地学教師 E. クニッピング

第一節　はじめに

クニッピングは，明治4年（1871）3月から東京大学法理文学部の前身校である大学南校に3人目の独国人教師として着任し，明治8年（1875）7月に独語クラスが閉鎖されるまで，そこで科学科目としては数学（算術，幾何学）を教えていたが，その他に文学，地理学，博物学，測地術の科目を教えていた．彼は明治8年7月の独語クラスの閉鎖後も，明治24年（1891）4月まで日本に滞在し，内務省運輸局において航海術試験担当官を勤めたり，日本最初の天気予報を作成したり，また75万分の1の縮尺帝国郵便馬車連絡大地図を作成することによって，日本の航海術，気象学，地理学の近代化に貢献した．彼の日本での業績を紹介する先行研究として，荒木，堀内，根本，石山，岡田らの論文がある[1)]．

クニッピングは晩年，子孫のために自身の生涯について回想記を記し，その中で日本滞在中の様子も克明に記述している[2)]．この回想録は公表・出版されていないが，クニッピングの長女ヘートヴィヒ（Hedwig）の子孫にあたる独国・ケルン（Köln）在住のT. フィールハーバー家（Thomas Vielhaber）に伝わるものであり，小関恒雄，北村智明の両氏によって日本語で翻訳・出版されている．両氏は国立公文書館（東京都千代田区）所蔵のクニッピングに関する公文書やクニッピングの同僚・友人たちの回想記・証言録などで，この回想記の詳細な検証を行っており，訳注における参考文献，人物紹介などが充実している回想記である．本稿ではこの回想記に依存し，彼の生涯を記する[3)]．

第二節　出生から大学南校着任までの修学歴と職歴

エルヴィン・ルドルフ・テオバルト・クニッピング（Knipping, Erwin Rudolf Theobald）は，小学校教師の父ヨハン・ペーター（Johann Peter. 1799-1856）と，母マリー・エリーゼ（Marie Else. 1802-1895），旧姓クレゲロー（Kregeloh）の7人目の子供（末っ子）として，1844年4月27日，クレーヴェ（Kleve）で生まれた[4)]．クニッピングは9歳の時（1853年末）に，父にギムナジウムで勉強したい気持ちを伝えたが，すでに10月の入学手続き時期が過ぎていた．そこでクニッピングは，友人3名とその年のクリスマスまでラテン語の個人授業を受け，年明けの1854年1月から無事にギムナジウムの1年生になった[5)]．3年生までは，授業に付いていくのに苦労したが，6 年生，7 年生になる時には成績は良くなった．彼は将来，航海士の道に進むが，この学校の同級生のエミール・ディーターという友人の影響があった．彼はギムナジウムを半年休学し，見習水夫として蘭国船でギニアまで航海した．クニッピングは彼に航海の様子の話しを何度も聞いて，将来は船員になろうと思った．そのことを母マリーと兄アダルベルト（Adalbert）に相談したところ，ギムナジウムは卒業するように忠告された．彼は，ギムナジウムの高学年の時に，すでに休み時間を将来の仕事の準備のために費やし，天文学や測地学の知識を身に付けていた．『回想記』に「今でも私は，球面三角形の計算に大変頭を悩ませたことをはっきり思い出す．学校では 9 年生（小澤注：ギムナジウムの最終学年）になっても，平面上の三角計の計算（平面三角法）以上のことは出てこなかった．その後数年経ってから，漸く球面三角形の計算が理解できるようになった.」とある．また，この頃，彼は知人の測量技師のハインリッヒ・フィールハーバーから製図についての手ほどきを受けていた．彼は自分の将来のことを考え，自分で航海術に関連する学問を習得していたのである．クニッピングが日本で行った数学（算術，幾何学）の授業は，この時に習得した知識が役に立ったと思われる．1862 年の秋，クニッピングは家族との約束通り，18 歳の時に無事にギムナジウム卒業の資格を得た．兄アダルベルトは休暇旅行と称して，クニッピングを蘭国のロッテルダムとアムステルダムへ行かせてくれた．クニッピングは，そこではじめて三本マストの大型帆船を見た．アムステルダム滞在中，彼は簡易水銀標準計を購入し，さっそく太陽の高度を測定したり，緯度や時刻を算定を体験した[6]．彼は，着々と航海士になるための準備を進めていた．この年の 9 月 9 日，クニッピングは故郷クレーヴェを出発し，北独国のブレーメン（Bremen）の海員宿泊所に向かった．彼はすぐに採用され数日後（9 月半ば）には，スターナー型帆船“ダイホメイ号”にボーイ（Schiffsjunge）として乗り込み，翌年 1863 年 3 月までの約半年間，西アフリカへの航海に従事した[7]．その後，クニッピングは 2 ヵ月間を故郷クレーヴェで過ごした後，5 月中旬には，蘭国の二本マストの帆船“アカーデ号”に見習水夫として乗り込み，アムステルダムを出港し，アイセル湖を通ってトリエステ（小澤注：イタリア北東部にある都市で，アドリア海に面した湾岸都市.），地中海，黒海さらにブラジルへの航海に出た．翌 1864 年 8 月まで従事し，アムステルダムに無事に寄港した[8]．

その後，クニッピングはアムステルダムの航海士養成学校（Steuermannsschule）に入学するために，蘭語を勉強しこの年の 10 月に入学することができた．その時彼は 20 歳であった．彼は 2 ヵ月の勉強後，11 月末の試験でさっそく蘭国船船の三等航海士の試験を受験し，無事に合格を果たすことができた．彼は成績の優秀さを評価され，当時の教師に学校に留まって航海術教育の指導者になるように招へいされたが，彼はもっと船上の経験を積み重ねたい意志を伝え，その招へいを断っている[9]．彼は三等航海士の資格を得た後，クレーヴェに帰り，クリスマスを母親と過ごし，1月末まで故郷に滞在した．

クニッピングは翌年1865年2月にプロイセン国海軍に志願し，ダンツィッヒ（小澤注：Danzig．現在のポーランド領グダニスク．）に配属され，バルト海，大西洋への航海に参加した．翌年秋には，海軍少佐（Unterleutnant）の試験に合格した．しかし，この年の暮れに除隊している[10]．

翌1867年1月末に，クニッピングはイングランド，スコットランドで家庭教師（個人教師）をしている姉たちオイゲニー（Eugenie），ヘートヴィッヒ（Hedwig），テークラ（Thela），ナタリー（Natthalie）を訪ねて行った[11]．クニッピングは姉たちの仲介で，ロンドンで米国人商人ワルスクを紹介された．ワルスクには4月にグラスゴー（Glasgow）から汽船を東シベリア，中国，日本に航海させる計画があり，クニッピングはその船（“クーリァ号（Courier）”）の二等航海士に採用された[12]．この航海が，彼が来日し約20年にわたって滞在するする機会になったのである．グラスゴーで船に荷物が積み込まれ[13]，この年の初めに出港した[14]．日本への航行中，南太平洋の船内でクロノメーター（小澤注：chronometer．天体観測や緯度測定などに用いる携帯用ぜんまい時計）が動かなるという事態が起きた．そこで，船の位置を知るには月と太陽の距離を測り，算出する方法しかなかった．この方法は，とても計算が複雑で計算が不得意な者にとってはやっかいなものであったが，クニッピングはアムステルダムの航海士養成学校で習得していたので大したことはなかった．これまで一等航海士がクロノメーターで位置を測定して航海していた時も，彼はいつも自前の六分儀（小澤注：天体上の2点間の角度を測る携帯用の器械）で船の位置の確認をしていたので，クロノメーターが故障しても，すぐに対応することができた．この後，“クーリァ号”はクニッピングが測定し算出した船の位置をもとに航海を続けた．ある日，インド洋上で他の船と行き会い，その船から現在の経度（船の位置）を教えてもらったが，クニッピングが算出した船の位置と一致していた．航海中，船長は航路に関して，一等航海士と二等航海士のクニッピングの意見が異なった場合，クニッピングの意見を採用した．航海中，船長はずっとクニッピングをひいきめにしていてくれた．船は無事にシンガポールに到着した[15]．その後，香港を経由して1867年秋に長崎に着き，横浜に向かい，残りの荷物を下ろした．クニッピングは，長崎で日本初上陸を果たした．日本ではクニッピングの船は，長崎にあったウォルシュ商会に所属していた[16]．横浜で荷物を下ろした後，クニッピングの乗った“クーリァ号”は，この年の秋から翌明治元年（1868 年）冬にかけて，長崎から上海を 2 往復して，石炭や火薬の貿易品を積んで航海した．1868 年には，クニッピングは二等航海士から一等航海士へ昇格した[17]．

『回想記』に「1869［明治 2］年，ある日横浜にドクトル・ヴァグナー（小澤注：本稿ではヴァグナーではなく，‘ワグネル’と記している．）が訪ねてきた．」とあるが，その理由やその時の会話の内容の記述はない．ワグネルは明治 2 年（1869 年）頃，クニッピングの船が日本で貿易を行っていた際の仲介業者であったウォルシュ商会に従事していたことがあるので，クニッピングとはこの商会で面識があったと思われる[18]．その後，ワグネルが明治 3 年（1870 年）10 月に大学南校教師に着任後，クニッピングは東京のワグネルのもとを訪問し，もし独語学校で教師を求めていたら，私にその旨連絡して欲しいと嘆願し，ワグネルもそれに同意した．ギムナジウム時代から船乗りを目指し，アムステルダムの航海士養成学校の教師の招聘を断ったクニッピングが，東京で教師になることを希望した動機について，『回想記』では言及していない．そして，翌明治 4 年（1871 年）に上海に滞在していたクニッピングのもとにワグネルから電報で連絡があり，クニッピングの大学南校教師の着任が決まった．彼はその時 27 歳であり，独語クラスの教師としてはカデルリー，ワグネルに次ぐ 3 人目であった[19]．

第三節　滞在中の様子

3. 3. 1. 職歴と業績

クニッピングは，明治 4 年（1871）3 月から東京大学法理文学部の前身校である大学南校に 3 人目の独国人教師として着任した．クニッピングが着任して 2 年後の明治 5 年（1872）4 月の南校時代のカリキュラムによると，彼は「独二ノ部」のクラスを担当し生徒は 14 歳から 21 歳まで 23 名を担当した．数学科目（算術，幾何学）の他に博物学，地理学，独語習得の授業である文典，書取，習字，作文の科目も担当した[20]．クニッピングは，着任した直後の授業の様子について『回想記』で次のように記している[21]．「最初の年は，授業時間は 9 時から 12 時までと，午後 1 時からと 4 時までであった[22]．私はそのあと，なお 4 時から 5 時まで助教師を教育しなければならなかった[23]．1 日 7 時間というのは日本の夏ではとても長い時間であった．というのは，午後になると気温はしばしば 30 度を超すのである．（途中省略）しばらくの間，私たち教師は 2 クラスを担当した．

1クラスは午前中にあり，もう1つは午後にあった．というのは，“生徒たちは6時間の授業に耐えられない”からである．その当時の，純日本式の文部当局は土着の昔ながらの日本式の学校というものを考えていた．そこでは，教師が朝から晩まで学校にいて，煙草を喫ったりお茶を飲んで過ごした．生徒はといえば与えられた課題を終わらせた者は，それぞれ1人ずつ教師の前に持ってゆくのである[24)]．」このような授業の様子について，クニッピングと同時期に福井藩の教師として着任した米国人グリフィス（Griffis, William Elliot Griffis. 1843-1928）や，この年の秋に東京医学校に着任した独国人ミュルレル（Müller, Benjamin Carl Leopold. 1824-1893）とホフマン（Hoffmann, Theodor Eduard. 1837-1894）もクニッピングと同様の印象を回想している．ホフマンとミュルレルは，課題を終わらせた生徒が，それぞれ1人ずつ教師のもとに持っていくという従来の教育方式から，教師が教室で一律の授業を行うという近代の教育体制への変更を行った．ミュルレルの回想によると，自分たちが講義の準備をしたり，講義録を作成することに対して日本人教師たちの印象を悪くし，彼らはヨーロッパの公使に至急便を送り，ヨーロッパでは教授たちが講義の準備をしたり，講義録を作ったりするのかを問い合わせまでした，という[25)]．東京医学校の両名の事例を見ても，お雇い外国人教師たちが，日本の従来の教育様式を欧米型に変更することには，大きな労力を必要としたようである．クニッピングが大学南校に着任した翌年に改称された第一大学区一番中学（明治5年（1872）8月から明治6年（1873）4月）の科目担当教師の一覧では，彼の担当は文学になっている[26)]．管見では，彼の文学の授業の具体的な内容，および引き継ぎ大学南校，南校時代に担当した数学以外の科目も教えていたかどうかの資料・文献・回想などは見出すことはできなかった．しかし，『回想記』にも文学を担当したという記述はないので，大学南校から引き続き数学などの科目を担当したと思われる．その後，彼は第一大学区一番中学の後に改称された東京開成学校において，明治8年（1875）7月に独語クラスが閉鎖されるまで，政府との雇用契約上での担当科目は数学と文学となっている[27)]．しかし，明治8年（1875）6月に行われた独語クラス閉鎖直前の試験問題によると，クニッピングは数学科目を担当しておらず，物理地理学（Physikalische Geographi）と測地学（Feldmessen）の科目を教えていた[28)]．この試験が終了した翌月にクニッピングは学校を解雇された．彼が31歳の時であった．クニッピングは着任直後，独国と日本の教育制度に違いに困惑したが，生徒たちの資質について，「概して，日本の学生たちはとても熱心で授業を受けていた．それは大変なもので，実際多くの学生たちが死物狂いで勉強した．」と日本人生徒たちの勉学に対する姿勢をこのように回想している[29]．また，中村精男（第三代中央気象台台長．安政2年(1855)-昭和5年（1930））は，クニッピングのことを「情誼に厚い人であった」と回想している[30]．管見では，クニッピングが授業で使用したテキストや，生徒たちの授業ノート，またクニッピングの授業の様子を記した生徒たちの回想録は存在しない．さらに，彼自身も授業の様子について『回想録』に全く記していない．その後，東京外国語学校（現在の東京外国語大学）に移り，この年の9月27日より1年間独語教師を勤めた[31]．

その後，クニッピングは明治9年（1876）7月から明治14年（1881）末まで，内務省駅逓寮に雇用され，「商船々長兼運転手試験官」，さらに船舶事故調査のための海難審判所のスタッフに雇用された．彼の仕事は，乗船歴4年未満の船員を対象にした試験問題を作成したり，4年以上船長の経験がある船長のための筆記試験を作成することであった．船長になるには，クニッピングの試験の他に同僚2人の試験に合格する必要があり，それに合格して晴れて日本の商船会社で仕事をする船長として資格証明書が与えられた[32]．クニッピング着任後，内務省駅逓寮では近代的，国際的な港湾規則が作成され，遭難事故の際の海難審判所の制度が導入された[33]．これらの進展・近代化に，航海士の資格を有するクニッピングの貢献があったことは容易に想像できる．彼がこの業務に従事していた間の最も重要な業績として，台風の研究があった．彼は明治11年（1878）から台風の研究に着手した．そこで知り合いの外国人船長シュターテンの協力を仰ぎ，すべての船長に刷込み書入様式の全紙を送り[34]，それらに記入してもらい返送してもらう，という依頼を行った[35]．この結果は，明治12年（1879）に「1878年9月の台風」というタイトルで発表した．中国および日本海域を往来している船長のほとんどすべては英語に熟達しているという事実を考慮して，多くの船舶関係者にこの論文を読んでもらい台風遭難被害を防ぐために，クニッピングはこの論文を英語で書いた[36]．また，この年に彼は独国の『水路学および海洋気象学年報』という専門雑誌にも，日本で遭遇した独国船舶と台風について「プリンツ・アダルベルト号と1879年9月10日から16日の台風」というタイトルで発表し，水路学，海洋気象学の研究者向けにも論文を発表した[37]．

このように気象研究，台風研究を行っていた彼は，明治15年（1882）1月1日付で，政府と気象事業の業務を行うための雇用契約を結んだ．はじめの6ヵ月間は調査と立案の仕事に従事した．クニッピングは7月1日には，これまで日本で使用されていた英国式計量単位の長さの単位インチ（inch），華氏温度（℉）を国際的計量単位である「ミリメートル（mm）」，「摂氏温度（℃）」の単位を導入した．

第三節　滞在中の様子

この年の9月から12月にかけて，気象測候所設置の場所を探し求めることと，そこの測候所の職員に気象観測を指導することを目的として，東京気象台勤務の正戸豹之助（1855-1938）と一緒に北は北海道から，南は鹿児島まで出張した．そして，翌明治16年（1883）2月16日，全国約40ヵ所の測候所が観測したデータが，はじめて東京中央気象台に気象電報で送られてきた[38]．毎日3回，午前6時，午後2時，午後9時に電報で送られてきた[39]．また，外国の5ヵ所の観測所と毎日2度，電報で気象データを報告しあっていた[40]．また，この年の5月26日には，日本で最初の暴風雨警報が発せられた．25日夜から27日にかけて，予報通り西日本は暴風雨となり，各港では船舶が避難したり出港を見合わせるなどして，海難事故を防ぐことができた[41]．そして，翌明治17年（1884）には，クニッピングの判断のもとで，日本で最初の全国天気予報が発信された．その内容は「Variable winds, changeable, some rain」というものであり[42]，全国の気象観測データをもとに出された天気予報として日本の気象観測上，記念すべき日であった．日本の気象観測，予報技術は，クニッピングの尽力により着々と技術力を高めていった．この天気予報が発信された4年後の明治21年（1888），気象学の権威でオーストリア・ウィーン中央気象研究所長ハン（Hann, Julius von. 1839-1921）は，日本の気象観測の状況について次のような論考を発表している．「地球上において，最近数ヵ年の日本という島国での実態ほど，気象研究がこれほど急速な進歩を示した例はなかった．そしてこの数ヵ年の間に得られた気象観測データの内容の豊富さは，かかる評価に妥当性を与えているだけではなく，その観測の信頼性と多様性についてもいえることである.」また，ハンは同じ論考に，日本が毎月発行していた報告書『月間概況』について「この刊行物は，気象学上ないし気候学上，誰にも大変興味があるものである．その年月別の気圧の最低値と最高値のグラフ，それに各月の等圧線や等温線，雨量表はきわめて示唆に富んでいる．そして，二，三の観測体制を一瞥しただけでも，観測結果が迅速に処理されていることが十分に汲み取れるのである.」と言及している[43]．当時の日本の気象観測の国際的なレベルが高かったことを示す証言である．日本の気象観測が世界的な学者に評価されるに至ったのは，クニッピングの尽力に負うものが大きかったと思われるが，ハンはクニッピングに言及していない．その理由はわからないが，当時の気象学の権威の学者にこのような評価を受け，クニッピングはこれまで自分がやってきたことが間違いなかったということを確信したことであろう．

クニッピングは，ちょうどハンの論考が発表された明治21年（1888）の初旬から 1 年間，ヨーロッパの気象観測所の視察旅行を兼ねて休暇を取り，一時帰省を果たした．彼はこの年の 4 月に 21 年ぶりの故郷クレーヴェに帰り，母親や姉たちと再会した．その後，彼はこの年の 11 月までの間に，米国，英国，蘭国，仏国，イタリアなど欧米各国の 28 ヵ所の観測所と中央機関を訪れ，欧米の最新の気象観測を視察し日本政府に提出する報告書を作成した．年末には故郷に戻り，家族でクリスマスを過ごした[44]．クニッピングの家族は，翌明治 22 年（1889）1 月 8 日にベルギーのアントワープ発の船に乗り，帰国の途に就いた．3 月 1 日に横浜に到着し，クニッピングは東京気象台の業務に復帰した[45]．そして，2 年後の明治 24 年（1891）3 月で東京気象台との契約を終了し，4 月に家族で独国に帰国した[46]．この時クニッピングは 47 歳であった．彼は『回想記』の中で，日本での 20 年間の滞在を次のように回想している[47]．「20 年間もいて，私の第二の故郷であり，また私たち家族たちが育まれた国であっても，それでもこの日本を立去らなければならなかったのであった．ただ，私たちが，なべて日本で大変気持ちよく生活できたということは確かなことだ．私は，個々の場合には恩知らずの仕打ちを受けたこともあるが，しかし大きな愛情や忠実さを感じたこともあり，またしばしば感謝されたことも経験した．」クニッピングは明治 3 年 4 月（1870）から 21 年間滞在し，東京大学の前身校で独語クラス 3 人目の教師として数学を教えたり，逓信省，気象台の職場で気象観測，天気予報の業務の先鞭を付け，それぞれの分野において日本の近代化，西洋化に貢献した．日本政府は，彼の功績を称え明治 21 年（1888）8 月 25 日に「日本帝国勲四等旭小綬章」，1891 年 6 月 14 日には「日本帝国勲三等瑞宝章」を授与した[48]．

クニッピングは日本滞在中に，同郷のアウグステ・ディンガー（Auguste Dinger. 1842–1901）と明治 5 年（1872）7 月に結婚し，東京で 5 人の子供に恵まれた[49]．アウグステとの結婚には次のようなエピソードがある．2 人の結婚が決まり，クニッピングは婚約者アウグステを日本に招く手紙を書いた．彼女の父は結婚を承諾したが，日本までの遠距離を娘一人で旅行させるわけにはいかないと反対した．そこで，クニッピングの長姉オイゲニーが同伴することで，義理の父から日本行き許しを得ることができたのである．そして明治 5 年（1872）7 月に 2 人は無事に結婚することができた．この時故郷から同伴して来日したオイゲニーは，クニッピングの南校から東京開成学校時代の同僚カール・シェンクと夫婦になった[50]．

3.3.2. 公務以外の業績

クニッピングは20年間の日本滞在中，東京大学の前身校，航海術の試験官，気象台のスタッフとして勤めてきたが，彼は忙しい職務の間に日本固有の気象，地震，地理などに興味を持ち，独自に研究を行っていた[51]．研究の中には職務に関係するものも含まれるが，彼はそれらの研究結果を7冊の著書，2編の日本地図，70編の論文を国内外の出版社，学術雑誌に発表した．その内訳は，地球科学（気象観測）に関する著書が2冊，論文が30編，地理（地理学一般，地図，地名）に関する著書7冊（2編の日本地図を含む），論文が10編，地球科学（気象学）に関する論文が9編，地球科学（気候誌）に関する論文が6編，さらに地震学，地震計，地震誌，温泉学に関する論文が合計9編，その他の分野のものが6編である[52]．この中から，日本の固有の研究材料で彼が興味を持ち，職務とは別の時間に行っていた気象学（気象観測），地震学（地震計の設計），日本地図作成を含む地理学の3分野の研究の様子について『回想録』の記述から紹介する．最初は，気象学（気象観測）についてである．クニッピングが気象観測に興味を持ったのは，1867年初旬に彼が日本に来る時に従事していた“クーリャ号”[53]に乗船している時であった．定期的に記録を取り始めたのは，明治元年（1868）にペトロパブロフスク港（Peterpaul. ロシア・カムチャツカ地方）で，一冊の気象日誌を偶然手に入れた時からであった．その時から，彼は時間を決めて風や天気や気圧を記入し始めた．その後，香港で浮秤と乾湿計を購入し，湿度や海水の重さも観測していた．その日誌が書き埋められると，ハンブルクの海洋気象台に送っていた[54]．クニッピングの妻アウグステは結婚のために来日することとなったが，その際，クニッピングは水銀気圧計や乾湿計など優れた観測器具や，公式表の付いたマニュアルを持参するように依頼している．この時，器具の選定を手伝ったのは，クニッピングのギムナジウム時代の数学教師のフェルテンであった．彼はギムナジウムの教師を経て，当時はベルリンにあるプロイセン統計局で気象観測を行っていた．クニッピングの妻が持参してきてくれたベルリン製の優れた気象観測用器具は，フェルテンが調達してくれたものであった[55]．クニッピングは『回想記』の中で，「私が東京で気象観測を指導し，日本での要職がともかく準備されていたのは，間接的には，ドクトル・フェルテンのおかげだった．」と感謝の気持ちを表している[56]．クニッピングは，明治5年（1872）10月から毎日，1日に3回，午前7時と午後2時，9時に自宅のある開成学校構内の教師館三番館で観測を始めた[57]．観測は南校の独語クラスの生徒である安藤清人，和田維四郎，村岡範為馳等が手伝った[58]．クニッピングは，観測結果を一覧表に記入しグラフにしたものを，定期的にベルリンのプロイセン王国帝国統計局へ送っていた．彼は，それを明治 8 年（1875）に東京に官立測候所（東京気象台）が設置され，自身の観測の必要性がなくなるまで続けた[59]．彼はこの観測作業を 3 年間，教師としての職務の時間外にボランティアとして行っていたのである．彼が観測したデータや観測内容については，プロイセン王国帝国統計局への報告だけではなく，日本国内の学術雑誌でも公開した．注 52）に記載した文献リストの中の「地球科学（気象観測）の分野で，明治 5 年（1872）から明治 8 年（1875）に発表されている "Meteorologische Beobachtung" という一連の論文がそれに該当する．明治 8 年（1875 年）に東京気象台が設置された以降，彼の役目はなくなり，研究の対象を気象観測から台風の研究へ移した[60]．

次に彼が興味を持ったは，地震学（地震計の設計）である．『回想記』に，その理由は言及されていない．彼は明治 5 年（1872）から明治 10 年（1877）にかけての観測によって，日本でお墨付きとされているすべての地震計が，何の役にも立たないことを実証した[61]．同様のことを大学南校，南校時代の同僚であったワグネルも考え，彼は明治 11 年（1878）に考案した新しい地震計の設計図を発表した．そしてクニッピングはこのワグネルの装置にヒントを得て，翌年に地震計に二重振子を利用したオリジナルの地震計を発表した[62]．それは，従来，水平方向に実働で 0, 05～0, 8 ミリの振れとして観測していたものが，クニッピングの地震計では同じ揺れを 1, 5～21 ミリの揺れとして観測でき，微小の地震の揺れの観測にも対応できるものであった[63]．その後，クニッピングとワグネルは地震計について研究してきたが，クニッピングはワグネルが考案した地震計を称えて，『回想記』で「地震観測における初めての大成功のきっかけ，ワグネルの指導による私の最初の有用な観測は，ワグネルの考えから発したものであった.」と言及している[64]．その後，工部省工作局で電信学教師をしていたお雇い英国人 T. グレー（Gray, Thomas. 生没年不明）が，クニッピングが最初にアイデアを出した二重振子と同じ原理を応用して，明治 13 年（1880）新しい地震計を制作した[65]．この年の 4 月に日本地震学会が創設され，研究が英国人たちにとって代わられ，独国人のワグネルやクニッピングの出る幕はなくなった[66]．しかし，注 52）の論文リストの中の地震関連の分野である「地球科学（物理地震学）」，「地球科学（地震計）」，さらに「地球科学（地震誌）」をみると，クニッピングは明治 13 年（1880）以降も，これらの分野の論文を数編発表しているので，彼は地震研究に興味は持ち続けていたようである．

彼が日本の固有の研究材料で彼が興味を持った 3 つ目の研究は，日本地図の作成を含む日本の地理学であった．『回想記』にその理由は言及されていないが，「明治7年（1874）から明治9年（1876）の2年間，私は全休暇時間を日本の大地図作成に費やした」とある[67]．しかし，この時期は大学南校，南校で教えていた公務の時間以外に，上述の通り気象学（気象観測），地震学（地震計の設計）を行っており，クニッピングの興味の広さと活動のバイタリティーには驚かされる．この地図は *Stanford's Library Map of Japan* というタイトルで，明治12年（1879）にロンドン（London）で刊行された[68]．クニッピングは，この地図作成の技術を高く評価され，数年後，駅逓総監の前島密より日本の郵便馬車連絡地図を改訂する業務を委託された[69]．クニッピングは，この業務を遂行していた際，自身で地図の投影図法を研究する一方で，駅逓局の地理学者の協力を得ることができ，三枚物の大図面に地球儀から経緯度線を映し出すことに成功した．この地図は *Hassensteins Atlas von Japan* というタイトルで，明治20年（1887）に独国のゴータ市（Gotha）にあるハーゼンシュタイン出版社（Hassenstein）から出版された[70]．

第四節　帰国後の足跡

クニッピング家族は，明治24年（1891）5月末にはすでに独国に帰国したようである．6月8日には，ブラウンシュバイク市（Braunschweig）で開催された「独国気象学協会（Deutsche meteologische Gesellschaft）」で“1889年2月と3月のサモア・ハリケーン（Die Samoa-Orkane　im Februar und März 1889）”という題名で講演を行っている[71]．その翌年，クニッピングはハンブルク海洋気象台に予算外（定員外）の補助員として採用され，7年後の明治31年（1898）には正式な補助員に昇格し，その2年後の明治33年（1900）には助手に昇格した．彼は明治42年（1909）に退職するするまでの18年間，技師として従事しながら6冊の著書，14編の論文の執筆を行った[72]．これらの著書及び論文のタイトルには，暴風（Sturm），大暴風（Orkan）や移動性低気圧（Cyklone. サイクロトロン），という船舶運航に重大な支障を及ぼす自然現象の言葉が，書籍2冊と3編の論文に含まれている．これは彼が帰国後に執筆した著書，論文のそれぞれ3割，約2割を占めている．著者は，クニッピングが日本での台風研究を生かし，ハンブルクでは海難防止，船舶の安全対策を念頭においた著書，論文を発表していたと思われる．特に，「地球科学（気象学）」のリストに記載されている著書2冊，論文7編の中で，これらの言葉を含んでいるのは著書で2冊，論文で2編を執筆しており，その傾向が顕著に表れている．明治28年（1895）9月5日には，リューベック自然科学者会議（Lübecker Naturforscher-Versammlung）において，「南熱帯緯度におけるサイクロトロンの観測発展史について—琉球島・那覇における観測をもとにして—"Zur Entwickelungsgeschichte der Cyklonen in subtropischen Breiten - Nach Beobachtungen in Naha auf den Liukiu-Inseln」という題名で，自身の日本でのサイクロトロン研究に基づいた講演を行っている[73)]．クニッピングの帰国後の著書，論文は気象学，地理学の分野がほとんどで，日本滞在中に取り上げていた地震学，温泉学，電気（電信）に関する分野のものはない[74)]．明治 27 年（1894），クニッピングがハンブルク気象台に勤めて 3 年目の 50 歳のときに，学術雑誌『水路と海洋気象学年報（*Annalen der Hydrographie und maritimen Meteorologie*）』の編集委員を依頼された[75)]．クニッピングのこれまでの研究が評価された結果，選任されたのであろう．彼は「レオポルディーナ・カロリーナ・独国帝国科学アカデミー（Kaiserliche Leopoldino Carolinischen deutsche Akademie der Naturwissenschafter)」及び「独国気象学会通信会員（Korrespondierende Mitglied der deutsche meteorologische Gesellschaft)」でもあった．そして，明治 42 年（1909）2 月，彼は 64 歳の時にハンブルク気象台を退職した[76)]．

退職の翌月に，米国・カリフォルニア在住の姉オイゲニーを訪ねる旅に出ている[77)]．大正元年（1912）に，クニッピングは住まいをハンブルクから故郷クレーヴェに移した．妻アウグステは，明治 34 年（1901）にすでに死去していた．そして大正 10 年（1921）には，キール（Kiel. 独国北部の港町）に住む子供のところに身を寄せていたが，翌大正 11 年（1922）11 月 22 日，78 歳で当地において生涯を閉じた[78)]．

注）

1)　注 3）の文献，p. 3 の「訳者まえがき」で，クニッピングの業績を紹介する研究としてこの 5 名の名前が挙げられている．5 名の論文は次の通りである．荒木秀俊："エルヴィン・クニッピング"，『日本気象学史』，河出書房，1941 年；堀内剛二："エルヴィン・クニッピングについて—明治初年一御雇外人技術者の事績—"，『科学史研究』，28，1954 年，p. 23-30；根本順吉："クニッピングの"日本気象論"，『測候時報』，29，3，1962 年，p. 84-86.；石山洋："エルヴィン・クニッピング—明治科学の恩人たち（25）—"，『科学技術文献サービス』，47，1977 年，p. 24-29.；岡田武松："三五　クニッピング氏"，『測候瑣談』，岩波書店，1937 年，p. 63-66．また，注 3）の文献，pp. 312-313 には，訳者たちが調査した邦文，欧文を含め 25 編のクニッピングに関する著書，論文が紹介されている．

2)　タイトルは "Aufzeichnungen aus meinem Leben für Kinder und Enkel" である．

3)　エルヴィン・クニッピング著，小関恒雄，北村智明訳編：『クニッピングの明治

注

日本回想記』，玄同社，1991 年．今後，本稿ではこの文献を『回想記』と記す．

4) クレーヴェは，現在独国・ノルトライン・ヴェストファーレン州（州都デュッセルドルフ（Land Nordrhein-Westfalen）に属し，蘭国との国境近くの少都市である．『回想記』，pp. 6–7.

5) 『回想記』，p. 21.

6) 『回想記』，pp. 22–23.

7) 『回想記』，p. 32；p. 36；p. 211.

8) 『回想記』，pp. 41–51.

9) 『回想記』，pp. 51–54.

10) 『回想記』，p. 56；pp. 216–217.

11) 『回想記』，p. 24；p. 70.

12) 『回想記』，p. 70；p. 217.『回想記』には，“クーリャ号”のオリジナルの綴りの記載はない．オリジナルの記載は，注 1）の岡田の文献，p. 64 を参照．

13) 『回想記』，p. 71.

14) 『回想記』，p. 217.『回想記』には，出港の時期を「1867 年の初め」と記述されており，具体的な出港時期はわからない．

15) 『回想記』，pp. 72–75.

16) 『回想記』，p. 75；p. 78.

17) 『回想記』，pp. 78–83.

18) 「第三章　第三節　長崎滞在から東京滞在まで」；『回想記』，pp. 78–83 を参照

19) 『回想記』，pp. 86–87；p. 100.；注 1）の岡田の文献，pp. 64–65. を参照．カデルリーについては，「第二章　第三節　明治新政府樹立後の東京大学前身校の英語，仏語，独語クラスの科学教師の変遷」を参照．

20) 東京帝国大学編：『東京帝国大学五十年史—上冊—』，非売品，1932 年，p. 230.；『回想記』，pp. 280–281.

21) 『回想記』，p. 107.

22) クニッピング着任直後の明治 5 年 4 月の南校時代の教育カリキュラム表（時間割）では，独語，英語，仏語の 3 言語クラスとも，月曜日から金曜日までの午前 7 時から 12 時までの毎日 6 コマの授業が行われていることになっている（東京帝国大学編：『東京帝国大学五十年史—上冊—』，pp. 214–232.）．クニッピングの回想によると，少なくとも独語クラスは，校則で午前中に 6 コマ行う授業を，午前と午後に分けて行っていたようである．

23) 助教師というのは，教師たちの授業を通訳した者たちのことと思われる．明治 5 年 4 月の南校時代の教育カリキュラム表（時間割）では，教官という役名になっている．「独二ノ部」を担当したクニッピングの教官は相原少助教あり，「独三ノ部」を担当したシェンクの教官は川上正光，「独四ノ部」を担当したグレーフェンの教官は山村徑基である．当時，最上位クラスであった「独一ノ部」を担当したローゼンスタンには教官の欄がないので，彼の授業には教官（通訳）がつかなかったと思われる．

24) 教師が授業をして，その内容を生徒が聴いてノートを取るという現在の教育状況

でなかったようである．クニッピングが回想している上述の「土着の昔ながらの日本式の学校」というのは，寺子屋のことであろう．

25)　グリフィス，ミュルレル，ホフマンの回想と医学教育授業の近代化については，小澤健志：“明治四年の佐賀藩医学校好生館のドイツ医学教育”，『佐賀大学地域学歴史文化センター研究紀要』，7，2013 年 3 月，p. 45 を参照．

26)　出版社不明：『第一大学区第一番中学一覧表』（明治 6 年 3 月）．

27)　しかし，ユネスコ東アジア文化研究センター編：『資料御雇外国人』，小学館，1975 年のクニッピングの頁によると，彼は明治 7 年（1874）4 月 29 日より「文学及び数学教師」とある．明治 7 年（1874）5 月に，東京開成学校と改称される．

28)　Tokyo Kaisei Gakko［東京開成学校］編：『The Calender of the Tokyo Kaisei-Gakko, or Imperial University of Tokyo. for the Year 1875』，1875，pp. 151-152 を参照．注 27）のユネスコ東アジア文化研究センター編の文献のクニッピングの頁によると，彼は明治政府との公式な雇用契約書で，東京開成学校で数学と文学を教授する契約を結んでおり，測地学と物理地理学の教授については契約を結んでいない．

29)　『回想記』，p. 131.

30)　注 1）の岡田の文献，pp. 65-66.

31)　『回想記』，p. 117.

32)　『回想記』，pp. 146-147.

33)　『回想記』，p. 148.

34)　『回想記』，p. 149 には「私はすべての船長に刷込み書入れ様式の全紙を送り」とあり，‘すべての船長’という意味が曖昧である．恐らく，日本に来航しクニッピングとシュターテンの両名が知り合った船長を指していると思われる．

35)　『回想記』，p. 149.

36)　『回想記』，p. 149; “The September Taifuns 1878”, *Mittheilungen der Deutschen Gesellschaft für Natur- und Völkerkund Ostasiens*, 2, 18, 1879, pp. 333-336. この他に（『回想記』の p. 314-317 に記載されている“クニッピング著作（関連）文献目録”の中の“1. クニッピング論文”を参照.）

37)　『回想記』，pp. 150-151. ; “Der “Prinz Adalbert”- Teifun vom 10. bis 16. September”, *Annalen der Hydrographie und maritimen Meteorologie*, 8, 1880, pp. 547-562; pp. 621-630. （『回想記』の p. 314-317 に記載されている“クニッピング著作（関連）文献目録”の中の“1. クニッピング論文”; 注）52）の地球科学（気象観測）の文献を参照.）

38)　『回想記』，p. 116; pp. 161-164.

39)　クニッピングが 1882 年（明治 15）6 月に発表した記事には「日本には 1881 年には 9 つの測候所しかなかった．その後，45 ヵ所の測候所が設置された．そのうち 40 か所の測候所は，電信によって毎日三度，午前六時，午後二時と午後九時に東京中央気象台に報告している.」とある（『回想記』，p. 219 に収録）.

40)　クニッピングが 1882 年（明治 15）6 月に発表した記事（『回想記』，p. 219 に収録）．クニッピングは 5 ヵ所の観測所名を記していないが，訳者注には「香港，廈門，上海のほか，釜山，ウラジオストックか.」と疑問形になっており，明確に言及されていない（『回想記』，p. 222.）.

41）『回想記』，pp. 164–166.；『東京横浜毎日新聞』（明治16年6月1日付）を参照.

42）『回想記』に掲載されている天気予報の写真より.

43）『回想記』，pp. 219–220.；Hann, Julius von：“Über die Temperatur-und Regenverhältnisse Japanischen Inseln”, *Petermanns Geographische Mitteilungen*, 34, 1888, pp. 289–296.

44）『回想記』，pp. 184–193.；p. 220.

45）『回想記』，pp. 193–194.

46）『回想記』，p. 206.

47）『回想記』，p. 206.

48）『回想記』，p. 216.

49）『回想記』，pp. 18–19.

50）「第五章 第一節　はじめに」を参照．注27）のユネスコ東アジア文化研究センター編の文献のクニッピングの頁によると，クニッピング婦人オイゲニー（Knipping, Eugenie）と文部省は，明治5年（1872）8月1日より明治6年（1873）1月まで，東京府の女学校教師として契約している．しかし，クニッピング婦人の名前はアウグステであるので，注27）のユネスコ東アジア文化研究センター編の文献の記述は，クニッピングの姉が正しい.

51）『回想記』，p. 125によると，彼が行った研究は「気象観測，気圧計による高度測定，水路学，地図作成，踏査路迅速作成法，磁気測定，地震および地震観測，面積測定法，実用気象学，統計学，台風，気象電報に基く暴風警報，日本の気象法規，日本の梅雨等々」の分野にわたる.

52）このリストの作成は，“クニッピング著作（関連）文献目録”（『回想記』，pp. 313–317）；Friedrich von Wenckstern：*Bibliography of the Japanese Empire*, London, 1895；渡辺正雄編：『改訂　明治前期学術雑誌論文記事総覧—明治前期学術雑誌論文記事集成別巻—』，ゆまに書房，1990年.；欧米の図書館蔵書を検索できる独国・カールスルーエ工科大学図書館（www.ubka.uni-karlsruhe.de/kvk.html）の検索システムをもとにしている．クニッピングは「1878年から1881年にかけて，（小澤注：途中省略）Gotha. general. Hofkalender誌，Wagners u. Behm's Bevölkerung der Erde誌，Bericht. brit. Admiralitätskarte.誌に数編投稿した.」と回想しているが（『回想記』，p. 218），これらの雑誌の正式タイトルは，それぞれ『Gothaisher generalogischer Hofkalender誌』，『Bevölkerung der Erde誌』（WagnerとBehmの両者で編集），『Britischen Admiralitätskarte誌』と思われる．これらの雑誌に掲載された論文は，著者がリストを作成するにあたり参考にした上述の文献で紹介されておらず，さらに，著者が行なった調査でも見つけることができなかった．クニッピングがこれらの雑誌に，まだ我々には知られていない当時の日本の気象学，地震学，地理学等の実情を知る手掛りになる論文を発表している可能性がある．これらの論文を入手し，内容を精査することによって，クニッピングの日本における新しい業績・貢献を発見できる可能性がある．これらの研究は，著者の今後の課題である．以下のリストにおける研究分野の分類は，上述の渡辺の文献の分類方法（日本図書協会：『日本十進分類法』（新訂 7 版）に準拠している（渡辺の文献，p. VI）．論文内容の内訳と文献のタイトルを，発表された年代順に記す．以下において本章では，*Mittheilungen der Deutschen Gesellschaft für Natur- und Völkerkund Ostasiens* の雑誌を *Mittheilungen* と記す．また，クニッピングとの共著，クニッピング編（ed.）などの場合を除いて，著者名 Erwin Knipping は省略する．ドイツ東亜文化研究協会（Deutschen Gesellschaft für Natur- und Völkerkund Ostasiens）の設立についての論文は，次の 1 編である．Erwin Knipping："Gründung der Gesellschaft 22. März 1873", *Mittheilungen der Deutschen Gesellschaft für Natur- und Völkerkund Ostasiens*, 1, 1, 1873. 5. 産業の分野は，論文 1 編である．"Die zweite japanische National-Ausstellung", *Petermanns Geographische Mitteilungen*, 27, 1881, pp. 287-288. 天文学（地球）の分野は，論文 3 編である．E. Lepissier, E. Knipping, Ritter und M. v. Brandt："Höhen Bestimmungen in Japan", *Mittheilungen*, 1, 3, 1873. 9., pp. 5-10.；"Einige Höhen Bestimmungen", 1, 6, 1874. 12., pp. 52-54.；"Das Tokio—Sendai Nivellement", *Mittheilungen*, 2, 14, 1878, p. 118-119. 地球科学（気象学）の分野は，論文 9 編である．："Vergleichung Meteorologischer Instrumente", *Mittheilungen*, 2, 17, 1879, pp. 300-302.；"Meteorology of Japan, by E. Knipping, at the Seismological Society of Japan", *Nature*, 30, 1884. 9. 11., p. 478.；"E. Knipping on the weather telegraphy in Japan, *Mittheilungen der Deutschen Gesellschaft für Natur- und Völkerkund Ostasiens, Sept. 1884*", *Science*, 4, 96, 1884. 12. 5., pp. 521-522.；"Knipping's paper on weather telegraphy in Japan *Mittheilungen der Deutschen Gesellschaft für Natur- und Völkerkund Ostasiens, Heft 31*", *Nature*, 31, 1885. 1. 1., pp. 202-203.；"Notes on the Meteorology of Jpapan", *Transaction of the Seimological Society of Japan*, 8, 1885, pp. 86-89.；E. Knipping und K. Kawashima："Japanische Wetterregeln", *Mittheilungen*, 4, 35, 1886. 11., pp. 223-229.；イー・クニッピング："日本気象論"，『日本地震学会報告』，4，1887．3，pp. 1-9．この論文は，上述している地球科学（気象学）のリストにある論文 "Notes on the Meteorology of Jpapan" を和訳したものである（『回想記』，p. 251）．；"Die Juni-Regen in Japan 1885 und 1886", *Annalen der Hydrographie und maritimen Meteorologie*, 15, 1887, p. 38-39.；"Zur Form der Cyklonen", *Annalen der Hydrographie und maritimen Meteorologie*, 18, 1890, pp. 103-107.
地球科学（気象観測）の分野は，著書 2 冊，論文 30 編である．"Meteorogische Beobachtungen für October 1872 bis März 1873", *Mittheilungen*, 1, 1, 1873. 5., pp. 3-4.；"Meteorogische Beobachtungen", *Mittheilungen*, 1, 2, 1873. 7., p. 8.；"Meteorogische Beobachtungen", *Mittheilungen*, 1, 3, 1873. 9., p. 14.；"Meteorogische Beobachtungen 1873", *Mittheilungen*, 1, 4, 1874. 1., p. 47.；"Meteorogische Beobachtungen 1874", *Mittheilungen*, 1, 5, 1874. 1., p. 40.；"Meteorogische Beobachtungen 1874", *Mittheilungen*, 1, 6, 1874. 12., p. 71.；

"Meteorogische Beobachtungen 1874-1875", *Mittheilungen*, 1, 7, 1875. 6., p. 41.; "Meteorogische Beobachtungen 1875", *Mittheilungen*, 1, 9, 1875. 3., p. 63.; "Meteorogische Beobachtungen", *Mittheilungen*, 1, 10, 1876. 7., p. 38.; "Local-Attraction beobachtet auf dem Gipfel des Futarasan (Nantaisan)", *Mittheilungen*, 2, 12, 1877, p. 35.; "Meteorogische Beobachtungen", *Mittheilungen*, 2, 13, 1877, pp. 107-108.; "Versuch, das in Tokio wahrscheinlich zu erwartende Wetter nach taeglich Beobachtungen abzugeben", *Mittheilungen*, 2, 14, 1878, pp. 146-150.; "Wetter-Beobachtungen", *Mittheilungen*, 2, 14, 1878, p. 162.; "Meteorologische Beobachtungen", *Mittheilungen*, 2, 15, 1878, pp. 226-227.; "Meteorologische Beobachtungen", *Mittheilungen*, 2, 16, 1878. p. 272.; "Meteorologische Beobachtungen", *Mittheilungen*, 2, 17, 1879, p. 332.; "The September Taifuns 1878 with 12 charts and 1 diagramm", *Mittheilungen*, 2, 18, 1879, pp. 333-366.; *The September taifuns 1878—in the China and Japan seas—*, Buchdruckerei des "Echo du Japon", Yokohama, 1879.; "Typhoons in Japan studied by K. Knipping", *nature*, 21, 1879. 12. 11, p. 142.; "Der "Prinz Adalbert"-Teifun vom 10. bis 16. September 1879 ", *Annalen der Hydrographie und maritimen Meteorologie*, 8, 1880, pp. 547-562; pp. 621-630.; "The great Taifun of August 1880 (19 to 27th) with a chart and dragrams", *Mittheilungen*, 3, 23, 1881. 3., pp. 90-102.; "The great Taifun of August 1880 (Fortsetzung)", *Mittheilungen*, 3, 24, 1881. 7., pp. 166-170. ; クニッピング："千八百七十九年九月十日ヨリ十六日迄ノ間独逸艦プリンス，アダルベルト号ノ大風ノ事及ヒ該大風ニ付気象学上ノ観測ニ千八百七十九年九月一日及ヒ二日豊嶋丸大風ノ附録"，『颶風記事』，海軍水路局，1882年．；クニッピング："一千八百八十年風記録颶風記事　千八百八十年八月ノ大風"，『颶風記事』，海軍水路局，1882年．; E. Knipping (ed.) : *Itinerar-Skizze einer Sommerreise von Nikko oder Hachiishi durch Iwashiro und Echigo und zurück durch Kotsuke & Shimotsuke—nach eigenen Aufzeichnungen von E. Knipping—*, 1879, Justus Perthes, Gotha, 1882.; "Two storms in Japan by E. Knipping in the Japan Mail", *nature*, 29, 1883. 11. 29., p. 112.; "Der Schneesturm von 30. Januar bis Februar 1886", *Mittheilungen*, 4, 34, 1886. 4, pp. 188-192.; "Taifunbahnen bei Japan, nebst Winken zum Manövriren", *Annalen der Hydrographie und maritimen Meteorologie*, 5, 1887, p. 112-117.; "Erweierung des K. japanischen Stationsnetzes", *Meteorologische Zeitschrift*, Heft2. 1888. 2., pp. 82-83.; "Mittheilung ueber das japanische meteorologische Stationsnetz und die Veroeffentlichungen des kais. Japan. Central-Observatoriums", *Mittheilungen*, 5, 42, 1889, pp. 80-82.; "Korrespondirende Beobachtungen auf dem Gozaishogadake und in Yokkaichi, Japan", *Meteorologische Zeitschrift*, 7, 1890, pp. 188-191.; "Korrespondirende Beobachtungen auf der Fuji-Station und an den drei Tieflandstationen vom 4-6 September 1887", *Meteorologische Zeitschrift*, 8, 1891, p. 426. 地球科学（気候誌）の分野は，論文6編である．"Die Wettertelegraphie in Japan mit einer

Beilage", *Mittheilungen*, 4, 31, 1884. 9, pp. 11-17. ; "日本近海颶風論　附颶風避航法", 『気象集誌』, 7, 1, 1888, pp. 37-47. ; "日本近海颶風論　附颶風避航法", 『気象集誌』, 7, 3, 1888, pp. 190-205. これら2編の日本語の論文は, 上述の地球科学（気象観測）のリストの中の1887年の論文を和訳したものである（『回想記』, p. 251）. ; "Der Föhn bei Kanazawa with plate", *Mittheilungen*, 5, 44, 1890, pp. 149-156.; "Temperatur und Winde an der Ostküste von Yezo (Japan)", *Meteorologische Zeitschrift*, 7, 1890, p. 77.; "Der Wolkenbruch auf der Kii-Halbinsel, Japan, am 19. August 1889", *Meteorologische Zeitschrift*, 1890. 8., pp. 291-296. 地球科学（海洋学, 陸水学）の分野は, 論文1編である. "Zur Strömungsgrenze im Norden von Formosa", *Mittheilungen*, 1, 5, 1874. 7., pp. 27-28. 地球科学（物理地震学）の分野は, 論文4編である. "Verzeichniss von Erdbeben", *Mittheilungen*, 2, 14, 1878, pp. 109-118.; "Einige Angaben ueber die vier letzten starken Erdbeben in Tokio", *Mittheilungen*, 2, 20, 1880. 5., pp. 442-444.; "Verzeichniss von Erdbeben, Wahrgenommen in Tokio von Nov. 1877 bis März 1881", *Mittheilungen*, 3, 24, 1881. 7., pp. 174-176.; E.Kinipping und H. M. Paul : "Recommendation as to Plan of Seismological Observation", *Transaction of the Seimological Society of Japan*, 6, 1883, pp. 1-6; pp. 36-39. 地球科学（地震計）の分野は, 論文1編である. "Der Wagenersche Erdbebenmesser", *Mittheilungen*, 2, 17, 1879, p. 318. 地球科学（地震誌）の分野は, 論文3編である. "Summary of Observations, made with Dr. G. Wagener's Seimometer", *Transaction of the Seimological Society of Japan*, 1, Part 1, 1880. 4-6, pp. 71-72.; "Beobachtung der Modalitaet des Erdbebens vom 25th 1880 am Wagenerschen Erdbebenmesser", *Mittheilungen*, 3, 22, 1880. 12., pp. 52-53.; "Observation of the nature of the Earthquarke of July 25th, 1880 by means of Dr. G. Wagener's seimometer", *Transaction of the Seimological Society of Japan*, 3, 1881, pp. 1-12; pp. 107-110. 地球科学（温泉学）の分野は, 論文1編である. "Temperatur von Brunnenwasser in Japan", *Mittheilungen*, 2, 15, 1878, pp. 223-224. 電気（電信）の分野は, 論文は1編である. "Die K. J. Telegraphenaemter", *Mittheilungen*, 2, 20, 1880. 5, pp. 421-422. 地理（地理学一般, 地図, 地名）の分野は, 著書7冊, 論文は10編である. "Ueber eine neue Karte von Japan und ihre Quellen", *Mittheilungen*, 2, 1876. 11, pp. 20-24.; *Skizze des weges von Tokio nach Yumotto (Nikko Berge) nach eigenen Aufzeichnungen*, engraving Company, Tokio, 1876.; "Bemerkungen zur Kartenskizze des Weges von Tokio bis Yumoto (Nikko-Berge) und zurück bis Matsudo am Yedogawa", *Mittheilungen*, 2, 12, 1877, pp. 61-63.; "Areal des japanischen Reiches", *Mittheilungen*, 2, 14, 1878, p. 120.; "Der Flächeninhalt von Yezo und den Kurilen", *Mittheilungen*, 2, 14, 1878, p. 120.; E. Knipping (ed.) : *Itinerar-Skizze von Ozaka nach Nara, Ominesanjo und Kioto*, Justus Perthes, Gotha, 1878.; "Ueber die Genauigkeit der Jissoku Nippon Chidzu Kampan", *Mittheilungen*, 2, 16, 1878, p. 224.; "Reisen und Aufnahmen zwischen Ozaka, Kioto, Nara und Ominesanjo in Nippon",

Petermanns Geographische Mitteilungen, 24, 1878, pp. 137-141.; "A new map of Japan compiled by Knipping", *nature*, 20, 1879. 10. 30, p. 630.; E. Knipping (ed.): *Itinerar-Skizze des Nakasendo von Otsu bis Tokio nach eigenen Aufzeichnungen von E. Knipping, 1875. 1 : 250 000 Red*, Justus Perthes, Gotha, 1879.; E. Knipping (ed.): *Stanford's Library Map of Japan, Principally complied from Japanese documents*, E. Stanford, London, 1879.; J. J. Rein and E. Knipping,: *Der Nakasendo in Japan*, J. Perthes, Gotha, 1880.; E. Knipping (ed.): *Itinerar-Skizze von Kanagawa nach dem Oyama und Hakone-Gebirge bis Mishima und Subashiri*, Justus Perthes, Gotha, 1881.; "Von Kanagawa nach dem Oyama und Hakone Gebirge", *Petermanns Geographische Mitteilungen*, 27, 1881, pp. 287-288.; "Reise durch den mittleren gebirgigen Theil der Hauptinsel von Japan", *Petermanns Geographische Mitteilungen*, 28, 1882, pp. 81-84.; E. Knipping (ed.): *Atlas von Japan*, Hassenstein, Gotha, 1885; "Der Kawaguchi-See", *Mittheilungen*, 5, 47, 1892, pp. 309-313.

53) 『回想記』, p. 115.

54) 『回想記』, p. 115. クニッピングがこの『回想記』を書いた当時（1912年頃），クニッピングが送ったこの気象日誌は，該気象台に「D. Courier」という資料名で残されていたという（同文献，p. 115; p. 212; p. 217）．この資料名は，彼が来日する時に乗船してきたクーリャ号（Courier）にちなんだ名称だと思われる．

55) 『回想記』, p. 25; p. 115.

56) 『回想記』, p. 25.

57) 『回想記』, p. 125を参照．これによると，クニピング宅は「北緯35度41分，東経139度47分」とある．クニッピング宅で行った明治5年（1872）10月から翌年3月までの観測結果は，学術雑誌Mittheilungenの創刊号に掲載された（注52）の文献リストの「地球科学（気象観測）」の中の論文"Meteorogische Beobachtungen für October 1872 bis März 1873"）．さらに，『回想記』，pp. 115-116を参照．

58) 注1）の岡田の文献，p. 65を参照．安藤，和田，村岡については「第二章　第四節　言語別クラスにおける科学科目の教育状況―独語クラスを中心に―」の「2. 4. 4. 独語クラス閉鎖後の生徒たちの足跡」を参照．

59) 『回想記』, p. 116.

60) 『回想記』, p. 116.

61) 『回想記』, p. 153. 彼が実証した論文は，注52）の文献リストの「地球科学（物理地震学）の分野に記述している1878年に発表した"Verzeivhniss von Erdbeben"である．

62) 『回想記』, p. 153. ワグネルが発表した論文は，G. Wagener: "Ueber Erdbebenmesser und Vorschlaege zu einem neuen Instrumente dieser Art", *Mittheilungen*, 2, 15, 1878, pp. 216-223. ワグネルについては，本稿「第三章　お雇い独国人理化学教師G. ワグネルの生い立ちと修学歴について」を参照．また，クニッピングの論文は，注52）に記載した文献リストの「地球科学（地震計）の分野に記述している1879年に発表した“Wagenersche Erdbebenmesser”である．

63) 『回想記』，p. 153.；注 52）に記載した文献リストの「地球科学（物理地球学）の分野に記述している1880年に発表した論文“Einige Angaben ueber die vier letzten starken Erdbeben in Tokio”を参照．

64) 『回想記』，p. 153.

65) 『回想記』，p. 153.『回想記』の中で，グレーが作成した地震計の論文が1880年に発表されたことが記述されている．注 52）の渡辺正雄の文献によると，1880年に発表された論文は，次に挙げる1編のみである．Gray, Thomas：“On a Seimometer and a Torsion Pendulum Seismograph”, *Transaction of the Seimological Society of Japan*, 1, part1, 1880, pp. 44-51+図表2．これは，『回想記』の中で言及されている論文に間違いないと思われる．

66) 『回想記』，p. 153.

67) 『回想記』，p. 126.

68) 『回想記』，p. 126．さらに，注 52）に記載した文献リスト「地理学（地理学一般，地図，地名）」を参照

69) 『回想記』，pp. 126-127.

70) 『回想記』，pp. 126-127.『回想記』の本文（p. 127）には，この地図は1887年に出版されたと記述されているが，“クニッピング著作（関連）文献目録”（『回想記』，p. 314）では，Atlas von Japan というタイトルで，出版社も出版地も同じで本文に記載されている出版年より2年早く，明治18年（1885）に刊行されていることを記述しておく．

71) 注 22）のリストの「地球科学（気象学）の分野」を参照．

72) 帰国後のクニッピングについては，『回想記』，pp. 210-211；pp. 221-222．を参照．また，彼が帰国後に発表した著書，論文のリストの作成は，Friedrich von Wenckstern：*Bibliography of the Japanese Empire*, London, 1895.；注 52）のカールスルーエ工科大学図書館の検索システムをもとにしている．このリストには，初版の書籍のみを載せており，重版，また別の出版社から類似したタイトルで出版され，書籍の内容も類似していると思われる書籍も含んでいない．さらに調査したところ，論文の抜き刷り書籍にしたものも多く散見されるが，それは，論文としてのみリストに記述し，書籍としては載せていない．また，分類はクニッピング来日中のリスト（注 52）に準ずる．『回想記』には，帰国後に発表した文献のリストは記載されていない．海運，造兵（船舶）の分野は，論文3編である．“Einiges über die Entwickelung der japanischen Schiffart”, *Hansa*, Hamburg, 32, 4, 1895, pp. 315-316；pp. 327-329.（小澤注：この論文は，次の *Ostasiatischer Lloyd* で発表した論文のオリジナル版．）；“Zur Entwicklung der japanischen Schiffart”, *Ostasiatischer Lloyd*, Shanghai, 4, 1895, pp. 902-904.；“Sprünge in der Temperatur des Meerwassers”, *Annalen der Hydrographie und maritimen Meteorologie*, Januar. 1906, pp. 18-23．天文学（地球）の分野は，著書1冊である．*Seetafeln—mit Bemerkungen und einem Anhang eine Auswahl von Formeln und Beispielen enthaltend—*, Niemeyer, Hamburg, 1903．地球科学（気象学）の

分野は，著書２冊，論文７編である．*Die Samoa-Orkane im Februar und März 1889. Vortrag gehalten vor der Versammlung der Deutschen meteorologischen Gesellschaft in Braunschweig am 8. Juni 1892*, Berlin, 1892.；"Die Samoa-Orkane im Februar und März 1889", *Annalen der Hydrographie und maritimen Meteorologie*, 20, 1892. 8., pp. 267–275.；"Ueber die Häfigkeit, Bewegung und Tiefe der barometrischen Minima in Japan", *Meteorologische Zeitschrift*, 1892. 8., pp. 281–287.；*Die tropischen Orkane der Südsee zwischen Australien und den Paumotu-Inseln*, Deutsche Seewarte, Hamburg, 1893.；"Die jährliche Periode der mittleren Richtung der Winde, unteren und oberen Luftströmungen in Japan", *Nova Acta*, 61, 3；*Nova acta Academiae Caesareae Leopoldino-Carolinae Germanicae Naturae Curiosorum*, 61, 3, Halle, 1894, pp. 220–288.；"Das Wetter zwischen dem La Plata und Kap Horn im Juli 1890", *Annalen der Hydrographie und maritimen Meteorologie*, 1897. 5.；"Zum Klima von Nauru", *Annalen der Hydrographie und maritimen Meteorologie*, 1899. 7., pp. 369–377.；"Sturmtabellen für den Atlantischen Ozean", *Annalen der Hydrographie und maritimen Meteorologie*, 29, 1901, Beihefte 1.；"Das Wetter auf dem Nordatlantischen Ozean vom 5. bis 19. Dezember 1902", *Annalen der Hydrographie und maritimen Meteorologie*, 1903. 3., pp. 89–100. 地球科学（気象観測）の分野は，論文１編である．"Einige Beobachtungen über Luftdruckschwankungen an Bord", *Annalen der Hydrographie und maritimen Meteorologie*, 1899. 2., pp. 65–68. 地球科学（気候誌）の分野は，著書２冊，論文１編である．"Zur Entwickelungsgeschichte der Cyklonen in subtropischen Breiten - Nach Beobachtungen in Naha auf den Liukiu-Inseln. Vortrag, gehalten auf der Lübecker Naturforscher—Versammlung, September 1895—", *Annalen der Hydrographie und maritimen Meteorologie*, 1895. 9.；*Ein Führer durch die meteorologischen Schiffstagebücher der Seewarten oder die Veröffentlichung von Auszügen daraus—Inhalt, Form und Verwendung der Auszüge：nebst besonderem Arbeits- und Kostennachweis für die Deutsche Seewarte in Hamburg—*, Deutsche Seewarte；Aus dem Archiv der Deutschen Seewarte und des Marineobservatoriums, Hamburg, 1896.；*Seeschiffahrt für Jedermann*, Niemeyer, Hamburg, 1898. 地球科学（海洋学，陸水学）の分野は，著書１冊である．E. Knipping (ed.)：*Justus Perthes' see-atlas：Eine erganzung zu Justus Perthes' Taschen-Atlas, entworfen und bearbeitet von Hermann Habenicht—mit nautischen Notizen und Tabellen von Erwin Knipping—*, Justus Perthes, Gotha, 1894. 地理（地理学一般，地図，地名）の分野は，論文２編である．"Erwiderung", *Geographische Zeitschrift*, 4, 10, 1898. 1. 1, pp. 597–599.；"Achtzehn Reisen von Kapt. R. Hilgendorf zwischen Hamburg und Südamerika", *Annalen der Hydrographie und maritimen Meteorologie*, 1898. 12.

73）注72）の論文リストの「地球科学（気候誌）の分野」を参照．

74）注72）の論文リスト；日本滞在中のリスト注）52）を参照．

75)　『回想記』, p. 210 には, 「1894 年には『水路学年報』の編集を引き受けた.」と言及しているが, 注 52) のカールスルーエ工科大学図書館の検索システムで調べたところ, 管見では『水路学』の直訳である *Annalen der Hydrographie* という雑誌は存在していない. 正しくは『水路学と海洋気象学年報 (*Annalen der Hydrographie und maritimen Meteorologie*)』と思われる.

76)　『回想記』, p. 210.

77)　『回想記』, p. 211 には「1909 年 3 月, 近親者を訪ねてカリフォルニアへ旅立つ.」とある. オイゲニーの夫カール・シェンク (Schenk, Carl) は明治 38 年 (1905 年) にすでに死去していたので (「第 5 章 第三節　シェンクの最後」を参照), クニッピングの訪問の目的はその弔いもあったと思われるが, 『回想記』にはシェンクの死に関連する記述はない. クニッピングはこの訪問で, 5 年ぶりに長姉オイゲニー (Eugenie) と姪のオイゲニア (Eugenia) に再会した (「第 5 章 第二節 離日後の足跡」を参照).

78)　『回想記』, p. 212.

第五章　化学及び鉱物学教師 C. シェンク

第一節　はじめに

カール・アウグスト・シェンク（Carl August Schenk）は，1838 年 2 月 20 日に，独国南西部バーデン・ヴュルテンベルク（Baden-Württemberg）州のアーレン（Aalen bei Schwäbische Gmünd）という町で生まれた．父クリスチャン・ゴットローブ（Christian Gottlob）は，バッサーアルフィンゲン区（Wasseralfingen）の鉱山労働者で，貯炭次長級監督官（Untersteiger）を務めていた．母はアンナ・レギナ（Anna Regina）であった[1]．シェンクは 3 人兄弟の次男として生まれ[2]，2 月 23 日に地元のプロテスタント教会でキリスト教の洗礼を受けた[3]．

シェンクは，少年時代をアーレンで過ごし，シュトゥットガルトの高等工業学校で架け橋建築と鉱物学を勉強した．シェンクの親族の間では，彼の学生時代のエピソードが伝えられている．彼は 2 頭立ての馬車に乗って通学していた．そして，2 匹の愛犬を講義室まで連れて入って講義を聴いていた．彼は浪費癖があり，毎晩遅くまで友人たちとお酒を飲んでいた[4]．修学後，シェンクはシュトゥットガルト（Stuttgart）で鉱山技師として従事したようである[5]．その後，1860 年，22 歳の時に渡米し合衆国軍に入隊した．当初は一兵卒であったが，のちに工兵部隊（Corps of engineering）に所属した[6]．

シェンクの来日年月は不明であるが，1871 年（明治 4）10 月に 31 歳の時に南校教師として東京で雇用され[7]，明治 8 年（1875）12 月まで日本に滞在した．シェンクは南校教師として川上正光とともに独三ノ部クラスにおいて，算術（数学）と地理学などの授業を担当し[8]．翌明治 5 年（1872）8 月，南校は第一大学区第一番中学と名称が変更になった．この時彼は化学の専任教師になった．シェンクは東京大学前身校における「最初の化学専任教師の一人」になった[9]．南校までのお雇い教師たちはクラス担当制で，生徒たちにすべての科目を教えていたが，第一番中学以降，東京大学前身校には科目別に担当教官が配置されるようになったのである．この年の 8 月はシェンクにとってもう 1 つ忘れられない出来事があった．それは職場の同僚の E. クニッピング（Knipping, Erwin Rudolph Theobald. 1844-1922）の姉オイゲニー（Eugenie. 1843-1912 頃）と結婚したことである．彼女は，明治 5 年（1872）8 月 1 日より明治 6 年（1873）1 月まで，東京府の女学校教師に従事していた[10]．

明治6年（1873）4月には，第一大学区第一番中学は開成学校と名称が変更になり，この学校で鉱物学の講義が始まったが，シェンクはこの科目を担当した．彼は，東京大学前身校における「最初の鉱物学教師」になった[11]．この4年前の明治2年（1869）には，仏国人鉱山技師コワニー（Coignet, François. 1837-1902）によって生野鉱山学校が設立され，彼によって日本最初の近代鉱物学の教授が行われていた．しかし，コワニーが行ったのは，現場学校における鉱山学の授業であり，シェンクが行なったような東京大学理学部の前身校における高等教育的・学術的な講義とは異なる[12]．シェンクが在職した当初の設備はきわめて貧弱で，外国から買った鉱物学の標本150個程度と岩石と化石の標本が150個程度あるだけで，書物にいたっては，ヨハネス・ロイニスの『博物学』[13] が1冊しかなかった．結晶模型がなかったので，生徒たちはさつま芋や石鹸，板紙などを切って作っていた[14]．

翌明治7年（1874）5月，開成学校は東京開成学校と名称が変更になり，この学校に鉱物学科が設置された．しかし，この学校は政府の方針で独語と仏語のクラスを廃止し，英語クラスのみの存続を決定していた．しかし，これまで仏語と独語で学んできた生徒たちをすぐに英語クラスに変更する訳にもいかずに，暫定的に学校は仏語クラスの生徒のために「諸芸学科」を設置し，独語クラスの生徒のために「鉱物学科」を設置した．鉱物学科といっても鉱物学を専門に学ぶ訳でなく，鉱物学の科目を含め，これまで通り科学全般の科目も教授された．独語クラスの名称が鉱物学科に決定された確かな理由はわからないが，当時，義理の兄弟であり，同僚教師で数学を教授していたクニッピングは，シェンクが鉱物学者であったために，彼に合わせて政府が鉱物学科という名称に決定したのではないかと推測している[15]．独語クラスの生徒たちは，英語クラスへの転籍か退学，または他学校への転籍を強要されたのである．生徒の多くはそれに従ったが，独語クラスでシェンクの講義を聴いていた和田維四郎は，鉱物学の勉強を棄てられずにこの学校を退学した．しかし，シェンクは和田の才能を認めていたため，当時弱冠19歳であった和田を東京開成学校の助教として働けるように推薦した[16]．当時，すでに廃止が決定していた鉱物学科であるが，そのような状況の中で，シェンクや和田たちにとって嬉しい出来事があった．それは大阪理学校の廃校に伴い，この学校がこれまで所有していた鉱物標本600個，クランツの結晶模型120個，蔵書などがシェンクのもとに移管されてきたのである．さらに校内に，鉱物学の実験室も新設された[17]．生徒たちにとって鉱物学を学ぶ環境が大きく好転した．シェンクをはじめ生徒たちにとっても，学科廃止直前に，つかの間の充実した設備の中で講義を行うことができたと思われる．鉱物学科の同僚のクニッピングの後年の回想によれば，シェンクは在職中大変熱心な教師であった[18]．

明治8年（1875）7月15日，シェンクは4年間にわたる雇用契約を終了し[19]，12月に妻と共にサンフランシスコに旅立った[20]．この時，シェンクは37歳であった．シェンクは滞在中，著書は発表していないが，2編の独語の論文を日本国内で発表した．共に鉱物学に関する論文で，題目は「日本で一般に使われている地表ドリルについて」と「甲府から黒平の石英の結晶抗と水晶抗までの旅行について」である．2編とも帰国の3ヵ月前に発表している[21]．彼が滞在中に購入した日本の写真集を独国本国の妹に贈っており，親族のもとに大切に保管されている[22]．

第二節　離日後の足跡[23]

シェンクは4年間日本に滞在した後に再度渡米し，湾岸会社（Coast Survey Service）に就職した．シェンクは明治12年（1879）に再来日し，東京大学で「日本珠玉琢磨法」について講演をした[24]．この会社に在職している間に，測量のために一度メキシコを訪れたこともあった．この会社には10年間勤めていた．そして明治18年（1885）頃，シェンクはサンフランシスコの鉄道会社であるサザン・パシフィック鉄道会社（Southern Pacific Railroad）の技術部門に職を得て，亡くなるまでの20年にわたってここに勤務してきた．またシェンクは妻オイゲニーと娘オイゲニア（Eugenia. 1877- 没年不明）の3人家族で，カリフォルニア州オークランドに住んでいた[25]．明治37年（1904）に，シェンクはかつての大学南校の同僚であり，義理の兄にあたる独国・ハンブルク在住のクニッピングのもとを訪問している[26]．

1898年にニューヨークに建築されたデューイ凱旋門（Dewey Arch）について1899年に出版された本の著者に，Charles Schenk という人物がいる[27]．本人が書いたものか，同姓同名の別人が書いたものかどうか著者は確認できていない．

第三節　シェンクの最期[28]

シェンクは明治38年（1905）8月4日，自宅で毒物のストリキニーネを服用して亡くなった．当時彼はサンフランシスコのサザン・パシフィック鉄道会社の技術部門で働いていた．しばらく前に（For the sometime），シェンクは鬱病と診断されそのための薬を服用していた[29]．夫人は夫の療養のために，夫の会社から6ヵ月の休職を取り付け，夫婦でヨーロッパ旅行に出かける手はずを整えていた．

この日，娘オイゲニアは両親の渡欧出発の日程が8月9日に決まったことを，父の会社の関係者や家族ぐるみでつき合っている友人たちに報告するために，サンフランシスコに行っていた.

オイゲニアは，サンフランシスコから午後10時より少し前に帰宅した．シェンクは自室から1階に降りてきて，娘の帰宅に声をかけ，彼女の話に耳を傾けた．シェンクは普段と変わらない様子で，計画的な自殺の兆候などまったく見られなかった，という．そしてシェンクが自室に退いた直後，たちまち激しいけいれんに見舞われた．うめき声を耳にした妻と娘は助けようとシェンクに駆け寄り，普段服用していた薬を服用させた．しかし，痛みは激しさを増し，さらにひどい錯乱に陥った．そうしているうちに，シェンクは自殺するつもりで，毒薬のストリキニーネを大量に服用しことを告白した．妻オイゲニーは急いで隣家に助けを求めた．さらに数人の医師に電話をかけ，医師の到着を待った．しかし，医師が到着した時にはシェンクはすでに息絶えていた．享年67歳であった[30].

葬儀は8月8日午前10時半から自宅でごく内輪で執り行われ，遺体は火葬に付された[31]．シェンクの死去により，妻と一人娘オイゲニアが残された．オイゲニアはカリフォルニア大学の4年生であった[32].

次にシェンクの家族のその後を紹介する．明治45年（1912年）12月29日の新聞記事で，“女性が橋の構脚から20フィート落下—命は助からない見込み—”という記事を発見した[33]．この女性は，“E. Schenk”という方であった．この記事に記載されている女性の住所は，シェンクが亡くなった際に新聞記事に掲載されていた住所と一致し，夫人の名前のオイゲニー（Eugenie）のイニシャルとも一致するので，この女性がシェンク夫人であることは間違いない．記事によると夫人は夕食を済ませたあと，近所を散歩していた時に，20フィート（約6メートル）下の道路脇の側溝に落下した．近所を歩いていた人が夫人に気づき，警察に通報し病院に搬送された．夫人は後左股関節を骨折し身体内部も損傷していた．著者は後日の新聞記事でシェンク夫人の続報を探してみたが見い出すことはできなかったので，この記事のタイトルが示しているように夫人はこのまま亡くなったと思われる.

またシェンクが亡くなった当時，カリフォルニア大学4年生であった娘のオイゲニアのその後の足跡は不明であるが，1909年に出版されたサンフランシスコの公衆衛生に関するレポートの中で，市内11地区の担当責任者のアシスタントスタッフとして，“Miss Eugenia Schenk”という同性同名の人物の名前がある[34]．さらに1936年当時，サンフランシシコ市福祉援助部の部長（Director, San Francisco County Welfare Department）にもこの名前がある[35)]．サンフランシシコ市の職員であるこの人物が，シェンクの娘かどうかは未確認である．

第四節　終わりに

これまでのシェンクの足跡及び経歴に関する事項で，先行研究で明らかであったことは，シェンクの教え子の一人である和田維四郎が，シェンクについて「ドイツ，スツットガルトの鉱山技師 」という証言に由来する事項だけであった[36)]．本稿で明らかにできたことは，次の３点である．１点目は，シェンクは祖国独国の高等工業学校で修学を終えたことであり，大学教育は受けていないということである．２点目は，その後シェンクは渡米し，合衆国軍の工兵部隊に従事していたことである．本稿では，彼がこの部隊で将校として従事していたのか，また技術系の隊員として従事していたのか判明できていないが，彼が離日後，サンフランシスコの鉄道会社であるサザン・パシフィック鉄道会社の技術部門に従事したことを考慮すると，シェンクは独国の高等工業学校で学んだ知識を生かして部隊では技術系の隊員として従事したと推測される．シェンクが学んだ当時の独国の高等工業学校及び，その後従事した合衆国軍の工兵部隊における物理学や化学に関する科学知識の教授内容を明らかにすることは，シェンクが日本で行った授業の内容の解明と日本における明治初期の化学の受容史研究を解明する糸口になりえる可能性もある．このことを明らかにすることは，著者の今後の課題である．３点目は，シェンクの離日後から，亡くなるまでの職歴と足跡を明らかにし，彼の伝記的な事項を明らかできたことである．シェンクは測量及び鉄道建設会社に勤務していたことが明らかになった．上述の通り，彼の最期は残念な結果であったが，彼の死に際し新聞各社が詳細に取り上げていることから推測して，生前シェンクの仕事は評価され地元では著名な人物であったのだろう．

注

1）『アーレン家族登録簿―第４巻―（Familienregister Aalen Band V）』，602b ページ（Blatt 602 b）;『1838 年アーレンキリスト教者洗礼書（Taufbuch Aalen 1838)』．両史料とも，ヴュルテンベルク及びバーデン地方家譜学と紋章学協会，東アルプグループ（Ostalbgruppe des Vereins für Familien- und Wappenkunde in Württenberg und Baden）所蔵．この東アルルプグループの所在地は，Mozartweg 9, 73447 Oberkochen, F. R. Germany．以下で，それぞれの史料を『登録簿』，『洗礼書』と記す．

2）シェンクの妹ゾフィー（Sophie）のひ孫にあたるホルスト・ゲーケン（Horst

Geeken）氏からのご教示（2009 年 9 月 27 日付の E-mail）.

3) 注 1）の『洗礼書』より.

4) ゲーケン氏からのご教示（著者への 2009 年 9 月 27 日付の E-mail）. シュトゥットガルトの高等工業学校は現在のシュトゥットガルト大学である. 著者が大学当局にシェンクの学籍について問い合わせたところ, 1853/54 年に入学した学生に, 名前の最初のつづりが異なる "Karl Schenk" という人物がいることがわかった. 大学当局の史料にはこの人物についての生年月日や出身地などの情報が不明なため, "Carl Schenk" と同一人物かどうか確認は取れなかった（著者の問い合わせに対する大学公文書館からの 2010 年 3 月 9 日, E-mail での回答）. ここで取り扱っているシェンクの本名としては, "Carl" が正しいことは, 『登録簿』で確認できる.

5) ゲーケン氏の証言によると,「シェンクは, シュトゥットガルトの高等工業学校を習学後, サンフランシスコに渡り, この地でも橋の建築と鉱物学を勉強した. その後, 日本に渡った.」（2009 年 9 月 27 日付の E-mail）. しかし, 彼はシュトゥットガルトで鉱山技師として働いていたと著者は推測している. その理由としてシェンクの教え子である和田維四郎が明治 36 年（1903）10 月 31 日に日本地質学会（至東京大学地質学教室）において行った講演において,「シェンク氏はドイツ國スツトガート市の人にして」と言及していることである（神保小虎："我邦に於ける鑛物学の歴史",『地質学雑誌』, 10, 122, 1903, p. 445 に収録）. さらに彼がその地で鉱山技師であったことに言及している資料には, 例えば, 原田準平："明治以後の鉱物学界",『地学雑誌』, 63, 3, 昭和 29 年, p. 62. ; 上野益三『お雇い外国人（3）自然科学』, 鹿島出版, 1968, p. 139 がある. シェンクがシュトゥットガルトの高等工業学校で学んだ後, 当地で鉱山技師として従事せずにサンフランシシコに渡ったとしたら, 和田は恩師についてこのような紹介はしないであろう.

6) 著者が 1900 年に米国で行われた国勢調査を調べたところ, シェンクの米国入国時期は 1860 年であることが報告されていた（National Archives at College Park, MD 蔵："1900 U. S. Federal Population Census", Courtesy of Family Search organization, Genealogical Society : 1240082, Line Number : 12, Sheet : A, Page Number : 2）. また, 渡米後の足跡については, 以下の新聞記事による. "ENGINEER TAKES POISON", *Oakland Tribune*, 1904 年 8 月 5 日, 金曜日夕刊, 1 面; "CHARLES A. SCHENK SOUGHT REST FROM WORK IN SUICIDE", *Berkeley Daily Gazette*, 同日夕刊; "FREIBURG GRADUATE COMMITS SUICIDE", *The San Francisco Call*, 5 面, 同日. これらの新聞記事については, 注 23）を参照.

7) ユネスコ東アジア文化研究センター編：『資料御雇外国人』, 小学館, 1975 年のシェンクの頁によると, 彼は政府から招聘されて来日したわけではないことは明らかである.

8) 東京帝国大学編：『東京帝国大学五十年史―上冊―』, 1932 年, p. 231.

9) 出版社不明：『第一大学区第一番中学一覧表』（明治 6 年 3 月）によると, この時英語クラスで化学教師になったのは，グリフィス（W. E. Griffis）であり，仏語クラスではマイヨ（Maillot）である．

10）注 1）の『洗礼書』には，シェンクが 8 月 24 日に結婚したことが記載されている．エルヴィン・クニッピング著，小関恒雄，北村智明訳編『クニッピングの明治日本回想記』，玄同社，1991 年，p. 128 によると，前年のクリスマスの時期に婚約した．注 7）のユネスコ東アジア文化研究センター編の文献のクニッピングの頁には，クニッピング婦人オイゲニー（Knipping, Eugenie）が，明治 5 年（1872）8 月 1 日より明治 6 年（1873）1 月まで，東京府の女学校教師として文部省と雇用契約を交わしたことになっている．しかし，クニッピング婦人の名前はアウグステであるので，ユネスコ東アジア文化研究センター編の文献の記述は「クニッピングの姉」または「シェンクの妻」が正しい．「第四章　第三節　来日中の様子」を参照．また注 6）の国勢調査において，オイゲニーの年齢は 57 歳と報告されているので，彼女は 1843 年生まれであることがわかる（National Archives at College Park, MD 蔵：“1900 U. S. Federal Population Census”, Courtesy of Family Search organization, Genealogical Society：1240082, Line Number：12, Sheet：A, Page Number：2）．

11）注 5）の神保の文献，p. 445.；注 5）の上野の文献，p. 139.

12）日本科学史学会編：“第 4 章　採鉱冶金技術教育の発展”，『日本科学技術史大系—第 20 巻採鉱冶金技術—』，第一法規出版，1965 年，pp. 176–177.

13）この本のオリジナルは，Leunis, Johannes：*Schul-Naturgeschichite—Eine analytische darstellung der drei naturreiche, zum selbstbestimmen der naturkörper. Mit vorzüglicher berücksichtigung der nützlichen und schädlichen naturkörper Deutschlands, für höhere lehranstalten—*, Hahn'sche Hofbuchhandlung, Hannover, 1862　と思われる．

14）注 5）の神保の文献，p. 445.

15）注 10）の小関，北村訳編の文献，pp. 118–119.

16）注 5）の神保の文献，p. 444.

17）同上の文献，p. 445.

18）注 10）の小関，北村訳編の文献，p. 129.

19）注 7）の文献，p. 286.

20）注 10）の小関，北村訳編の文献，p. 131．注 10）の国勢調査において，オイゲニーの入国時期が 1875 年と報告されており，注 18）と注 19）の記述と一致する．

21）渡邊正雄編『改訂　明治前期学術雑誌論文記事総覧—明治前期学術雑誌論文記事集成別館—』，ゆまに書房，1990 年による．それぞれの独語のタイトルは，“Beschreibung eines in Japan gebräuchlichen Erdbohrers”, *Mittheilungen der Deutschen Gesellschaft für Natur- und Völkerkund Ostasiens*, 1, 8, 1875. 9, pp. 20–21.；“Reise von Kofu nach den Quarz- und Bergkrystallgruben bei Kurobara”, *Mittheilungen der Deutschen Gesellschaft für Natur- und Völkerkund Ostasiens*, 1, 8, 1875. 9, 8, pp. 21–23 である．論文のタイトル中に「Kurobara（くろばら）」とあるが，現在の甲府市の「黒平（くろべら）」のことと思われる．

22)　シェンクの妹ゾフィーのひ孫の一人であるシュトゥットガルト在住の W. メンツ (Menz, Wolfgang) 氏が所有している．

23)　著者はシェンクが明治 8 年（1875）12 月に妻と共にサンフランシスコへ向けて出発したというシェンクの大学南校の同僚であったクニッピングの証言（注 10）の小関，北村訳編，p. 131.）をもとに，サンフランシスコ及びオークランドの新聞記事を調査したところ，明治 38 年（1905）8 月 5 日の記事にシェンクが亡くなったことが報じられており，さらにその中で，シェンクの生涯の経歴や家族構成などが紹介されていた（注 6）を参照）．*Berkeley Daily Gazette* のタイトル及び三紙の本文の記述において，シェンクのファースト・ネームが"チャールズ（Charles)"になっているが，シェンクの本当の名前（独語名）は"カール (Carl)"である．独国人が米国に移住した際は，Carl というファースト・ネームを英語風に"チャールズ（Charles)"と変えることはしばしば見られる．この 3 社の記事の中でシェンクの経歴が記述されているが，3 社の記事ともシェンクが日本で鉱物学を教えていたことに言及しているため，別人でないことは明らかである．さらに三番目に挙げた *The San Francisco Call* 紙において，タイトルの中でシェンクがフライブルク大学出身者であることになっている．文中の彼の経歴には「彼は，(独国) ザクセン王国のフライベルク大学を卒業した（He graduated from Freiburg University in Saxony.).」とある．しかし，英語のつづりはフライブルクになっているが，ザクセンにある地名はフライベルクが正しい．
前節で言及しているように，シェンクはシュトゥットガルトの高等工業学校で学んだ，と親族には伝わっているが，現在のシュトゥットガルト大学にシェンクが学籍登録をしていたかどうか確認できなかった．よって，*The San Francisco Call* 紙の記事にあるように，シェンクがザクセン王国のフライベルク大学で学んだ可能性は否定できない．シェンクが修学した学校を明らかにすることは著者の今後の課題である．この節は，注 6）の三紙の記述をもとにしている．シェンクの離日後の動向については，小澤健志："お雇い独逸人化学及び鉱物学教師 C. シェンクの後半生"，『化学史研究』，39, 2012, pp. 199-202 を参照．

24)　この講演内容は，地質学第 2 年生城戸種久訳："独逸金石学士シェンク氏演説"，『学芸志林』，5，27，1879 年 10 月号，pp. 288-293 に掲載されている．

25)　シェンク夫妻の国勢調査の報告（注 6)；注 10）を参照）によると，オイゲニアの年齢は 23 歳となっているので，彼女は 1877 年生まれであることがわかる．また，この国勢調査から，夫婦には子供はオイゲニア一人であったこと，当時家族はカリフォルニア州オークランドに住んでいたことがわかる．

26)　注 10）の小関，北村訳編の文献，p. 221 に，「1904 年，義兄シェンク来訪す．」とある．

27)　Charles Schenk：*The Dewey Arch and its Details—Erected in Honor of Admiral Dewey by the City of New York—*, New York, Wezel, 1899. Dewey Arch（デューイ凱旋門）とは，1898 年にニューヨークに建てられた凱旋門のこと．1901 年に撤去され現存していない．

28)　この章は特に注がない限り，*Oakland Tribune* 紙の記述をもとにする．

注

29) シェンクの抑鬱の原因として，*Oakland Tribune* 紙は加齢による体調不良を挙げており，*Berkeley Daily Gazette* 紙はサザン・パシフィック鉄道会社における激務を挙げている．また，*The San Francisco Call* 紙は体調が悪化し，失望が大きくなったことを挙げている．複合的な要因があったことは想像できる．

30) 新聞各社の記事に享年 68 歳とあるが，正確には 67 歳である．彼の出生は 1838 年 2 月 20 日である（注 1）の『洗礼書』より）．

31) 注 6）の *Berkeley Daily Gazette* 紙の記事．

32) 同上

33) “WOMAN PLUNGES 20 FEET OFF TRESTLE—WILL DIE—”, *Oakland Tribune*，1912 年 12 月 29 日の記事．

34) San Francisco（Calif.）Citizens' Health Committee, *Eradicating plague from San Francisco*, Press of C. A. Murdock & Co., San Francisco, p. 116.

35) Eugenia Schenk：“One Kind of Security”, *The Survey*, Vol. LXX, No. 4, April 1936, pp. 106-107.

36) 注 5）の上野の文献，p. 139.

第六章　日本への西洋理化学の啓蒙者の一人ヘルマン・リッター（1827-1874）について

第一節　はじめに

慶長8年（1603）以降，日本は徳川幕府の統治下にあったが，徳川幕府に代わって明治政府が樹立されたのは明治元年（1868）のことである．この政治体制である明治維新は，天皇を中心とする日本の中央集権国家体制をもたらした．

明治政府は西洋の科学の最新動向を認識していた．これは欧州諸国のなかで唯一，日本との通商を認められていた蘭国を通じて，数多くの欧州の学術書が日本に紹介され，知識が伝えられたためである．しかし，それだけに明治政府は，諸外国の中における自国の地位を確保するため，日本が西洋の科学技術，ならびに西洋の知識を積極的に取り入れなければならないことを自覚していた．明治元年（1868）春，明治天皇はいわゆる「五箇条の御誓文」を示し新政府の基本方針とした．この誓文の第5条は次のようなものである．「智識を世界に求め，大いに皇基を振起すべし」．これによって，鎖国政策の開放後に大きな一歩が踏み出されたことになる．明治政府のこの新たな政策によって，その後数年の間に数多くの日本人が欧州と米国に留学生として派遣された．同時に明治政府は，数多くの外国人専門家（いわゆる「お雇い外国人」）を雇い入れた．これら外国人専門家は，日本の様々な制度に近代的な西洋の知識を広めるために働くことになる．そうした外国人専門家の中の一人に，独国人理化学者ヘルマン・リッター（Hermann Ritter）がいた．リッターは明治政府のお雇い教師として従事しながら，日本における西洋の自然科学の確立に重大な貢献を果たした人物である．本稿ではリッターの来日前の日本における業績とその経歴を取り上げる．

リッターの残した足跡は現在でもたどることができる．東京大学総合図書館には「東京大学関係雇外国人書類」が所蔵されている．「傭外国人教師講師名簿」には，訪日前のリッターの活動に関する短い記述も含まれている[1)]．また東京都台東区谷中霊園には，リッターの功績を讃える記念碑もある．このほかにも，リッターについては様々な論文に言及があるものの，母国独国におけるリッターの出自あるいは経歴についての記述はほとんど見つからない．著者が独国でより詳しい調査を行うことを決めた理由は二つある．第一に，一次史料を通じて来日前のリッターの経歴を明らかにしたいということである．リッターに関するこれまでの資料では，正確な生年月日すら明らかになっておらず，出身地に関しても諸説あった．第二には，訪日に至るまでのどのような経験が，リッターが日本において教師として活動するにあたってのバックグランドとなったのか，リッターの活動の背景にあったものは何であったのかを明らかにしたい，ということであった．こうした調査は，独国と日本の間の文化交流史にとって大きな意味を持つものであり，日本における西洋科学史の基本的な関連性を明らかにするものと思われる．

第二節　生い立ちから博士号取得まで

前述した東京大学総合図書館の史料からは，リッターがゲッティンゲン大学（Göttingen Universität）で博士号を取得したことが明らかになっている．よって，リッターの経歴を調査ためには．まず，ゲッティンゲン大学を調査するところから始めるのが妥当と思われる．著者がゲッティンゲン大学公文書館に問い合わせたところ，所蔵されている「1860 年度哲学部博士号授与過程」の中には，ヘルマン・リッターに関して 6 つの記録が残されていた[2)]．

Dokument 1：履歴書．博士号取得にあたって作成され，大学に提出されたもの（日付なし）．

Dokument 2：博士号取得申請のための書類（1860 年 7 月 8 日）．

Dokument 3：リッターの論文「ウルトラマリンについて（Über das Ultramarin）」に関して，博士論文指導教官であった F. ヴェーラー（Friedrich Wöhler. 1800–1884）が作成した評価文（1860 年 7 月 10 日）．

Dokument 4：学部長ロッツェ（Lotze）による博士号取得の許可書（1860 年 7 月 10 日）．

Dokument 5：ラテン語での博士論文口頭試問の免除を申し出るリッターの申請書（1860 年 7 月 28 日）．当時はラテン語での口頭諮問が普通であった．

Dokument 6：ラテン語での博士論文口頭試問が免除されることを確認する書面（1860 年 7 月 29 日）．

特に，博士号取得にあたってリッター自身が作成した履歴書は貴重な記録である．これらはリッター来日の 10 年前，彼が 32 歳の時に記述したもので，リッターの経歴を知る手掛りとなる．この履歴書からは，様々な場所でさらなる調査を行うための手掛りが得られた[3)]．調査からは以下のことが明らかになった．

ゲオルグ・ヘルマン・リッター（Georg Hermann Ritter）は[4)]，1827 年 12 月

15日にレーゼ村（Leese）で生まれた．レーゼ村は，ハノーファー市（Hannover）の北西約40 kmに位置し，当時のホヤ伯爵領（Grafschaft Hoya）の一部であった[5)]．父ルートヴィッヒ・ジークフリード・ハインリッヒ・リッター（Ludwig Siegfried Heinrich Ritter）は同地の領主代官であり，母はマリア・アガーテ・リッター（Marie Agathe Ritter）と言った．祖父にあたるヘルマン・ヨアヒム・リッター（Hermann Joachim Ritter）は騎兵大尉であった．

リッターは幼少時代を両親とともにレーゼ村で過ごした．4歳の時に，父親が46歳の若さでスキルス型ピロリ菌が原因で亡くなった[6)]．リッターはその後も2年間レーゼ村に暮らし，1834年，6歳の時にリューネブルク（Lüneburg）に引っ越した．リッターの手書きの履歴書（前述のDocument 1）には，これに関して以下のように記されている．「6歳の時に母とともに引っ越したリューネブルクで，私は1834年から1842年9月29日までギムナジウムに通った．」．「母とともに」という表現からは，リッターが一人っ子であり，リューネブルクには母親と二人だけで暮らしていたことがわかる．1834年の復活祭前後に，リッターはヨハネウムギムナジウムに入学した[7)]．同校でリッターはK.シュマルフース（Schmalfuss, Friedrich Konstantin. 1806-1871）に数学を学んだ．シュマルフースは，後に著名な数学者となるB.リーマン（Rieman, Bernhard. 1826-1866）にも数学を教えた人物である[8)]．リーマンの入学は，リッターの同校卒業とほぼ重なっていた．リッターは同校で8年間学び，1842年9月29日に14歳で卒業している[9)]．同校の記録には，リッターが薬剤師になることを希望していたことが記されている[10)]．最高成績を収めて卒業した11人の生徒のなかに，リッターの名は含まれていない[11)]．リッターは卒業後，希望通りの職業につき薬剤師になった．1850年まで8年間，薬剤師として独国各地で働いた後，1850年から1854年まで，22歳から26歳になるまで，リッターは独国を離れ渡米し薬剤師として従事した．1853年から1854年までの米国滞在の後半は，ミズリー州セントルイス（St. Louis in Missouri）で，薬局を経営していた．

1854年，26歳の時に再び独国に戻ったリッターは，ゲッティンゲン大学（Göttingen Universität）で自然科学，主に化学の勉強を始めた．ここでは化学を尿素の研究で知られるF.ヴェーラーに学び，実験物理学を電磁気学のW.E.ヴェーバー（Weber, Wilhelm Eduard. 1804-1891），分析化学をH.リンプリヒト（Limpricht, Heinrich. 1827-1909）に学んだ．リッターは大学在学中にリンプリヒトの薦めで「いくつかのアセチル化合物と燐化合物について」という論文を発表しており[12)]，このことからは，リッターが分析化学の分野において優秀な学生であったと思われる．

リッターは1856年の春まで2年半ゲッティンゲン大学で学び，その後ライプツィッヒ（Leipzig）郊外のメッケルン（Möckern）の農場試験場に勤務した．同施設は，独国における最初の農場実験場として1850年に設立されたもので，当時はW.クノップ（Knop, Wilhelm. 1817-1891）が所長をつとめていた[13]．リッターは同施設に従事していた時，クノップと共同で「異なる土壌に植えられた植物に含まれる無機物成分の比較調査」[14]という論文を発表している．このことから，リッターが同施設においても卓越した業績を残していたことがわかる．リッターが同施設に勤務したのは，1858年7月までのわずか1年間であった．その翌年をリッターはサンクトペテルブルク，モスクワ，パリで過ごした[15]．31歳となっていた1859年の秋からは，ハノーファーの工芸学校（現在のHannover大学）の実験場で化学に従事する仕事を得た[16]．この時期に書いた論文「ウルトラマリンについて」を，翌年1860年7月に母校であるゲッティンゲン大学で博士号請求論文として提出した．博士論文指導教官は，恩師であるF.ヴェーラーであった[17]．

第三節　博士号取得から来日まで

博士号取得から来日に至るまでの10年間の足跡調査にあたり，特に2つの手掛りが得られていた．一つ目の手掛りは，東京都台東区谷中霊園にある記念碑の碑文である．そこには，リッターが博士号取得後，モスクワの化学工場に勤務したことが記述されている[18]．前述した通り，リッターは1858年から1859年までの間にサンクトペテルブルクとパリの他にモスクワにも滞在していたが，博士号取得後に，同地で再び仕事を見つけたようである．二つ目はリッターがこの時期に書いた論文である．当時執筆された論文のリスト[19]，1862年にリッターによる地理学論文（「アゾフ海の浅瀬」）[20]と民族学論文（「露国領米国の土地と人々」）[21]が記載されている．どちらの論文も，ロシア海軍の専門誌『海事論集』（*Moskoi Sbornik*）で発表されたもので，リッターによって『地理学雑誌』（*Zeitschrift für Allgemeine Erdkunde*）に紹介されている[22]．

東京・谷中霊園にあるリッターの記念碑の碑文によると，この時期，彼は実際にロシアに暮らし仕事をしていたか，あるいは少なくとも，ロシアと密接なつながりがあったことが推測される．しかし，博士号取得後のロシア滞在についての詳細を伝える記録は，今までのところこの碑文以外には見つかっていない．またこれらロシアをテーマとした2編の論文を発表した後，リッターが発表したと思われる論文，著書を著者は見つけることができなかった．この2編の論文を書いた後，彼は転職または勤務地を変更したことも考えられるが，詳細は不明である．

リッターはこの時点までに，薬学，（分析）化学，農芸化学，海洋学といった様々な専門分野で仕事をしている．リッターを特異な存在としているのがこの多彩な経験である．リッターはスペシャリストというよりはジェネラリストとして，その幅広い知識を生かしながら，日本における西洋科学の紹介に貢献することができたのである．日本におけるリッターの講義の基礎にあったのは，こうした多様な経験であった．

第四節　日本におけるリッター

リッターは明治3年（1870）12月，43歳の時に来日し，明治7年（1874）12月25日に東京で亡くなった．その間4年にわたり，独国人理化学者として西洋科学を教授した．その活動は，明治3年（1870）に設立されたばかりの大阪開成所分局理学所で教えることから始まった．その後，リッターは開成学校（現在の東京大学）で物理と化学を教えた．

日本で最も古い大学である東京大学の設立は明治10年（1877）であり，明治30年（1897）には京都大学が創立される．リッターが西洋の科学を教えていた頃，現代の意味での学術教育は日本にはまだ存在していなかった．リッターが来日した当時，西洋の科学について造詣が深く講義を行うことができるほど知識を持った日本人が，まだごくわずかしかいない時代であった．日本人教師だけでは，学術教育を行うことは不可能だったのである[23]．日本に現代の意味での大学がまだなかったこの時代に，西洋の科学を教えた外国人教師はリッターだけではなかった．明治政府と地方の行政府は，様々な国籍の外国科学者を数多く国や地方の教育機関に招き，西洋科学の知識の普及にあたらせた．リッターはそうした外国人教師のなかでも先駆者的な立場にあった[24]．

リッターが来日にいたる経緯は次のような経緯である[25]．独国・ギーセン（Gießen）出身の商人にアドリアン（Adrian）[26]という人物がいたが，彼はリッターの来日のきっかけとなった人物である．アドリアンは，明治政府からは比較的独立した立場にあった金沢藩と通商取引があった．金沢藩は，他の藩同様，明治元年（1868）以降も藩校に西洋の科学者の招聘に務めていた．そのような外国人を雇用する任務は，藩命より外国に留学した藩士たちに委託させられていた．リッターの場合，その役割を担ったのが金沢出身の伍堂卓爾である．彼は英語，物理・化学，鉱山学，機械工学を教えられる教師を選抜し，またそれらを教授するための機材とテキストを調達するという任務が課せられていた．商人であるアドリアンとコンタクトを取ることができたのは，ある蘭国人医師を介してのことであった．そのアドリアンが，理化学教授としてリッターを伍堂に紹介したのである．ところが，リッターが日本へ向かう旅の途上に，金沢藩の財政状況は著しく悪化し，リッターの給与を支払うことは不可能になってしまった．そのためリッターを他藩か，または明治政府に仲介する尽力がなされた．最終的には，明治政府がリッターを物理と化学の教師として雇用することをリッターの来日前に金澤藩と契約していた[27]．

明治３年（1870）12月末リッターは日本に到着し，翌年１月３日，明治政府と大阪の開成所理化学教師として契約を結んだ[28]．契約期間は当初６ヵ月であったが，その後１年ずつ更新されることになる．月給は300ドルであった[29]．こうして，リッターの日本でのキャリアがスタートした．大阪における講義に，リッターは英国の科学者ロスコー（H. E. Roscoe）の教科書を使用した[30]．リッターの講義は英語で行われ，英国・マンチェスターのオーウェン・カレッジ（Owen College）で学んだ市川盛三郎によって通訳された[31]．リッターの講義は実用性を重んじながら，理論的にも高い水準の講義であったと言われている[32]．明治６年（1873）に市川によって『理化日記』として開成所で発行された講義ノート[33]は，多くの日本人生徒たちに愛読された．『理化日記』は，明治７年（1874）には物理と化学に内容が分けられ，『物理学日記』と『化学日記』として文部省から発行された．物理学に関する記述を分析した橋本万平は，この書物が非常に高い水準を有していることを強調し，「当時の日本での唯一の高級物理学書」と評価している[34]．化学に関する記述は，例えばイタリアの物理学者・化学者アボガドロ（Amedeo Avogadro. 1776-1856）の分子説（アボガドロの法則）が説明されている．おそらくリッターは，分子説を日本に紹介した最初の人物と思われる[35]．リッターの大阪滞在中には，このような重大なできごとも起きた．それは，明治５年（1872）６月６日，明治天皇が開成所を訪問した時リッターは天皇を前に化学実験を披露し，西洋科学を披露した．

彼が大阪で講義を行ったのは２年ほどであったが，生徒たちに慕われていた．明治６年（1873），リッターは開成学校（後の東京大学の前身）に物理と化学の教師として招聘された[36]．同年10月９日，始業式にあたり学校を訪問した明治天皇の御前で，再びリッターが化学実験を披露した．リッターは日本における教授活動のなかで，２度も天皇の前で実験を披露する機会を得られたという事実は，日本政府がリッターを信頼していたことを伺わせるものである．リッターはそこでは鉱物学教室に従事し，同教室の生徒に物理学と化学を教授した[37)]．リッターは教師として教え子から敬愛されていたが，彼の日本での活動は教師としてだけにとどまらなかった．リッターは日本という国に非常に関心を持ち，日本滞在中，日本に関する様々なテーマで数多くの論文も執筆している．例えば，地球の分野でE.レピシェ（E. Lepissier），E.クニッピング（Erwin Knipping），M.フォン・ブラント（Max von Brandt）と共同で執筆した「日本における高度の決定」に関する論文がある[38)]．また日本の温泉に関する論文も残されている[39)]．民族学の分野においても，「高齢の日本人の衣服」に関する論文がある[40)]．また，地球地誌に関する論文では，西洋人の目からみた当時の北海道の様子が描かれている．日本におけるリッターの功績についての研究を行った藤田英夫は，このリッター論文について「アイヌ民族と当時の道南地区の民族的についての西洋人の報告書として，一読に値するもの」と賞賛している[41)]．

残念ながらリッターの日本での活動は長く続かなかった．明治7年（1874）12月25日，リッターは東京で天然痘のために亡くなった．まだ47歳の若さであった．リッターは横浜の外国人墓地に葬られた[42)]．

第五節　終わりに

リッターの日本滞在はわずか4年という短い期間であったが，リッターが日本に残した足跡は，最新の西洋科学を日本に伝えた先駆者としてだけに限らない．リッターが大阪時代に行った講義をまとめた本は，日本の多くの若き科学者に西洋の科学を伝える貴重な書物として，当時西洋科学を学ぶ生徒たちに多くの影響を与えた．さらにリッターは最新の西洋科学の伝達者として，日本における科学教育にも貢献をした．リッターの功績はその死後も輝き続けた．リッターの一周忌の際に．大阪時代の教え子らが恩師を偲んでその墓前に集い，理学社の設立を決めた．理学社のメンバーは毎月第一土曜日に一堂に会し，各自の専門分野についての議論を行った．また，『理化土曜集談』という名称で会誌も発行されることになった．リッターの教え子らは，独国化学会を手本とした学術協会を作ることを目指したのである．当時の日本には，学術協会も学術協会発行による出版物も存在していなかった[43)]．片山遠平（化学者）や高松豊吉（応用化学者）を始めとしたリッターの教え子らは，この点で先駆者の役割を果たしたのである．これもまた，リッターが日本に残した偉大な遺産の一部であった．

注

注）

1） 東京大学総合図書館蔵「東京大学関係雇外国人書類」の中の「傭外国人教師講師名簿」にRitterの来日前の経歴についての概略が記述されている．著者は，2009年1月15日に同図書館情報サービス課国際資料係の松井氏により，この資料のマイクロフィルムを見せていただいた．松井氏にはこの場を借りてお礼を申し上げたい．この内容は，ユネスコ東アジア文化センター編：『資料御雇い外国人』，小学館，1975年，p. 456の中に掲載されている．

2） これらの史料を電子メールでお送りいただいたゲッティンゲン大学大学公文書館館長（Leiter des Göttingen Universitätsarchiv）のU. フンガー博士（Dr. Ulrich Hunger）にこの場を借りてお礼を申し上げる．

3） 独国内でのリッターの足跡を調べるにあたり，著者が史料調査を行った主な機関は，次の通りである．彼の母校のゲッティンゲン大学公文書館（Göttingen Universitätsarchiv），リッターの出生地レーゼ（Leese）にあるレーゼプロテスタント教会（Evangerische kirche in Leese），彼が6歳から14歳まで通学したリューネブルク（Lüneburg）市にあるヨハネウム・ギムナジウム（Johaneum Gymnasium）；リューネブルク市公文書館（Stadtarchiv der Hansestadt Lüneburg）；ライプツィッヒ郊外メッケルンにある農場試験場（Landwirtschaftlichen Versuchsstation in Möckern bei Leipzig）である．

4） 彼の本名については，レーゼプロテスタント教会の教会記録簿（Kirchenbuch）及び，ヨハネウムギムナジウムの学籍簿に記載されている．前者の記録は，当教会に保管されており，後者は，リューネブルク市公文書館に保管されている．史料名："Album Johaneum Vol. 2"，Rep 23，Album2，Nr. 1179.

5） 著者がレーゼ役場（Leese Gemeinde）に問い合わせたところ，この村にリッターに関する記録は残っていない，という返答であった（著者の問い合わせに対するMaria Kaehlke氏によるe-mailによる回答（2009年1月30日.）.

6） レーゼプロテスタント教会の教会記録簿より．

7） ギムナギウムの学籍簿．この学校は開校600年の歴史があり，生徒の中には1690年から92年に来日し，『日本誌』の著者で有名なケンペル（Engelbert Kaempfer. 1651-1716）もいる．学校には，ケンペルを記念してイチョウの木と記念石がある（著者が，2009年1月23日にこの学校を訪れた際に確認）．リッターが通った校舎は，当時市中心部にあるヨハネス教会（Johannes Kirche）に併設されていた．この校舎は現在，ヨハネス・ラーベラー学校（Johannes Rabeler Schule）になり，別途の学校になっている．現在のギムナジウムの校舎は，市郊外の広大な敷地の中にある．

8） ヨハネウムギムナジウムで保管されている当時のカリキュラム表（"Programm des Johaneums 1801-1848"）による（著者が，2009年1月23日にこの学校を訪れた際に確認）.

9） 注4）のギムナジウムの学籍簿より．

10） 同上.

11） 注8）のカリキュラム表より．

12)　H. Ritter：“Über einige Acetyl- und Phosphorverbindungen”, *Annalen der Chemie und Pharmacie*, XIX, 1855, pp. 208-211. この論文の要約は，Jounal für praktische Chemie, 7, 60, Leipzig, 1856, pp. 132-133でも紹介されている．また，リンプリヒトの死去後に発表された彼の論文発表一覧の中に，上記の論文に関する記述がある．Karl von Auwers：“Heinrich Limpricht”, *Berichte der Deutschen Chemischen Gesellschaft*, 1909, 42, 4, p. 5026.

13)　“Sonderheft zum 150-jährigen Jubilaeum der Ladwirtschaftlichen Versuchsanstalt Leizip-Möckern”, Schriftenreihe der Sächsischen Landesanstalt für Landwirtschaft Heft 5-7, Jahrgang 2002.; Mark R. Finly, “The German Agricultural Experiment Stations and the Beginning of American Agricultural Research”. *Agricultural History*, 62, 1988, pp. 41-50. この施設は1850年に独国で最初に設立された農場実験場であった．著者は，この農業実験場のDr. Eberhard Schulzeの協力を得て，リッターに関する史料調査をしていただいたが，現存しないことはわかった．（著者へのe-mailによる返答（2009年6月5日付））．さらに著者が，ライプツィッヒ市公文書館（Leipzig Stadtarchiv）に問い合わせたところ，この農場実験場に関する書類の中に，Ritterに言及した書類は存在していないことがわかった．また現在のメッケルン役場（Möckern Gemeinde）には，リッターが住んでいた当時の住民登録簿（Adressbuch）は存在しない（著者の問い合わせに対するOlf Hillertからのe-mailによる返答（2009年1月30日付））．著者は，リッターがこの実験場に勤めていた足跡を示す史料を見つけることができなかった．

14)　“Vergleichende Untersuchung der Mineralbestandtheile von auf verschiedem Boden gebauten Pflanzen”, *Chemisches Central-Blatt*, 4, 1859, pp. 106-108.

15)　著者のこれまでの調査で，彼がこれらの土地での足跡・職種などは明らかにできなかった．

16)　ハノーファー大学の前身であるTechnischen Hochschule Hannoverが，設立100周年を記念して作成したP. Trommsdorff：“Der Lehrkörper der Technischen Hochschule Hannover 1831-1931”, Hannoversche Hochschulgemeinschaft, 1931には，学校設立から在職した教員（“正教授”，“非常勤教授”，“講師”，“私講師”）のリストが記載されているが，リッターの名前は記載されていないので，これらのポストについていなかったことは明らかである．この本によると，Ritterが在職した当時，化学教室には，ヘーレン（Heeren, Friedrich. 1825-1884）とクラウト（Kraut, Karl Johann. 1858-1895）の2名が教授として在籍していた．リッターはこの2人と仕事をしていたと思われる．（同文献，pp. 18-19）．

17)　1860年7月10日付，Wöhlerから大学哲学部への手紙（Dokument 3）．*Catalogue of scientific papers (1800-1900)*, Royal Society, Londonによると，この年にリッターは，“Sur le bleu d'outremer”という題名の論文を，*Repertoire de Chimie Appliquee*, 3, 1861, pp. 15-21で発表している．この論文の発表時期は，学位論文発表時期と重なるため，この論文は学位論文に関係した内容のものと思

われる.

18) この記念碑は，東京都台東区谷中墓地内にある．彼の碑文の記述については，一次史料による裏づけが必要である.

19) 著者が調べたのは，*Catalogue of scientific papers* (*1800–1900*), Royal Society London；欧米の図書館の蔵書を検索できる独国・カールスルーエ工科大学図書館（www.ubka.uni-karlsruhe.de/kvk.html）の検索を利用した.

20) 『海事論集（Moskoi Sbornik)』，1861年，No.5に掲載された論文の紹介である.

21) 同上文献，1862年，No.1に掲載された論文の紹介である.

22) H. Ritter："Die Verflachung des Asow'schen Meeres", *Zeitschrift für Allgemeine Erdkunde*, XII., 1862, pp. 305–326. アゾフ海はウクライナに接しており，黒海とはケルチ海峡で結ばれている.；H. Ritter："Land und Leute im Russischen America", *ibild*, XII., 1862, pp. 241–270. この論文の紹介は，彼が露国と米国に滞在したことがある経験を充分に生かすことができたと思われる.

23) 明治12年（1879）に日本人として初めて，東京大学物理学教授になったのは山川健次郎である.

24) リッターの来日に至る経緯と日本滞在中の研究は，塚原徳道："リッテルと理化学会の夜明け"，『科学朝日』，1978年2月号，38，2，pp. 146–150；塚原徳道：『明治化学の開拓者』，三省堂出版，1978年，pp. 148–149を参照.

25) 注24）の塚原の1978年の文献，pp. 148–149を参照.

26) Adrianについては，Weber, A. R："Kontorrock und Konsulatsmütze", *Mittheilungen der Deutschen Gesellschaft für Natur- und Voelkerkunde Ostasiens*, 1973, 1939. 8. 1., p. 347. を参照.

27) 国立公文書館には，その時の記録が保管されている．国立公文書館所蔵：「外客雇入　大阪理学所雇教師ハラタマ解傭ニ付独逸人レートヲ雇入」，『太政類典草稿・第一編・慶応三年～明治四年・第五十九巻・外国交際・条約，外客雇入』，明治3年10月05日［閏］，請求番号：本館-2A-024-08・太草00060100．ハラタマは蘭国人科学教師で，はじめ慶応2年（1866年）に長崎で分析窮理所に従事し，その後，大阪開成所を開設した蘭国人科学教師でリッターの前任者にあたるにあたる人物である（SHIBA Tetsuo："Dutch Chemist Gratama and Chemistry in Japan", *Historia Scientiarum*, 9, 2000, pp. 181–190.).

28) この契約書（英文）は現在，京都大学総合人間学部図書館舎密局・三高資料室に所蔵されている．この契約書の写真は，藤田英夫：『大阪舎密局の史的展開』，思文閣出版，1995年の第21図で紹介されており，リッター直筆の契約書を読むことができる．さらに，この文献，pp. 97–98には，契約書の全文の和訳が掲載されている.

29) 注24）の塚原の1978年の文献，p. 150を参照.

30) ロスコー（Roscoe, Henry Enfield）はロンドンの大学で学び，その後独国のハイデルベル大学（Heidelberg Universität）で学位を取得した．1857年には彼はマンチェスターのオーウェンズ大学（Owens College）に教授職を得た．ロスコーはとりわけ化学に関するテキストの執筆で有名である．例えば，Elementary

Chemistry （1866 年出版），Spectrum Analysis （1869 年出版），Chemistry （1872 年出版）である．リッターは，日本における授業でロスコーのテキストを用いたと言われている．

31） 注 28）の藤田の文献，p. 34；大沢真澄“イギリス留学時代の市川盛三郎・杉浦重剛の事蹟 ”，『科学史研究』，24，1983 年，p. VI． を参照．

32） 橋本万平：“明治初期の物理 -4- 物理日記（付理化日記）”，『物理学史研究』，8，3，1972 年 9 月，p. 20．

33） ヘルマン・リッテル述：『理化日記』，大阪開成学校発行，大阪．この本は明治 3 年（1870）から明治 5 年（1872）にかけて大阪で刊行され，明治 7 年（1874）に内容が物理学と化学の分野が分離され，それぞれ『物理日記』『化学日記』という題名で文部省より出版された．さらに明治 11 年（1878）には『物理日記』の復刻版が丸善より出版された．この本についての研究は，注 32）の文献，pp. 1-21 を参照．

34） 注 32）の文献，p. 20 を参照．東京都公文書館蔵：「文部省傭分　鉱山学　プロシア人ヘルマンリットル」，『収録先の名称：院省使傭外国人名簿・附自費雇』，明治 7 年，収録先の請求番号：604. D3. 09． より．

35） 注 24）の塚原の 1978 年の文献，pp. 150 を参照．

36） 注 1）のユネスコ東アジア文化センター編の文献，p. 456 を参照．

37） 注 24）の塚原の 1978 年の文献，p. 59 を参照．

38） E. Lepissier, E. Knipping, Ritter und M. v. Brandt：“Hoehen Bestimmung in Japan”, *Mittheilungen der Deutschen Gesellschaft für Natur- und Voelkerkunde Ostasiens*, 1, 3, 1873. 9, pp. 5-10.

39） H. Ritter：“Anhang zum vorhergehenden Aufsatz”, *Mittheilungen der Deutschen Gesellschaft für Natur- und Voelkerkunde Ostasiens*, 1, 4, 1874. 1., pp. 44-45.

40） H. Ritter：“Die Kleidung der alten Japaner”, *Mittheilungen der Deutschen Gesellschaft für Natur- und Voelkerkunde Ostasiens*, 1, 6, 1874. 12., pp. 59-60.

41） 注 28）の藤田の文献，p. 114．リッターの論文検索については，渡邊正雄編：『改訂　明治前期学術雑誌論文記事総覧―明治前期学術雑誌論文記事集成別巻―』，ゆまに書房，1990 年による．また，Friedrich von Wenckstern：*Bibliography of the Japanese Empire*, London, 1895 には，リッターと同じお雇い独国人科学教師で，当時，大学東校に在職していたコヒウス（Cochius）との共著との論文が紹介されている．しかし，著者が調べたところ記述されている雑誌の記載年月号及び前後に刊行された記事の中に，リッターとコッヒウスの記事は見つからなかった．その論文タイトルは，“Die Solfataras von Ashinoyu und Od'shingoku”である．“地球地誌”については，H. Ritter：“Über eine Reise im südwestlichen Teile von Yezo”，同 上，1, 7, 1875. 6 pp. 13-17；H. Ritter：“Über eine Reise im südwestlichen Teile von Yezo （1）（2）”，同上の文献，1, 6, 1874. 12, pp. 55-59．彼は日本において教育活動の一方で，日本固有のテーマを題材とした研究を行っており，5 編の論文を発表している．その分野は，“地球”，“日本地誌”，“温泉学", "民俗・民族" と多岐にわたっている.

42) リッターの墓石は，横浜外人墓地 18 区 15 号にある．著者が横浜外国人墓地のスタッフに問い合わせわせたところ，現在，リッターの墓は無縁墓になっている．また，リッターを埋葬した時の当時の史料は，現存していないという回答であった（著者が，2009 年 7 月 20 日に確認）.

43) 日本で最初に創立された学会は，「東京数学社」（現在の日本数学会及び日本物理学会）であり，創立は明治 10 年（1877）9 月である．また「化学会」（現在の日本化学会）の創立は明治 11 年（1878）4 月である．学会誌の創刊は，『東京数学会社雑誌』が明治 10 年（1877）11 月，『東京化学会誌』が明治 13 年（1880）1 月である.

第七章　G. A. グレーフェンの足跡

第一節　はじめに

開国直後の明治政府は，積極的に西洋科学を受容する必要性から江戸幕府より引き継いだ“開成所”の充実を図った．開成所は現在の東京大学理学部の前身であるが，その後，大学南校，南校とその施設は目まぐるしく校名を変更しながら，明治10年（1877）に東京大学が設立された．この設立以前の学校では，英語，仏語，独語の3ヵ国語によるクラス分けが行われ，それぞれのクラスで科学の授業が行われていた．日本における西洋科学の初期の受容が，この学校で行われていたのである．G. A. グレーフェンは，明治5年（1872）3月から翌年3月までと，明治7年（1874）3月から1年間，独語クラスに在職し，算術（数学），力学等を教授した人物である．これまでの研究でグレーフェンについて，東京大学や国立公文書館に保管されているお雇教師としての活動記録以外に，明治6年（1873）に開催されたウィーン万博への随行スタッフ及び明治10年（1877）に開業した新町紡績所の創立に貢献があった人物であったことは知られていた．しかし，著者は彼の来日前の動向や，離日後の動向を記した文献を見つけることができなかったので，日本に西洋科学を伝えてくれた恩人の伝記的な事項を残しておきたい，という動機のもとに彼について独国内の公文書館で史料調査を行った．この論考は，彼の出生地のクレフェルト公文書館に保管されている彼の出生記録，身の上書及び彼が晩年，技術者として独国特許局に申請した特許書類の調査結果をもとにしている．その結果，彼の本名がゲオルグ・アルバート・グレーフェン（Georg Albert Greeven）で，1843年12月16日に独国中西部のクレフェルト（Krefeld）で生まれたこと，更に離日後，クレフェルトで染物店を経営し，染物機器の開発・改良に従事した技術者であることが明らかになった．

第二節　出生から日本への出発まで

ゲオルグ・アルバート・グレーフェンは，1843年12月16日に独国中西部のノルトライン・ヴェエストファーレン州のクレフェルト（Krefeld）で生まれた．父はカール・ハインリッヒ（Carl Heinrich Greeven）であり，母はゲルトラウト・エリザベス・アレッツ（Gertraut Elisabetha Aretz）で，8人兄弟姉妹の6番目の子供であった．翌年3月24日に，地元のプロテスタント教会（Evangelische Kirche zu Krefeld）で，キリスト教の洗礼を受けた[1]．当地の住民登録簿[2]の記述によると，彼は22歳の時の1866年4月6日にイングランドに移住し，国籍をその地に変えている．その地での動向は不明である．しかし，彼は2年後の1868年4月1日には帰国し，国籍をもとのプロイセン市民に戻している．この住民登録簿によると，日本への渡航に関して，“1869年8月には日本に行ったことになっている[3]．”という記述があるので，彼はイングランドからの帰国後，日本への渡航を決めたようである．この登録簿に，渡航理由の記述はない．

第三節　滞在中の様子

グレーフェンは明治2年（1869）8月頃から明治11年（1878）まで，彼が26歳から35歳までの約9年間，日本に滞在した．彼は28歳の時，明治5年（1872）3月から翌年3月までの契約で，南校教師として東京で雇用された[4]．来日から南校教師になるまでの彼の足跡はわかっていない．これを明らかにすることは著者の今後の課題である．彼は山村徑基と共に独四ノ部のクラスを担当し，算術（数学），地理学などを教授した[5]．さらに，明治7年（1874）3月から翌年2月まで，開成学校及び東京開成学校において数学及び機械工学教師として従事した[6]．著者はこの学校でのグレーフェンのエピソードや，彼の教えを受けた生徒の回想録を見つけることができなかったので，彼の活動の様子を知ることはできなかった．

グレーフェンは，滞在中，東京大学前身校における西洋科学の啓蒙の他に2つの大きな功績を残している．1つは，明治6年（1873）5月から10月まで開かれたウィーン博覧会で，日本側が展示する建築造営の中心人物として従事し，日本建築を世界に紹介したことである[7]．これは日本政府として初めて参加した博覧会であり，開国後の日本を世界に知らしめる重要な国家事業と位置付けられた．日本側のパビリオンは日本館の他に，日本庭園や神社商店を作り，会場に日本の町並みを再現した．もう1つの功績は，日本の養蚕産業界における功績である．彼はウィーン博覧会が終了した後，同行していた工部省八等出仕の佐々木長淳を連れて，オーストリア，イタリア，スイスを訪問し，各都市の製糸工場や屑糸紡績工場，蚕事学校等を視察し[8]，佐々木の見聞を広めるために尽力した．そして，彼の最も大きな業績は，群馬県高崎市に官立新町屑糸紡績所の設立に尽力したことである．この紡績所は明治10年（1877）に開業し，千住製絨所，愛知紡績所と共に，官営工場の代表的な工場であり[9]，日本の近代産業化促進の象徴であった．グレーフェンは，東京開成学校の数学教師を明治8年（1875）10月まで勤めたが，10月13日には内務省勧業寮に雇用され[10]，かつてヨーロッパ各国の養蚕産業の実情視察に同行した上述の佐々木長淳と共に，新町屑糸紡績所の設立準備に取り掛かった[11]．この準備期間中，グレーフェンは明治政府から大きな信頼を得ていたようである．当時の記録には，人材の雇用や外国商会との取引締結の際に，「グレエフエン氏の指揮に従うべし」とある[12]．グレーフェンと佐々木が2年間にわたって尽力した新町屑糸紡績所は，明治10年（1877）10月20日に開業した[13]．グレーフェンは開業と共に金300円を受け取り，新町屑糸紡績所との雇用を解除され，紡績所を去った．

翌明治11年（1878）3月4日には内務省勧業寮との契約を終え，政府との雇用契約を終了した[14]．そして，この年の6月にはウィーン博覧会出展への貢献によって，政府より勲五等双光旭日章を贈られた[15]．その後，彼は帰国の途に着いた．

彼が滞在中に発表した論文・著書を調べてみると，彼が東京開成学校時代に担当した数学と力学に関する論文を発表していないが，明治8年（1875）と明治10年（1877）には国内で発刊された独語の雑誌に“ウジムシについて”という2編の同題名の論文を発表している[16]．

上述の通り，グレーフェンの来日中の貢献は，東京大学の前身校において西洋科学（数学と力学）の啓蒙を行ったこと，ウィーン博覧会において日本建築文化を世界の人々へ発信したこと，さらに養蚕産業界の発展に尽くし，日本の近代産業礎の構築を築いたことである．

第四節　帰国後の足跡

帰国後のグレーフェンの足跡は，出身地の住民登録簿で確認することができる．彼は，クレフェルト市役所に明治12年（1879）1月13日に帰国の届けを行っている[17]．その後，翌年1月26日にデュッセルドルフ市（Düsseldorf）に移り住んでいるが，7年後の明治20年（1887）10月24日には再び，クレフェルトに戻ってきている．その2年後の明治22年（1889）に作成された住民登録簿によると，彼は地元で“G. A. グレーフェン社（Firma G. A. Greeven）”という染物屋のオーナー（Färbereibesitzer）であり，かつ染物機器の開発・改良に従事した技術者（Ingenieur）として従事していた[18]．“独国特許局及び商標局（Deutsches Patent- und Markenamt）”には，技術者グレーフェンが発明した染物機器に関する4つの特許書類が残っている．特許の題目は次の通りである．「表面凝縮機について」[19]，「（毛糸）かせの形のまま紡ぎ糸を染み込ませ，洗浄し，かつ着色する機械」[20]，「紬糸とその他の繊維生地を染み込ませ，さらに，洗浄を行うための機械」[21]，「（毛糸

鴻巣久著：『絹絲紡績と屑物整理』，蚕業新報社，大正元年より

の）かせの中にある紡ぎ糸のための自動洗浄機」[22)].

最後の特許申請を行った3年後の明治31年（1898）1月5日，グレーフェンはクレフェルトで55歳で亡くなった[23)]．グレーフェンの親族の証言によると，彼はルイーゼ・ヴァルター（Luise Walter）という女性と結婚し，ヴァルター（Walter），マルタ（Martha），アルフレット（Alfred）という2男1女の子供に恵まれた．結婚年月日，子供について，これ以上の情報はグレーフェンの親族の方もわからなかった[24)].

注）

1）　クレフェルト-フィーセン・プロテスタント教会教区（Evangelische Kirchenkreis Krefeld-Viersen）所蔵：“クレフェルト系譜抄本（Ahnenbuch bekannter Krefelder Familien）”.

2）　クレフェルト市公文書館（Krefeld Stadtarchiv）所蔵：“1875年から1900/1901年までのクレフェルト市住民登録簿（Melderegister der Stadt Krefeld der 1875 bis 1900/1901）”．彼の修学歴については不明である．これを明らかにすることは，著者の今後の課題である．

3）　注釈2）の史料には，“...dass Georg Albert Greeven „angeblich August 1869 mit Paß nach Japan ging.”とある．

4)　ユネスコ東アジア文化研究センター編：『資料御雇外国人』，小学館，1975年，p. 268.
5)　東京帝国大学編：『東京帝国大学五十年史―上冊―』，1932年，p. 232.
6)　国立公文書館の史料によると，彼は東京開成学校において数学教師として雇用されている（注4）の文献，p. 268.）．Tokyo Kaisei Gakko［東京開成学校］編：『The Calender of the Tokio Kaisei-Gakko, or Imperial University of Tokio for the year 1875』，1875，pp. 149-159には，独語クラスの担当教員名と各教員が作成した試験問題が掲載されているが，この中でグレーフェンは"工業機械学（Mechanik）"の科目を担当したことになっている（同文献，p. 150）．
7)　国立公文書館所蔵："博覧会事務局文部省傭教師クリフエン，ワクネル両名ヲ雇入"，『太政類典・第二編・明治四年～明治十年・第六十五巻・外国交際八・外客雇入二』，明治6年2月22日付，請求番号：本館-2A-009-00・太00287100.
8)　岡本幸雄，今津健治編『明治前期官営工場沿革―千住製絨所，新町紡績所，愛知紡績所―』，東洋文化社，1983年，p. 5．さらに，彼はこの年の6月28日と10月2日には，博覧会副総裁であった佐野常民に"日本養蚕業改良ニ関する意見書"と"養蚕及蚕卵紙製造二関スル意見書"を送り，日本養蚕業の発展に尽力した．これらの意見書は日本語で書かれているので，グレーフェンが書いた意見書を翻訳したものと思われる．これらの意見書の写しが早稲田大学中央図書館所蔵大隈重信関係資料に保管されているので，大隈もこの意見書を読んでいたと思われる．これらの資料の資料請求IDは，それぞれ"38447998"，"38448027"（同大学図書館所蔵：大隈重信関係資料）．
9)　新町紡績所及び，当時の官営工場沿革の歴史的な史料については，注8）の岡本，今津編の文献が詳しい．
10)　注4）の文献，p. 268.
11)　新町紡績所の設立は，2人が明治6年（1873）にヨーロッパ各国の製糸工場や屑糸紡績工場などを視察した際に，特に屑糸紡績に注目したことに始まる（文献8）の岡本，今津編の文献，p. 5）．グレーフェンのこの紡績所での足跡と詳細な記録は，岡本幸雄，今津健治："官営新町紡績所の設立・経営関係史料"，『西南学院大学商学論集』，29，2，1982年10月，pp. 175-204を参照.
12)　それぞれ，注8）の岡本，今津編の文献，p. 148；p. 145を参照.
13)　注8）の岡本，今津編の文献，p. 181.
14)　注4）の文献，p. 268.
15)　国立公文書館所蔵：「墺国博覧会関係外国人賞勲之件（明治11年5月）」，「墺国博覧会事務局墺国人ゲーワグネル外三人賞典ノ伺」，『公文録・明治十一年・第六巻・明治十一年五月～六月・局伺（五月―本局～六月―刑法草…』，明治11年6月，請求番号：本館-2A-010-00・公02242100.
16)　渡辺正雄編：『改訂　明治前期学術雑誌論文記事総覧―明治前期学術雑誌論文記事集成別館―』，ゆまに書房，1990年によると，"Ueber den Uji", Mittheilungen der Deutschen Gesellschaft für Natur- und Völkerkund Ostasiens, 1, 7, 1875. 6, pp. 20-21.；同題名，同雑誌，2, 11, 1876. 11., p. 1．の2編がある．さらにFried-

rich von Wenckstern：Bibliography of the Japanese Empire, London, 1895 によると，彼は日本滞在中の 1876 年，イタリア・ゴリツィアの農業学会誌に 1 編の論文を発表している．“La pretesà immunita dei semi giapponesi smentia dagli organi officiali del Governo giapponese”, Atti e Memorie dell' i.r. Società agraria di Gorizia, vol. XV [New ser.], vol. 1, 1876, pp. 176–177.

17） 注釈 2）の史料.

18） クレフェルト市公文書館（Krefeld Stadtarchiv）所蔵：“1889 年度クレフェルト市住民登録簿（Krefelder Adress-Buch 1889）”.

19） 独語のタイトル“Oberflächenkondensator”，申請年月日：1889 年 5 月 11 日，特許番号：CH000000000945A.

20） 独語のタイトル“Apparat zum Impräniren, Waschen und Färben von Garn in Form von Strähnenken”，申請年月日：1889 年 6 月 8 日，特許番号：CH000000001099A.

21） 独語のタイトル“Apparat zum Tränken und Waschen von Garn und anderem Fasermaterial”，申請年月日：1892 年 3 月 23 日，特許番号：CH000000004741A

22） 独語のタイトル“Waschmaschine für Garn in Stähnen”，申請年月日：1895 年 6 月 12 日，特許番号：CH000000010606A.

23） クレフェルト市戸籍課（Standesamt Krefeld）所蔵：“死去登記録（Sterbeurkund）”.

24） グレーフェンの 1 つ年上の兄にあたるヴェルナー・アドルフ・グレーフェン（Werner Adolf Greeven）の曾孫にあたるエーリッヒ・グレーフェン（Erich Greeven）氏からご教示いただいた（2010 年 6 月 5 日付の著者への E-mail での連絡）.

第八章　アルフレット・ウェストファルの足跡

第一節　はじめに

ウェストファル（Westphal）[1] は，明治7年（1874年）5月1日より翌年9月30日までの1年5ヵ月間，東京開成学校で数学と歴史学を教えたお雇い独国人教師である．ウェストファルについて，これまでフルネーム，出生，来日に至る経緯，来日前後の足跡などが調査されていなかった[2]．著者は，明治初期における西洋学問の受容の黎明期に来日し，教授活動を行ったウェストファルについて，来日前後の足跡を明らかにし，伝記的な記録を残しておきたいという動機のもとに著者は彼に関する調査を行った．このことは，日本における近代科学導入史，及び日本とヨーロッパ諸国との科学交流史研究の礎になりえる，と著者は思っているからである．著者が調査を進めていく中で，インターネットで欧米人の家系図情報を検索できる“rootsweb.com”のホームページ上で，Westphal についての記述を発見した[3]．それは，元岡山大学経済学部助教授のミヒャエル・ラウック氏（Dr. Michael Raucke）が執筆した1996年5月30日付の記事である．

> アルフレット・フリードリッヒ・ユリウス・ウェストファルは，1850年8月1日にライン州のロイテスドルフで生まれ，1924年9月2日に永眠．1874年から75年にかけて日本で数学を教え，その後はベルリンの独国測地学研究所に勤務．1877年にハレでPhD.

著者は，この最後の部分の“1877年にハレ（Halle）でPhD”の書き込みをもとに，現在のハレ・ヴィッテンベルク大学（Halle-Wittenberg Universität）の公文書館に問い合わせたところ，ウェストファルが学位を取得する際に大学に提出した直筆の履歴書が現存していることがわかった[4]．著者は公文書館スタッフに彼の日本における業績を伝えるとともに，上述したような著者のこの研究に対する動機を伝えたところ，公文書館のご好意でその履歴書をトランスクリプトしたものを入手することができ，それによって彼の生い立ちから日本滞在の1年後までの彼の修学歴を含む足跡が明らかになった．さらにこの記述をもとに著者が調査したところ，ウェストファルはハレ大学に入学する前にチューリンゲン州のハイリゲンシュタットという町のギムナジウムで学んだことが明らかになった．この町の複校のギムナジウムにウェストファルの学籍簿について問い合わせを行ったところ，彼がこの町のイェズイーテンコレーク（Jesuitenkolleg），現在のヨハン・ゲオ

ルク・リンゲマン　ギムナジウム（Staatliches Gymnasium Johann Georg Lingemann）に在籍していたことがわかった[5]．この時著者からの問い合わせに対応していただいたこの町の公文書館館長A.ゼフェリン氏（Frau Anne Severin, Leiterin des Stadtarchivs der Stadt Heilbad Heiligenstadt）は，ウェストファルに興味を持ち，著者の調査結果をもとに，独自に調査を開始した．その結果，ウェストファルは日本滞在後，キフホイザー・独国帝国軍人協会（Deutscher Reichskriegerbund Kyffhäuser e.v）の要職を務めていたことを突き止め，それを著者に教示してくれた上に，その報告を地元の地域情報誌に掲載した[6]．著者のこの論考は，上述のハレ大学の史料及びA.ゼフェリン氏の調査結果の他に，教師としての日本滞在中の様子については国立公文書館において史料調査を行った結果をもとにしている．そして，これまで知られていなかった彼の出生を含む生涯の伝記的な事項を明らかにすることができた．また，調査の途中で彼のポートレート写真を入手することができたので，それを紹介する．

第二節　生い立ちから来日までの足跡[7]

アルフレット・フリードリッヒ・ユリウス・ウェストファル（Alfred Friedrich Julius Westphal）は，1850年8月1日にライン地方のロイテスドルフ[8]で生まれた．彼の父は，その町の首長であったフリードリッヒ・ウェストファル（Friedrich

Westphal）であり，母の名前は，ベルタ（Bertha）で，旧姓はシュレット（Schrett）であった．ウェストファルは1861年にチューリンゲン州のハイリゲンシュタットのイェズイーテンコレーク（Jesuitenkolleg）に入学し，1869年10月1日に卒業資格（アビトゥア）を取得し[9]，同年10月16日にベルリン大学哲学部で学籍の手続きを行った．そして1873年8月16日に大学を卒業した．ウェストファルが来日に至った経緯は次の通りである[10]．彼が来日する前年の春に，第一大学区一番中学（東京開成学校の前身）において，当時，香港在留していた独国人バロンフォングラムハクを教師として採用することが決まっていた[11]．しかし，彼が急遽来日できなくなり，明治政府は横浜在住の独国人の中で適任者を探したが，見つけることができなかった．そこで，明治政府はベルリンへ数学教師採用の要請を行った[12]．それに伴い，当地ベルリン公使青木周蔵が人選を行い採用されたのが，ベルリン大学を卒業したばかりの当時23歳のウェストファルであった[13]．

第三節　滞在中の様子

ウェストファルは明治7年（1874）3月15日に来日し[14]，5月1日より東京開成学校鉱山学科（独語クラス）[15]で数学を教授した．当時の鉱山学科の独国人教師には，文学教授及び数学教授のE.クニッピング，鉱山学教授のC.シェンク，数学教授のG.A.グレーフェン，そしてウェストファルの4名が在職していた．また，生徒は明治8年（1874）2月の時点で，予科第一級から第五級までクラスがあり，合計で57名が在籍していた[16]．着任1年後の明治8年（1875）4月からは，彼は数学の他に歴史学を教授した[17]．彼は滞在中，4編の学術論文を発表した[18]．内訳は日本のそろばんに関する論文が2編，中国のそろばんに関する論文が1編，そして，日本の数学史に関するものが1編である．最後の“日本数学史に関する論文”は，D.E.Smithと三上義夫の共著：A history of japanese Mathematicsの中の，中国と韓国，日本のそろばん史研究に関する記述の中で引用されている[19]．当時の御雇外国人の一番の使命は，日本に近代科学を伝えることであったが，同時に彼らの多くは日本の文化・慣習を西洋人の観点から研究を行い，学術論文として発表・紹介していた．日中のそろばん及び日本数学史研究を行ったウェストファルもその一人であったのである．

ウェストファルは，当初2年間の滞在予定であったが[20]，独語クラスの閉鎖に伴い，約1年5ヵ月で任務を終えた．彼は明治8年（1875）9月30日に独国に帰国した[21]．

第四節　離日後の足跡

ウェストファルは独国に帰国した後，ベルリンの王立測地学研究所[22]のアシスタントとしての職を得た．そして在職中に，ハレ大学に学位取得の申請を行なった．彼は学位請求論文として，自身がこれまでに発表した日本と中国の算術史研究についての寄稿論文を当大学哲学部に提出した．彼の学位論文は4編で構成され，いずれも日本国内で発表されていた雑誌 Mittheilungen der deutschen Gesellschaft für Natur- und Völkerkunde Ostasiens の中で発表された論文であった[23]．これらの論文により，彼は明治10年（1877）3月19日に，ハレ大学哲学学部において学位を取得した．

その後，明治27年（1894）頃に研究所の教授に昇進し[24]，天体観測機器，海岸測定機器，風速計に関する数編の論文・著書を発表し，これらの分野で活躍した[25]．彼は研究所に在職のまま，明治16年（1883）から明治27年（1894）までの11年間，測定観測器機に関する学術雑誌（Zeitschrift für Instrumentenkunde）の編集委員を務めた[26]．この要職を務めたことは，彼の専門知識が当時の研究者たちに高く評価されていたことがわかる．明治17年（1884）には，“記録風速計の歴史について”という題目の論文を発表しており[27]，日本でそろばんの歴史について研究し，その研究で学位を取得した彼は，生涯を通じて計量の歴史に興味があったと思われる．また，明治23年（1890）のパリ博覧会の際には，St. Lindeck と共著で，“パリの世界博覧会における機器及び光学のための独国共同展示会の特別カタログ”[28]を作成していることから独国展示物の選考，啓蒙に関与していたことがわかる．さらに，3年後の明治26年（1893）に米国・シカゴで開催された博覧会も視察し，各国の精密機械と精密工学機器について膨大な報告書を専門誌の中で発表している．ここで彼は日本の展示物についても言及し，出展されていた度量衡の展示を観て刺激されたこと，更に地震計が細部まで完璧に作り上げられ，その詳細な説明が付けられていることに，とても興味を持ったことを記述している[29]．論考の最後に掲載しているウェストファルの写真は，その時独国代表者の写真として米国側の関係者に提出されたものである[30]．その後，明治27年（1894）から明治38年（1905）まで研究所の理事を務めた後，退職した[31]．そして，大正13年（1924）9月2日に，74歳の生涯を閉じた[32]．

以上が著者が調べたウェストファルの研究者としての一面と生涯である．次に著者のこれまでの調査結果をもとに，ハイリゲンシュタット公文書館館長のアンネ・ゼフェリン（Frau Anne Seferein）氏が調査した結果を紹介する[33]．ウェストファルは，ベルリン大学在学中の明治3年（1870）に勃発した普仏戦争の際に，志願兵として軍隊に従事した．その後，“ベルリンの第二次ポルメルン地方軍隊のかつての戦友協会（Verein ehemaliger Kameraden des 2. Pommerschen Armeekorps in Berlin)”の議長を務め，明治19年（1886）からは独国戦争連盟（Deutscher Kriegerbund）の役職を務めた．明治21年（1888）に独国皇帝ヴィルヘルム1世が死去した後，キルフホイザー山地に彼の記念碑を設立することに貢献し，大正3年（1914）には第ニ等プロイセン宝冠章（Preußen Kronenorden II. Klasse）を授与されている．更に第一次世界大戦（大正3年（1914)—大正7年（1918)）の中に，在職期間は不明であるが戦争報道局（Kriegspressamt）に従事した．また，大正10年（1921）6月19日に行われた上述のキルフホイザー記念碑25周年記念式典の際に，“キルフホイザー記念碑の過去と将来の意義（Die Bedeutung des Kyffhäuser Denkmals in Vergangenheit und Zukunft)”という題目で記念講演を行った．そして大正13年（1924）9月2日に彼が死去した後，彼の遺灰はキルフホイザー記念碑にあるドーム上のホールの中にある骨壷に収められた．

注）

1）『岩波　西洋人名事典—増補版—』，岩波書店，1981年によると，‘Westphal’という人名を，‘ヴェストファール’と記述している．独語の発音もこの記述が近いと思われるが，ユネスコ東アジア文化研究センター編：『資料御雇外国人』，小学館，1975年では‘ウェストファル’と紹介されているので，本章では，‘ウェストファル’で統一している．この論考を執筆するにあたり参考にした主な文献は，次の4点である．Hermann August Ludwig Degener：Wer ist's?—unsere Zeitgenossen Zeitgenossenlexicon—, 4. Ausgabe, 1908；東京開成学校編：『東京開成学校一覧　明治8年2月』，1875年；ユネスコ東アジア文化研究センター編：『資料御雇外国人』，小学館，1975年.；渡辺正雄編：『改訂明治前期学術雑誌論文記事総覧—明治前期学術雑誌論文記事集成別巻—』，ゆまに書房，1990年．

2）著者が調べた主な文献は，次の通りである．伊藤俊太郎他：『科学技術史辞典—縮印版—』，弘文堂，1994年；武内博：『来日西洋人名事典—増補普及版』，日外アソシエーツ，1995年；日蘭学会編集：『洋学関係研究文献要覧（1868-1982)—20世紀文献要覧大系17—』，日外アソシエーツ，1984年；日蘭学会編：『洋学史事典』，雄松堂出版，1984年；上野益三：『お雇い外国人③自然科学』，鹿島研究所出版会，1968年．また，「日本の数学100年史」編集委員会が編集した著書には，東京開成学校の数学教師としてウェストファルの名前と在職期間のみが他の教師たちとともに記述されており，彼の個人的な業績・足跡には言及されていない（「日本の数学100年史」編集委員会編：“第2章　明治前期”，『日本の数学100年史—上—』，岩波書店，1983年，p. 69)．

注

3) この文章は英語で記述されており，次の方法で読むことができる．google で "rootsweb.com" を検索していたき，トップに出る項目を選択し，その中の "mailing Lists" の項目の "Archives Search" を選択．そして，"Key word" に "Alfred Westphal"と入力すると，最初に "Re:Westphal" という項目が出てくるので，そのページを選択（2011 年 3 月 11 日にこのページを確認）．ラウック氏は，この時期を書いた当時，岡山大学経済学部で日本の経済学史をご専門にされており，明治期の独国人についてご研究をされていた．特にウェストファルに限定して調べたわけではなく，複数の人物について調べていた．ラウック氏は，ウェストファルに言及した発表記事は，この "rootsweb.com" においてのみでしか発表していない（著者からの問い合わせに対する E-mail での回答（2009 年 11 月 12 日付））．

4) ハレ・ヴィッテンベルク大学公文書館蔵：哲学部事務局文書（Dekanatsakte der Philosophischen Fakultät, Universitätsarchiv Halle-Wittenberg）の中の Signatur UA Halle Rep. 21 II, Nr. 126, pp. 216–234.

5) Heiligenstadt．現在の独国・チューリンゲン州のハイルバート・ハイリゲンシュタット（Heilbad Heiligenstadt）．州都エアフルトから，北西に約 75 キロに位置する．彼の学籍簿 は K. Pabst：Verzeichnis der Schüler des Staatl. Kathol. Gzmnasium zu Heiligenstadt, 1929, p. 45 で確認することができる．

6) Anne Severin："Heiligenstädter Abiturient als Vater der modernen Mathematik Japans", Heigenstadt Anzeiger—Amtsblatt der Stadt Heilbad Heiligenstadt mit den Ortsteilen Flinsberg, Kalteneber, Rengelrode und Grünterode—, Jahrgang 20, Nummer 3, Freitag, den 12. Februar 2010, pp. 8–9.

7) この章において，特に注がない記述はウェストファルがハレ大学に提出した履歴書をもとにしている（注 4）の史料を参照）．

8) Leutesdorf．ライン地方の都市コブレンツから北西に約 20 キロに位置する．

9) 注 5）の K. Pabst の学籍簿．

10) 注釈 1）のユネスコ東アジア文化研究センター編の文献，p. 227 の "ウェストファル" の項．；国立公文書館（東京都千代田区）所蔵のウェストファルに関する公文書をもとにしている．

11) 国立公文書館蔵：「第一大学区一番中学教師濁逸人ゼーゲル雇止同国人「バロンフォングラハク」ヲ雇フ」，『太政類典・第二編・明治四年～明治十年・第六十九巻・外国交際十二・外客雇入六』，明治 6 年 3 月 19 日，請求番号：本館-2A-009-00・太 00291100）．'バロン' は独語の 'Baron（男爵）' であり，'フォン' は 'von（貴族の身分を示す名前の一部）' であると思われる．

12) 国立公文書館蔵：「普国ニ於テ撰擇スル教師来航迄再ヒセーケルヲ傭入」，『太政類典・第二編・明治四年～明治十年・第六十九巻・外国交際十二・外客雇入六』，明治 6 年 6 月 3 日，請求番号：本館-2A-009-00・太 00291100．この書類によると，バロンフォングラハクが来日できなくなったため，横浜在住の濁逸人に，日本に在住している人物で代わりの教師を探してもらったが適任者がいなかった．

13) 国立公文書館所蔵：「開成学校雇教師独乙人ウエストフヲル墨銀ヲ以テ給与」，

『太政類典・第二編・明治四年～明治十年・第三百十巻・理財三十・官給四』，明治7年4月2日，請求番号：本館-2A-009-00・太00533100.

14) 国立公文書館所蔵：「開成学校御雇独人ウエストフヲル本国ヨリ来着ノ儀届，『公文録・明治七年・第百六十九巻・明治七年四月・文部省伺（布達）』，明治7年4月，請求番号：本館-2A-009-00・公01191100.

15) ウェストファルが記した履歴書には，“江戸の帝国工芸学校（Kaiserliche Polytechnische Schule in Yedo）に従事した”と書かれている（注4）の史料を参照）.

16) 東京開成学校編：『東京開成学校一覧　明治8年2月』，1875年，pp. 45-46.

17) 国立公文書館蔵：「開成学校教授孛人ウエストハール授業学科ト給料ヲ増ス」，『太政類典・第二編・明治四年～明治十年・第六十九巻・外国交際十二・外客雇入六』，明治8年4月4日，請求番号：本館-2A-009-00・太00291100.

18) 渡辺正雄編：『改訂明治前期学術雑誌論文記事総覧―明治前期学術雑誌論文記事集成別巻―』，ゆまに書房，1990年　によると，ウェストファルが日本で発表した論文は，そろばん史及び日本数学史についての4編である．“Ueber die chinesisch-japanische Rechenmaschine”, *Mittheilungen der deutschen Gesellschaft für Natur- und Völkerkunde Ostasiens*, 1, 8, 1875. 9, pp. 27-35；“Ueber das Wahrsagen auf der Rechenmaschine”，『同　文　献』，1, 8, 1875. 9., pp. 48-49；“Ueber die chinesische Swan-Pan”，『同　文　献』，1, 9, 1875. 3., 1, 9, pp. 43-55.；“Beitrag zur Geschichte der Mathematik in Japan”，『同文献』，1, 9, 1876, pp. 54-55.

19) 注18）の明治9年（1876年）の論文は，D. E. Smith, Y. Mikami：“III. The Development of the Soroban”, A history of japanese Mathematics, Dover, Mineola, New York, 2004, p. 33において紹介されている．

20) 注13）の文献を参照.

21) 国立公文書館所蔵：「東京開成学校教授独乙人ウエストフアール雇止并賞与届」，『公文録・明治八年・第六十五巻・明治八年十月・文部省伺』，明治08年10月，請求番号：本館-2A-009-00・公01447100.

22) Königlich Preußischen Geodätisches Institut Berlin. 現在のヘルムホルツセンター及独国・ポツダム地球学研究センター（Helmholtz-Zentrum, Potsdam Deutsches GeoForschungs Zentrum Potsdam（GFZ））である．この研究所は，彼が在職中の明治25年（1892年）に，ベルリン郊外のポツダムに移転し現在に至っている．彼が着任し学位論文を提出した当時の研究所の所長は，ヨハン・ヤコブ・ベーヤー（Baeyer, Johann Jacob. 1794-1885）であった．この研究所には，現在，ウェストファルに関する史料は残っていない（著者の問い合わせに対する当研究所クッパーズ（Küppers, Andreas）氏からのE-mailでの回答（2009年10月20日付））．明治初期のお雇い独国人教師の中で，滞在中に日本に関する研究を行い，その研究成果によって独国の大学で学位を得たのはウェストファルが最初の人物であることは間違いないと思われるが，このことを明らかにすることは著者の今後の調査の課題である.

23) 注4）の史料；注18）を参照.

24) この頃から，彼の論文の著者名のところに，“Prof.”のタイトルが記載されている.

25) 著者が見出すことができたのは，次の文献である．Friedrich von Wenckstern：*Bibliography of the Japanese Empire*, London, 1895；*Catalogue of scientific papers*（*1800-1900*），Royal Society London；欧米の図書館の蔵書を検索できる独国・カールスルーエ工科大学図書館のHP上（www.ubka.uni-karlsruhe.de/kvk.html）の 検 索；The Smithsonian/NASA Astrophysics Data System（http://adsabs.harvard.edu/）のHP上での検索結果である．Kriegervereine gegen Sozialdemokratie—Ein Mahnwort an die gebildeten Stände—, Berlin, 1899；"Winkel- und Seitengleichungen, von Dr. Alfred Westphal. Ueber die die Beziehung der bei der Stations-Ausgleichung gewählten Null-Richtung von Wilhelm Werner", Druck von P. Stankiewicz' Buchdruckerei, Berlin, 1880.；Die Ausdehnungscoefficienten der Ku¨stenvermessung—Publication des Königl. Preuss. geodätischen Institutes—, Druck von P. Stankiewicz' Buch- druckerei, Berlin, 1881.；"Die geodätischen und astromischen Instrumente zur Zeit des Beginners exacter Gradmessungen", *Zeitschrift für Instrumentenkunde*, 4, 1884, pp. 152-166, 189-202；"Zur Geschichte der registrieden Anemometer" *Zeitschrift für Instrumentenkunde*, 4, 1884, pp. 412-417；"Basisappar und Basismessungen", *Zeitschrift für Instrumentenkunde*, 5 und 8.（1885/1888）【内訳】5(1885), pp. 257-274, pp. 333-345, pp. 373-385, pp. 420-432, 8(1888), pp. 189-203, pp. 225-236, pp. 337-346；"Berichtigung zu Vega's Thesaurus Logarithmorum", *Astromische Nachrichte*, 114, 1886, p. 333；"Neue Kompassrosen, ihre Entwicklung, Grundzüge und Prüfung für den Gebrauchswerth auf See", *Zeitschrift für Instrumentenkunde*, 10, 1890, pp. 291-292；Bemerkung zu der Abhandlung："Eine freie Hemmung mit vollkommen unabhängiger und freier Unruhe oder Pendel" Von D. Appel, *Zeitschrift für Instrumentenkunde*, 12, 1892, pp. 164-165；B. Pensky と共著："Präzisionsmechanik und Feinoptik auf der Ausstellung Chicago", *Zeitschrift für Instrumen- tenkunde*, 14, 1894, pp. 133-136, pp. 176-180, pp. 210-214, pp. 252-255, pp. 327-331, pp. 366-369, pp. 405-408；*Zeitschrift für Instrumenten- kunde, Organ für Mittheilungen aus dem gesammten Gebiete der wissenschaftlichen Technik... Redaction, Dr. A. Leman und Dr. A. Westphal,... BdIII-*[*XIV*], Berlin, 1883-1894. "Der Nordoststrum von 29.bis 30.Januar 1895 in der Ostsee", *Meteorologische Zeitschrift*, 12, 1895, pp. 222-223；"Untersuchungen über den selbstregistrirenden Universalpegel zu Swinemünde, System Seibt-Fuess. Mittheilung aus dem Königlichen Geodädtischen Institut zu Potsdam", *Zeitschrift für Instrumentenkunde*, 15, 1895, pp. 193-203.；"Das Mittelwasser der Ostsee bei Travemünde, Marienleuchte, Wismar, Warnemünde, Arkona und Swinemünde in den Jahren 1882-1897", *Stankiewicz*（*=Veröffentlichung des Königlichen Geodätischen Institutes NF 2*），Berlin, 1900；St. Lindeck との共著：*Sonderkatalog der deutschen Collektivausstellung für Mechanik und Optik auf der Weltausstellung in Paris*（*auch englisch und französisch*），1900.

26)　注25)の文献, *Zeitschrift für Instrumentenkunde, Organ für Mittheilungen aus dem gesammten Gebiete der wissenschaftlichen Technik... Redaction, Dr. A. Leman und Dr. A. Westphal,...* Bd. III-[XIV], Berlin, 1883-1894. を参照.

27)　注25)の文献, "Zur Geschichte der registrieden Anemometer", *Zeitschrift für Instrumentenkunde*, 4, 1884, pp. 412-417 を参照.

28)　注25)の文献, Sonderkatalog der deutschen Collektivausstellung für Mechanik und Optik auf der Weltausstellung in Paris (auch englisch und franzäsisch), 1900 を参照.

29)　注25)の文献, "Präzisionsmechanik und Feinoptik auf der Ausstellung Chicago", *Zeitschrift für Instrumentenkunde*, 14, 1894, p. 214 を参照.

30)　Library of Congress Prints and Photographs Division (Washington, D. C. 20540 USA) に所蔵されている (CALL NUMBER : LOT 13301, no. 142 [P&P]). このNotesには, "In 1894, John Boyd Thacher requested portraits for a collection about judges and commissioners who served at the 1893 World's Columbian Exposition. John Boyd Thacher collection about judges and commissioners for the 1893 World's Columbian Exposition." と記載され, 更にベルリンのW.ヘッフェルト氏 (W. Höffert) によって明治23年 (1890) から明治33年 (1900) にかけて撮られたことが記述されている. 明治26年 (1893) にシカゴ博覧会が開催されているので, その頃に撮られたと思われる. 彼の43歳頃の写真である. 著者は, この写真を管理しているLibraryに日本国内の雑誌に掲載したい旨の問い合わせを行ったところ, 学会誌への掲載の許可を得たのでここで掲載する (著者へのE-mailでの回答 (2009年11月5日付)).

31)　Rauck氏から著者への2009年9月24日付のe-mai. この事実について著者は, 他の文献において確認を取れていない.

32)　注6)の史料を参照.

33)　同上の文献; Ludwig Arndt : *Militärvereine in Norddeutschland*, Books on Demand GmbH, Norderstedt, 2008, pp. 125-126 の "Alfred Westphal" の章を参照.

第九章　日本で最初の独国人独語教師 V. ホルツについて

第一節　はじめに

東京大学法文理学部の前身校で，科学科目を教授していた独国人教師にホルツ（Holtz, Viktor. 1846–1919）がいる．彼は旧幕府から明治新政府が再三にわたり独国政府（当時の北プロイセン）に独語教師を依頼して，ようやく来日した第一号の独語教師である[1)]．彼は明治3年（1870）から3年10ヵ月間滞在し，独語の他に自然科学，文系科目などを教授した．ホルツが来日していた当時，大学南校はですでに，ワグネル，シェンク，クニッピングによって独語クラスが開設されていたが，ホルツの本来の目的・使命は独語を教えることであったので，ホルツは彼らが教えていた独語クラスとは別のクラス（独逸教場）で生徒に教授していた[2)]．しかし，彼は独語読本や文法書を用いた独語の授業だけではなく，科学科目も教えている．彼は日本滞在中に行った授業内容やテキスト，生徒の学習進捗状況について本国へ詳細に報告している．彼が行った科学教育は，本稿でこれまで取り上げてきたお雇い教師たちが行ってきた授業の目的である「欧米式の近代国家を創る人材育成」とは趣旨が異なるが，この報告書は当時の日本における科学教育の様子を知ることができる貴重な証言であるので，この章では日本滞在時期を含むホルツの生涯を紹介する．

第二節　出生から来日まで[3)]

カール・ベルンハルト・ヴィクター・ホルツ（Carl Bernhard Viktor Holtz）は，銅細工師の父リヒャルト（Richard）と母テレージア（Theresia）の子供として，1846年5月3日に独国・ノルトライン＝ヴェストファーレン州アーヘン（Aachen）郡の町シュトルベルク（Stolberg）で生まれた．翌日，シュトルベルク・ザンクト・ルチア教会（St. Lucia Stolberg）でカトリック教徒の洗礼を受けた[4)]．ホルツは1865年から1867年までケンペン（Kempen）にあった教員養成研修所で学び，1867年5月27日に21歳でアーヘン市の教師になった．そして1869年11月1日に，23歳で“セミナー教師（Seminarlehrer）”に任命され，小学校教師のための実践的な教育を担当することになった．その後，現在のラインラント・プファルツ州のボッパルト教員養成研修所（Schullehrerseminar Boppard）の教師になった[5)]．

コブレンツ中央公文書館に保管されている手紙，公文書の中でホルツの訪日について言及しているものは，管見では，上述のボッパルト教員養成研修所の教師になった翌年の 1870 年 9 月 2 日付でベルリンの北独国外務省から，ホルツが所属する王立コブレンツ地区学校教師団（Königlich Provinzial-Schul-Collegium zu Coblenz）の担当大臣代理レーナート（Lehnert）に宛てられた手紙である．これによると，北独国外務省から数名の候補者に日本での教授活動を打診した中でホルツが受諾したこと，そしてレーナート大臣代理から，ホルツに対して最終の意思確認の要請について言及されている[6]．日本での活動契約内容は，明治 4 年（1871）1 月 1 日から明治 6 年（1873）12 月 31 日までの 3 年間であり，授業は週に 6 日，1 日に 4 時間を担当し，月給は 200 メキシコダラーであった．ホルツは明治 3 年（1870）11 月 20 日に独国を出発し，明治 4 年（1871）2 月 20 日に横浜に到着した[7]．その時，ホルツは 24 歳であった．

第三節　滞在中の様子―科学科目の教育内容を中心に―

ホルツは来日早々，大学南校独逸学伝習所に配属され[8]，大学南校からの要請により学校規則の草案を作成した[9]．そして来日して 4 ヵ月後の 4 月 21 日から 25 名の生徒を相手に授業を開始した．彼が授業を行う際，独語の通訳者がいなかった．当初はすべて独語のみの授業であったが，授業開始の 3 ヵ月後から算術（Rechenunterricht）の授業が開始された[10]．この時，週 30 時間の授業時間のうち独語の授業が 24 時間，算術の時間が 6 時間割り当てられていた[11]．彼は算術の授業で，リヒター（Richter）とグレーニング（Gröning）の *Rechenbuch* の第二巻目をテキストとして利用した[12]．生徒たちは 1 年間の算術の授業で，四則算を全ての数で応用できるようになった[13]．ホルツが授業を開始して 7 ヵ月後の明治 5 年（1872）1 月には，このクラスは大学南校から独立して，暫定的に「最初の外国語学校（Erste Fremdenschule）」と改称された．そして 8 月には，第一大学区第二番中学に改称された[14]．そして，翌年明治 6 年（1873）3 月には，第一大学区第二番中学は（第一大学区）独逸学教場と改称された[15]．この年の 12 月には，ホルツが担当していた科目は基礎算術（Elementarische Rechnen），自然学（Naturlehre），博物史（Naturgeschichite），代数学（Algebra），幾何学（Geometrie），製図（Zeichnen），世界史（Weltgeschichite），地理学（Geographie），読方（Lesen），独語文典（Deutsche Grammatik），作文（Aufsatz）の 11 科目であり，これらを 1 人で担当していた．さらに文部省からは，これらの科目の他に道徳哲学（Moralphilosophi）と化学（Chemie）を教えるように要請があったが断った[16]．ちょうど，独逸学教場と改称された直後の4月に，ホルツは日本で授業を行った2年間の日本における教授活動と生徒の学習進捗状況について，王立コブレンツ地区学校教師団に報告している[17]．以下で，ホルツが科学科目の状況について報告している内容を紹介する．まず，ホルツの最初の生徒（第一期生）のこの1年間の進捗状況であるが，算術に関しては週に2時間が当てらた．そのテキストとして使用したのは，リッターとグレーミングの *Rechenbuch* の第二巻目[18]であり，その本の130頁まで教えた．ホルツは，この1年間の生徒たちの進歩を「生徒たちが初めの頃，暗算の極めて易しい問題に取り組んだときの顕著な自身のなさを思うと，当時の一期生が一年目に1から100までの全ての数を暗算で処理できるようになったのは，大いなる成果と言う他ならない．これに対応する数字計算には1から100万までの数が出てくるのである．」と報告している．さらに2年目の明治5年（1872）6月になってようやく分数計算を教え始め，分数の比例計算まで教えた．テキストには，同じくリッターとグレーミングの *Rechenbuch* の第二巻目を用い，229頁まで進んだ[19]．約2年間をかけて，生徒たちはようやく分数の計算ができるようになったようである．次に自然学（Naturlehre）であるが，一般物性論（Allgemeine Eigenschaften der Köper）と，てこの装置（Gruppe des Hebels）を教えているが，報告書には使用したテキスト，及び具体的な学習進捗状況には言及されていない[20]．次に代数学であるが，テキストとして *Heis' Sammlung von Aufgaben aus Arithmetik und Algebra*（ハイスの算術・代数学問題集）を用い，第1章から第10章まで教え，加法等の概念と応用を教えた．その後，一次方程式の応用を習得させるために同書36章を教え，練習問題の1番から35番を課題に出した．この練習問題は，基本的なやり方と，代数的なやり方の両方で生徒に解かせた[21]．最後に幾何学であるが，*Koppe's Planimetrie*（コッペの平面幾何学）の第1章から35章を教えた[22]．

以上が，ホルツが来日2年目にコブレンツ地区学校教師団に報告した科学科目の指導進捗状況である．ホルツのクラスとは別にあった大学南校，第一大学区一番中学時代の科学科目の指導・進捗状況とホルツの指導・進捗状況を比較研究することによって，当時の日本における科学教育状況について明らかにできる事項が発見できる可能性がある．この比較研究を行うことは，著者の今後の課題である．

明治6年（1873）秋，東京医学校（現在の東京大学医学部）で独語教師の募集があり，ホルツ本人の希望で8月からそこに移った[23]．それまでホルツが一人で教えていた独逸学教場の生徒たちは，東京外国語学校（現在の東京外国語大学）に吸収された[24]．ホルツは医学校に明治8年（1875）1月末まで勤務し，雇用契約終了後，帰国に着いた．この時，ホルツは29歳であった．以上がホルツの日本における職場及び教育状況である．

次にホルツが日本で行った研究を紹介する．ホルツは日本の文化ついての研究を行い3編の論文を発表している．2編は日本の伝統歌曲について，1編は将棋についてである[25]．これらの論文は明治6年（1873）9月から翌年7月にかけて発表されている．この時期はちょうど東京医学校に従事していた時期であり，一人で独逸学教場を運営していた業務から解放されたので，このような論文を書く時間的，心理的な余裕ができたと思われる．

第四節　離日後の足跡

ホルツは医学校に明治8年（1875年）1月末に約4年間におよぶ日本滞在を終え，2月2日に離日した[26]．その時，彼は28歳であった．彼は3月中には帰国し[27]，4月中に，アーヘン郡シューフェンヒュッテ（Schevenhütte, Landkreis Aachen）において，日本滞在についての最後の報告書を書いた．そして4月30日には，訪日前の職場であるボッパルトの学校に復帰し，生徒に数学，独語，ピアノを教えた．彼は独語作文の時間に，生徒が書いた作文に日本語で添削の書き込みをしたこともあったという[28]．その後，彼は明治10年（1877年）にコブレンツ近郊のプリュム（Prüm）という町の地域学校監督者になり，明治22年（1889年）には現在のポーランド領シュリム（Schrimm，ポーランド名シレーム（Śrem）），そして明治35年（1902年）には独国・ルール地方のゲルゼンキルヒェ（Gelsenkirche）というの町の地域学校監督者として従事した．

ホルツは明治23年（1890年）から明治29年（1896年）の間に，町の地域学校監督者を勤めながら，子供のための独語の作文練習本や独語読本など7冊を執筆し，独国人の子供たちはもちろん，ポーランドの子供たちの独語習得のための教育向上に努めた[29]．そして大正8年（1919年）9月3日に，現在のポーランド領のポーゼン（Posen，ポーランド名ポズナン（Poznań））で，73歳で死去した[30]．

注）

1）　幕末から明治初期にかけての日本における独語教育の状況については「第二章　第一節　幕末から明治初期における東京大学前身校における英語，仏語，独語の語学教育の歴史的背景」を参照．また公文書では，国立公文書館所蔵：「旧幕府ヨリ独逸公使へ約束ノ語学教師雇入ヲ輟ム」，『太政類典・第一編・慶応三年～明

注

治四年・第五十七巻・外国交際・外人雇入』，明治２年３月，請求番号：本館-2A-009-00・太00057100．を参照.

2) 国立公文書館所蔵：「大学南校独逸学伝習所門規則」，『太政類典・第一編・慶応三年〜明治四年・第十九巻・官制・文官職制五』，資料請求番号：本館-2A-009-00・太00019100，明治３年．このクラスは「ドイツ語通訳養成のために設けられたドイツ語コース」であった（森川潤："幕末維新期における独語学校の設置構想—ドイツ・ヴィッセンシャフト移植の端緒をめぐって—，"『広島修道大学論集—人文篇—』，32，2，1992年３月，pp. 227）．また，このコースにはホルツしか教員がいなかったので，「ホルツの学校」と呼ばれていた（大塚三七雄：『明治維新の独逸思想』，長崎出版，1977年，p. 208）.

3) Michael Rauck："Victor Holtz and the "German School" in in Tôkyô"，『岡山大学経済学会雑誌』，28，2，1996年８月，p. 104.；p. 110を参照．Rauckの論文，p. 110にはミュンスター（Münster）にあるノルトライン・ヴェストファーレン州立公文書館（Landesarchiv Nordrhein-Westfallen）に，ホルツの身上書（Personalakte）が所蔵されていることが記載されていたので，著者は2012年（平成24）５月24日に同公文書館を訪問し，そのコピーを入手することができた．身上書の所在は，Landesarchiv Nordrhein-Westfallen蔵："Acta personalla, Holtz aus Schrimm Kreis"，I, 375. Schul-Registratur der Regierung zu Arnsberg. Fach I, Nr. 34, 1902．身上書を閲覧，コピーさせていただくにあたって同公文書館のマーシェル・ヴェルナー（Marcel Werner）氏にお世話になった．この場を借りて，お礼を申し上げる．また，Rauckの論文，p. 110には，ホルツに関する公文書が上述の公文書館の他に，コブレンツ中央公文書館（Landes hauptarchiv Koblenz）に４つの史料が所蔵されていることが記載されている．しかし，Rauck氏の論文には，請求番号のみが記入されているのみで，史料のタイトルが記入されていなかった．著者が2012年５月25日に同館を訪問し，請求番号と史料タイトルを確認したものを以下に記す．コブレンツ中央公文書館蔵："Direktor und Lehrer am Lehrerseminar Boppard 1866-1877"，pp. 10ff.，請求番号：405/4362，pp. 10ff.；同館所蔵："Direktor und Lehrer am Lehrerseminar Boppard 1877-1887"，請求番号：405/4363.；同館所蔵："Anstellung der Kreisschulinspektoren 1873-1880"，請求番号：442/2203，p. 687.；同館所蔵："Anstellung, Besoldung und Ressortverhältnisse der Kreisschul- inspektoren 1891-1904", p. 60，請求番号：442/4047．これらの史料を閲覧させていただくにあたり，同館スタッフであるアレン・ユングラス（Ellen Junglas）氏に大変お世話になった．この場を借りて，お礼を申し上げる．さらにRauck氏の論文には，*Festschrift zur Schlußfeier am Lehhseminar zu Boppard am 6. Und 7. April 1926.* という文献が参考文献として挙げられているが，著者は未確認である．以下，本稿のホルツの足跡は，特に注）を記述している以外は，Rauckの文献による.

4) 彼の洗礼記録は，シュトルベルク・ザンクト・ルチア教会所蔵："Stolberg, rk, St. Licia 1664-1800. Urkunden Nr. T1846/・/060"，1846年５月４日の頁に記述されている．この洗礼書を見つけるにあたり，シュトルベルク—ヴィヒト・ザンクト・ヨハネス・バプテスト教区公文書館（Archiv der Pfarre Sankt Johann Baptist Stolberg-Vicht）のヘルムート・シュライバー氏（Herr Hemut Schreiber）にご尽力いただいた．この場を借りてお礼を申し上げる．また，ホルツの家族構成，父親の職業は注 3）のホルツの身上書による．

5)　注 3）のホルツの身上書より．著者はケンペンにあるフィヤーゼン郡公文書館（Kreisarchiv Viersen）に，当時の研修所の資料の中にホルツに関するものがないか問い合わせたが，同館には当時の史料はないという回答であった（著者の問い合わせに対する同館ゲルハード・レーム博士（Dr. Gerhard Rehm）からの 2011 年 8 月 29 日付の e-mail による回答）．

6)　注 3）のコブレンツ中央公文書館蔵：“転勤令状（Die Versetzungsverfüngun）”, 1870 年 9 月 2 日付，請求番号：405/4363．この令状は，オリジナルはボッパルト市のホームページ（http://www.ome-boppard.de/holtz.htm）で読むことができ，邦訳は宇和川耕一：“教師 V．ホルツの江戸におけるドイツ語学級に関する報告書（翻訳）”,『愛媛大学法文学部論集　人文学科編』, 28, 2010 年，p. 3 で読むことができる．

7)　ホルツが独国を出発した日付は，注 3）の *Festschrift* において，また横浜に到着した日付は彼が，最初に王立コブレンツ地区学校教師団に宛てた報告書の中で言及されている（注 3）のコブレンツ中央図書館蔵：“Bericht über die deutsche Schulklasse des Lehrs V. Holtz in Yedo（教師 V. ホルツの江戸におけるドイツ語学級に関する報告書）”, 1872 年 4 月付，請求番号：405/4363）．この報告書は，独語のオリジナルを注）4 で紹介したホーム・ページ及び，邦訳は宇和川の文献, pp. 4–7 で読むことができる．ホルツの手紙には，彼が横浜に到着した 1871 年 2 月 20 日は，日本の暦で明治 4 年 1 月 1 日であったため，以下のホルツ来日に関する 2 点の公文書は 1 月になっている．国立公文書館所蔵：「大学南校雇孛国教師ホルツ本国ヨリ来着ス」,『太政類典・第一編・慶応三年～明治四年・第五十七巻・外国交際・外人雇入』, 明治 4 年 1 月 13 日，請求番号：本館-2A-009-00・太 00057100.；国立公文書館所蔵：「南校御傭孛人ホルツ来着届並給料ノ儀申立」,『公文録・明治四年・第三十八巻・辛未一月～四月・大学伺』, 明治 4 年 1 月，請求番号：本館-2A-009-00・公 00490100．注 3）の身上書には，1871 年 1 月 1 日から東京で勤務とある．独国から日本までの渡航期間を含めていると思われる．

8)　このクラスは「ドイツ語通訳養成のために設けられたドイツ語コース」であった（森川潤：“幕末維新期における独語学校の設置構想―ドイツ・ヴィッセンシャフト移植の端緒をめぐって―,”『広島修道大学論集―人文篇―』, 32, 2, 1992 年 3 月，pp. 227）．また，このコースにはホルツしか教員がいなかったので，「ホルツの学校」と呼ばれていた（大塚三七雄著：『明治維新の独逸思想』, 長崎出版, 1977 年，p. 208）．この伝習所に関する公文書は，次の 2 編がある．国立公文書館所蔵：「大学南校独逸学伝習所門規則」,『太政類典・第一編・慶応三年～明治四年・第十九巻・官制・文官職制五』, 明治 3 年，請求番号：本館-2A-009-00・太 00019100.；国立公文書館所蔵：「諸儀式第二　大学南校独逸学伝習所門規則」,『太政類典草稿・第一編・慶応三年～明治四年・第四十七巻・儀制・諸儀式第二,

雅楽』，明治3年，請求番号：本館-2A-024-08・太草00048100.

9) 注7）のコブレンツ中央図書館蔵の報告書より．邦訳は，注3）の宇和川の文献，pp. 4-5．この手紙の中によると，ホルツは5項目の希望を日本側に伝え，何度が協議を行った結果，最終的に大枠でホルツの希望が承認された．

10) 同上の報告書より．

11) 池田哲郎："本邦における独逸学の創始—附 日本見在系独逸学書誌—"，『蘭学資料研究会研究報告』，1963年1月，9，124，p. 6.

12) 注7）のコブレンツ中央図書館蔵の報告書には，"Richter und Gröning's Rechenbuch（zweiter Theil）"とある．欧米の図書館蔵書を検索できる独国・カールスルーエ工科大学図書館（www.ubka.uni-karlsruhe.de/kvk.html）のシステムで，著者名RichterとGröningで検索したところ，Richter, August & Gröning, Jakob：*Rechenbuch für Elementarschulen. 2., —2. 39. Aufl. -1866. -300 S. —*, J. G. Schmitz, Köln, 1866．というテキストが該当するので，ホルツはこのテキストを用いたと思われる．

13) 注7）のコブレンツ中央図書館蔵の報告書より．邦訳は，注3）の宇和川の文献，p. 6

14) 注7）のコブレンツ中央図書館蔵："Bericht über das zweite Schuljahr der deutschen Klasse unter Leitung des Lehrers V. Holtz in Yedo（江戸における教師V. ホルツ指導ドイツ語クラス第二年次の報告）"，1873年4月9日付，請求番号：405/4363．この報告書は，独語のオリジナルは注）4で紹介したホーム・ページ及び，注3）のRauckの文献，pp. 112-126に収録されている．また邦訳は，注3）の宇和川の文献，p. 7-18で読むことができる．この中でホルツのクラスが，改称された件については，注3）のRauckの文献，p. 114，及び邦訳は，注3）の宇和川の文献，p. 9を参照．

15) 文部省から当時の東京府へ同日（3月8日）に出された通達に，「"独逸学教場"へ改称」と「"第一大学区独逸学教場"へ改称」の2つがある．東京都公文書館蔵：「（原議欠）（第25号ノ乙達，第一大学区第二番中学を独逸学教場と改称に付，文部省より達）」，『文部省布達留〈学務課〉』，明治6年3月8日，収録先の請求番号：606. C5. 10. ）．；東京都公文書館蔵：「（原議欠）（第一大学区第二番中学を第一大学区独逸学教場と改称の件文部省より通知）」，『文部省御用留』，明治6年3月8日，収録先の請求番号：606. D5. 15. ）．また，注3）のRauckの文献，pp. 102-103を参照．

16) 注14）のコブレンツ中央図書館蔵の報告書より．また注3）のRauckの文献，pp. 115-116，及び邦訳は，注3）の宇和川の文献，p. 10を参照．

17) 注14）のコブレンツ中央図書館蔵の報告書より．

18) 注12）を参照．

19) 注14）のコブレンツ中央図書館蔵の報告書より．また注3）のRauckの文献，pp. 123-124．及び邦訳は，注3）の宇和川の文献，p. 16を参照．報告書には，6月からどのくらいの期間で，*Rechenbuch*の第二巻目の229頁まで進んだのか言及されていない．しかし，第一期生が1年間で*Rechenbuch*の第二巻目の130

頁まで進んでいるので，このペースを考慮して著者は6月から教え始めて，この報告書を書いている翌年4月までの10か月間の進捗状況と思っている．

20） 注14）のコブレンツ中央図書館蔵の報告書より．また注3）の Rauck の文献，p. 124，及び邦訳は，注3）の宇和川の文献，p. 17 を参照．

21） 注14）のコブレンツ中央図書館蔵の報告書より．また注3）の Rauck の文献，p. 125，及び邦訳は，注3）の宇和川の文献，p. 17 を参照．また，ハイスの算術・代数学問題集は，著者名，書籍タイトルから推測して第二章の注72）の Heis, Eduard：*Sammlung von Beispielen und Aufgaben aus der allgemeinen Arithmetik und Algebra,* DuMont-Schauberg, Köln，初版1837年．と思われる．

22） 注14）のコブレンツ中央図書館蔵の報告書より．また注3）の Rauck の文献，p. 125，及び邦訳は，注3）の宇和川の文献，p. 17 を参照．*Koppe's Planimetrie* であるが，注12）カールスルーエ工科大学図書館のシステムで，著者名 Koppe で検索したところ，Koppe, Carl：*Die Planimetrie und Stereometrie für den Schul- und selbst- Unterricht bearbeitet,* Bädeker，第3版1851年（初版1846年）．というテキストが該当するので，ホルツはこのテキストを用いたと思われる．

23） 注7）のコブレンツ中央図書館蔵："Schlussbericht über die Thätigkeit des Seminarlehrers V. Holtz während seines Aufenthaltes in Yedo（研修指導教官 V. ホルツの江戸滞在期における活動最終報告）"，1875年4月付，請求番号：405/4363．この報告書は，独語のオリジナルを注）6のホーム・ページ，及び邦訳は，注3）の宇和川の文献，p. 18-19 で読むことができる．この報告書は，ホルツが独国に帰国してから故郷で書いた報告書である．ここには，医学校に移った理由として，独逸学教場での心地がよくなかったことを挙げている．また，ホルツが東京医学校に明治6年（1873）8月に移ったことに関しては，ユネスコ東アジア文化研究センター編：『資料御雇外国人』，小学館，1975年のホルツの頁を参照．

24） 注3）の Rauck の文献，pp. 102-103．を参照．

25） 渡邊正雄編：『改訂　明治前期学術雑誌論文記事総覧―明治前期学術雑誌論文記事集成別巻―』，ゆまに書房，1990年．による．それぞれの論文タイトルの詳細は次の通りである．Holtz, V.："Zwei japanische Lieder", *Mittheilungen der deutschen Gesellschaft für Natur- und Völkerkunde Ostasiens,* 1, 3, 1873. 9., pp. 13-14.；"Japanische Lieder III, IV, V"，『同雑誌』，1, 4, 1874. 1., pp. 45-47.；"Das japanische Schauspiel"，『同雑誌』，1, 5, 1874. 7., pp. 45-47.

26） 注3）の Rauck の文献，p. 105.

27） 同上の文献によると，プロシア政府はホルツの休職期限を4月1日までとしていが，注4）のホルツの身上書では，4月30日まで東京とある．また，注23）を参照．

28） 注3）の Rauck の文献，p. 105.；注3）の *Festschrift.*

29） 注12）のカールスルーエ工科大学図書館の検索システムで，著者名 "Viktor Holtz" で検索を行った結果，次の7冊が該当した．*Deutsches Übungs- und Lese-*

buch für die vier ersten Schuljahre : *in erster Reihe für Schulen mit polnischredenden Kindern eingerichtet—vollständig in drei Teilen nebst einem Begleitworte—*, Jacob Schreiber, Schrimm, 1890.; *Welche Forderungen stellt der deutsche Rechtschreibunterricht an die Fibel und an den Lehrer?—für Schulen mit deutschen und mit polnischen Kindern—*, Jacob Schreiber, Schrimm, 1892.; *Wie ist der erste deutsche Schreibunterricht in Schulen mit polnischen Kindern zu erteilen*, Jacob Schreiber, Schrimm, 1892.; *Wie sollen unsere polnischen Kinder deutsch sprechen lernen?—zur Methodik des deutschen Sprachunterrichts—*, Jacob Schreiber, Schrimm, 1892.; *Anleitung für den deutschen Unterricht auf d. Unterstufe d. zweisprachigen Volksschule*, Jacob Schreiber, Schrimm, 1896.; *Was und wie sollen die Volksschüler mit der Feder schreiben lernen?*, Jacob Schreiber, Schrimm, 1896.; *Deutsche Fibel für die zweisprachige Volksschule v. Viktor Holtz, Kgl. Kreis-Schulinsp.*, Jacob Schreiber, Schrimm, 1896.

30) 注 3）の Rauck の文献, p. 105. ; 注 3）の *Festschrift*; 注 4）のホルツの身上書.

第十章　総括的考察と今後の課題

本稿で明らかにしたことは以下の3点である．

1点目は，明治維新後から明治10年（1877）の東京大学創設までに，その前身校（後の法理文学部）において，科学科目を教えたお雇い独国人9名と彼らの担当科目を明らかにしたことである．物理学を担当したのは，ワグネル，リッター，ローゼンスタン，同様に化学はワグネル，シェンク，リッター，数学はワグネル，シェンク，ローゼンスタン，トゼロフスキー，クニッピング，ウェストファル，ゼーガー，グレーフェンである[1]．彼らの中で，ワグネル，シェンク，リッター，グレーフェン，ウェストファルの5名について彼らの出身地の公文書館，出身大学，ギムナジウムに保管されている一次史料を調査することによって，彼らのフルネーム，出身地，家族構成，生没年月日，離日後の足跡，職歴等の伝記的な事項を明らかにした．クニッピングについては，『回想記』の文献に依存した．本稿では，明らかにできなかったゼーガー，ローゼンスタンのフル・ネーム，来日前後の足跡等を明らかにすることは，著者の今後の課題である．

2点目は，東京大学前身校の独国人教師たちの科学科目の教授活動の状況を明らかにしたことである．その手掛りとして，彼らの来日前の修学歴，職歴及び彼らが担当した科学科目の関係を調べ，さらに明治8年（1875）7月に行われた独語クラスの試験問題と，その試験を受けた生徒たちのその後の動向について調べた．ここではまず最初に，前者の彼らの来日前の修学歴，職歴と彼らが担当した科学科目の関係について，学校の変遷と当時の教師に言及しながら考察する[2]．

まず，最初は大学南校から南校時代（明治2年（1869）から明治5年（1872）7月）である．当時の大学南校，南校の授業方法は，教師たちは1クラス全員の教育を担当し，文系科目を含む複数科目を担当するものであった[3]．この時代に着任していたのは，独国人最初の科学教師であるワグネルを含む，ローゼンスタン，シェンク，クニッピング，グレーフェンの以上5名である．彼ら5名は独語による物理学，化学，数学教育を最も早い時期に行った教師たちである．特にワグネルは，独語クラス創設時の最も早い時期から教育に携わっており，独語による科学教育に先鞭をつけたことは特筆すべきことである．上述の5名の中で，ローゼンスタンは独国人ではなく本来デンマーク人であるが，南校時代に当時の独語クラスで最もレベルの高い教育が行われていた「独一ノ部」クラスを担当し，物理学，数学（算術，代数学，幾何学）の他に博物学，文典（独語），地理学等を教えていた．

彼については，この学校との雇用契約が切れた後に，東京の私塾で独語の教師をしていたことなど，わずかな事項しかわかっていない[4)]．ローゼンスタン以外の4名については，以下で言及する．次に，南校の後に改称された第一大学区一番中学時代（明治5年（1872））8月から明治6年（1873）3月）の教師についてである．この学校以降，教師はこれまでの文系科目を含む複数科目の授業を行うクラス担当制から，科目担当制になった．この学校には，シェンク，ゼーガー，ローゼンスタン，グレーフェン，クニッピング，リッターの6名の教師が着任していた．明治6年（1873）7月9日に作成された『第一大学区第一番中学一覧表』には，科学科目については化学科目担当者がシェンク，数学担当がゼーガーと記載されている[5)]．以下において，氏名順に各々の教師たちの担当科目及び，修学歴，職歴の概略を記す．詳細は，該当する人物を紹介した各章を参照して欲しい．5名の中で最初に名前が挙がっているシェンクであるが[6)]，彼は東京大学前身校で最初に化学専任教師になった人物である．彼はシュトゥットガルトの高等工業学校で架け橋建築と鉱物学を学び，その後，米国合衆国軍の工兵部隊に所属していた．高等工業学校で，鉱物学とともにその基礎科目である化学を学んだことは間違いなく，さらに米国合衆国軍の工兵部隊では，所属した部隊の特質上，科学技術系の知識と化学の知識も学んでいたと思われる．彼はこの工兵部隊と，シュトゥットガルトの高等工業学校で化学の知識を養ったと言える．シェンクはこれらの修学歴，職歴から判断して，欧米の大学で学んだ水準の科学技術の知識を備えて来日し，それをもとに日本における教授活動を行ったと言える．次のゼーガーであるが『一覧表』に，数学担当者として記載されている．彼の足跡については，全くわかっていない[7)]．次にローゼンスタンは，南校時代の明治4年（1871）12月から，第一大学区第一番中学に改称された1ヵ月後までの明治5年（1872）9月まで，政府と雇用契約を行ってる．彼は第一番中学になって1ヵ月で退職するので，授業を持たなかったために「一覧表」には載っていなかったと思われる．次のグレーフェンは，政府から数学教師として雇用されている[8)]．彼の修学歴は本稿ではわからなかったが，日本滞在中，ワグネルと一緒に明治6年（1873）に開催されたウィーン博覧会で日本側が行った展示の建築造営の中心人物として従事したり，官立新町屑糸紡績所の設立，また独国に帰国後は，染物機器の開発，改良で4件もの特許を取得している．これらのことから推測すると，彼は技術者として一流の知識を持っていたと思われ，工芸学校や高等工業学校等で学んだ修学歴があると思われる．彼が第一番中学で教えた数学の知識は，技術者としての基礎知識が基になっていたことは間違いない．次にクニッピングであるが，『一覧表』では文学教師になっているが，彼が文学を教えていたのかどうか詳細はわからない．政府との雇用契約では文学及び数学教師として雇用されている[9)]．クニッピングがこの学校で行なった数学の授業の知識は，ギムナジウム時代とアムステルダムの航海士養成学校で養われたものである．彼は航海中，船舶の位置計算などを正確に行い，船長からの信頼を得ていた．このエピソードは，クニッピングの豊富な数学知識，計算能力に基づいた航海術の高度な知識を示すものであろう．最後に挙がっているリッターは，第一大学区第一番中学から開成学校に改称される1ヵ月前の明治6年（1873）3月から着任しているので，彼については次の開成学校のところで記す．以上，5名が第一大学区一番中学に着任していた科学教師である．次に，第一大学区一番中学の後に改称された開成学校時代（明治6年（1873）4月から明治7年（1874）4月）の教師についてである．この学校には，リッター，トゼロフスキー，ウェストファル，シェンク，クニッピング，ゼーガー，グレーフェンの7名の教師が着任していた．まず，リッターであるが，物理学と化学を教えている[10)]．彼はギムナジウム教育を終えた後，薬剤師の仕事を経て，ゲッティンゲン大学で，自然科学の中でも主に化学を中心に学んだ．その後，農場試験場での農芸化学を研究し，次の工芸学校では化学に関する研究を行い，母校ゲッティンゲン大学で，かつての恩師F. ヴェーラーのもとで博士号を取得した．彼のこの学校で行った物理学と化学の授業は，大学で学んだ自然科学全般の知識だけではなく，薬学，農芸化学の分野の知識も含んだ豊富な知識を基に行われていた．次のトゼロフスキーは，3ヵ月間だけ数学を教えた．彼は，来日前にベルリンのギムナジウムで数学を教えていた[11)]．当時の独国の教育システムから推測すると，彼は大学，またはそれに準ずる学校で学んだと思われる．次のウェストファルは，数学を教えていた．彼はベルリン大学で数学を学んだ後，来日した．彼の日本における数学の教授活動は，ベルリン大学で学んだ知識が基になっていた．ウェストファルの次に記されているシェンク，クニッピング，ゼーガー，グレーフェンは上の記述を参照してもらいたい．次に開成学校の後に改称された東京開成学校から，独語クラス閉鎖の時代（明治7年（1874）5月から明治8年（1875）7月まで）の教師についてである．この学校には，ワグネル，シェンク，リッター，ウェストファル，グレーフェンの5名の教師が着任していた．ワグネルは，このとき物理学と化学を教えていた[12)]．彼がこの学校に招かれたのは，リッターが天然痘によって死去したために，急遽，独語クラス閉鎖までの半年間だけ教えることになった．ワグネルは工芸学校で学んだ後，リッターと同じゲッティンゲン大学で，自然科学科目を中心に学んだが，特に数学を熱心に学んだ．

彼は数学者F.ガウスにその優秀さを認められ，彼はF.ガウスのもとで博士号を取得したが，その後は数学に関する研究は行っていないようである．彼は大学で教員資格を取得したが，その際に，地震計に関する論文を大学に提出した．彼は学位取得後，時計学校の教師や，義兄弟と共同で溶鉱炉の技術改良の施設を設立する仕事に従事した．彼は来日後，有田焼，七宝焼など焼き物の製造改良に興味を持って取り組んでいたことから推測すると，彼が日本で教えた化学の知識は，大学で自然科学全般を学んだ時の知識だけではなく，義兄弟と共同で溶鉱炉の技術改良を行ったり，焼き物の製造改良などの実験などの知識に基づくものであると思われる．また物理学の知識は，大学で学んだ知識と，教員資格を取得する際に，地震計に関する研究を行った際に学んだものと思われる．後日，彼が日本で新しい地震計の設計を行い，さらにそれを応用して効率の良い地震計が設計できたことから推測しても，ワグネルの物理学に関する知識の豊富さがわかる．ワグネルの次に記載されているシェンク，リッター，ウェストファル，グレーフェンについては，上の記述を参照してもらいたい．

これらのことから，9名の独国人教師たちの修学歴についてまとめると，自然科学の分野の博士号取得者が2名（ワグネルとリッター），大学卒業者及びそれに準ずる教育機関で学んだと思われる者が2名（ウェストファル，トゼロフスキー），高等工業学校卒業者及びそれに準ずる教育機関で学んだと思われる者が2名（シェンク，グレーフェン），ギムナジウムと航海士養成学校で学んだ者が1名（クニッピング），不明者が2名（ローゼンスタン，ゼーガー）という内訳であった．以上，東京大学前身校の独国人教師たちの科学科目の教授活動の状況を，彼らの来日前の修学歴，職歴及び彼らが担当した科学科目を調べることによって明らかにした．

他方，東京大学前身校の独国人教師たちの科学科目の教授活動の状況を明らかにする手掛りについて，上述とは別の方法で，明治8年7月に行われた独語クラスの物理学の試験問題と，その試験を受けた生徒たちのその後の動向を調べることによって[13]独国人教師たちは，英語，仏語クラスで使用されていた当時最もレベルの高いテキストと同等のレベルのテキストを使用していたことを明らかにした．また，授業内容については，“物理学”と同様に“化学”，“数学”の授業も英語，仏語クラスと遜色がないレベルの授業が行われていた，と結論付けた．これらについての著者の今後の課題として，当時の独国，米国，英国，仏国内の中等，高等教育で使用されていた科学科目のテキストや教育内容，また，大学教育で使用されていたテキストや教育カリキュラム内容を精査すること．さらに，これらの結果と，明治8年7月に東京開成学校で行われた試験問題と比較し，考察を行うことが残されている．著者はこれらを行うことによって，独語クラスの学習習得のレベルと進捗状況を，上述の国別の当時の中等及び高等教育の状況と比較することによって，当時の日本で教授した独国人教師たちの科学科目の教授活動の状況を，さらに詳細に明らかにすることができると思っている．著者は，これらのことを明らかにすることは，東京大学前身校の独国人教師たちの科学教育の様子を知る手掛りになり得えるだけではなく，独語クラスの存在意義を示す史実をさらに鮮明にし，他の2言語クラスの科学教育の状況と，さらに日本における初期の科学教育史研究に少なからず貢献し得ると思っている．

次に，独国人教師たちの教授活動の様子を明らかにする手段の一つとして，独語クラス閉鎖の5ヵ月前の明治8年2月時に在籍していた生徒57名の卒業後の動向調査を行った．本稿では32名の卒業者の動向を明らかにした．内訳は，薬学関係に進んだ者が11名，地質学，測量関係に進んだ者が4名，医学関係に進んだ者が3名，農学に進んだ者が3名，物理学者，化学者になった者が2名，その他の職業が9名，動向不明者が25名であることが明らかになり，薬学の分野に進んだ生徒が多かったことを結論付けた[14)]．今後の課題として，不明者25名の動向を明らかにし，生徒57名全員の独語クラス閉鎖後の彼らの動向，進学先，職種を考察するによって，57名の中で，この学校で学んだ科学の知識を必要とした職業に就いた生徒がいるのかを明らかにし，それによって，独国人教師たち教授活動の状況について新たな知見が得られると思っている．最後になるが，独国人教師の教授活動の観点から忘れていけないのは，V.ホルツの業績である．ホルツは独国（当時，プロイセン大国）から最初に派遣された独語教師であり，大学南校独逸学伝習所で，独語教師や独語通訳官を育成した．彼は，日本における独語教育の向上に貢献した人物であることは，第九章で紹介した．

本稿で明らかにした最後の3点目は，初期日独学術交流史の観点では，これまで科学教育に関する研究が空白であったが，それを埋めることができた．「第一章 第三節 東京大学法文理学部前身校以外で，お雇い外国人によって“物理学”及び“化学”，“数学”が教授された政府創設の機関―東京大学前身校，東京医学校，工部学校，東京農林学校，札幌農学校，師範学校，大阪舎密局―」で明らかにしたように，この中で独国人教師が在職していた学校は，東京医学校と大阪舎密局のみで，後者の場合，リッターが東京開成学校に移った以降，独国人教師は在職していない．学術交流の医学の分野に関しては，東京大学医学部の前身校の時代から，予科教師を含むこの学校の教師たちはすべて独国人であり，この分野では両国は結びつきが強かったと思われる[15)]．これまで見てきた独国人教師9名のうち，独国（ベルリン）で雇用契約を結んで来日した者はウェストファル，トゼロフスキーの２名のみで，それ以外の７名は東京で雇用されている．英語クラスではラトガース大学から多くの教師が派遣されたこと[16]，同様に札幌農学校のように米国・マサチューセッツ農科大学から派遣されたこと[17]，工部学校では英国・グラスゴー大学（University of Glasgow）から派遣された[18]，というような同大学出身者の学閥的な要因は，独国人科学教師たちには皆無であったことは明らかである．この事実は，当時の明治政府の文部省関係者，大学関係者は独国の大学機関の教師たちにコネクションがなかったと言える．同じ大学や恩師から派遣された教師たちは，生徒への教育の進捗状況やテキストなど，共通の認識・体験をしているため，日本で教える際にもこのことが全員の共通事項として認識され，教育内容や方針に統一事項として反映されていたことは容易に想像できる．反面，そのような共通の教育認識・体験のない独語クラスの教師たちは，学習の進捗状況や教授内容の内容・水準に，他のクラスと比較して統一性がなかったと思われる．日独の初期学術交流は，米国，英国と比較して東京大学法理文学部の前身校においては，盛んではなかったと言える．

また，学術交流の点で忘れてはいけない点は，各々の教師が教職活動以外に行った活動である．それは欧米の知識・技術を日本に紹介した業績と，日本独自の文化，風習，気候など研究を欧米文化の視点から研究し，その結果を欧米に向けて紹介した業績に分けられる．前者では，ワグネルの佐賀，京都，東京での陶磁器焼の技術改良指導，クニッピングの気象観測指導が挙げられ，さらにリッターは教え子たちに「学会」，「学会誌」を教え，彼の死後，教え子たちが毎月第一土曜日に集まり研究成果を発表する「学会」のようなものを発足し，日本で最初の学会誌にあたる『理化土曜集談』を創った．後者では，ワグネルとグレーフェンは国際万国博覧会の展示指導を行い，特にワグネルの貢献によってウィーン博の時には日本文化がブームとなった．また，ウェストファルは日本の数学史，特にそろばんの文化史を研究，その結果を独語で発表し，欧米に紹介した．ここに挙げた独国人教師たちの教職活動以外に行った活動は一部にすぎないが，彼らは多くの業績を残した．

注

1）「第二章 第三節 明治新政府樹立後の東京大学前身校の英語，仏語，独語クラスの科学教師の変遷」を参照．

2） 南校，第一大学区第一番中学，開成学校，東京開成学校時代の教師については，

「第二章 第三節　明治新政府樹立後の東京大学前身校の英語，仏語，独語の科学教師の変遷」の「表2　明治元年以降から明治10年の東京大学創設までに科学科目を教授した教師たち」を参照．

3)「第二章　第四節 言語別クラスにおける科学科目の教育状況―独語クラスを中心に―」を参照．

4) 同上の文献;「第一章 五節 研究・調査の対象」を参照．

5) 出版社不明：『第一大学区第一番中学一覧表』，明治6年7月9日付を参照．以後，『一覧表』と記す．ローゼンスタンは，学校が改称されて1ヵ月後に雇用契約を終了しているので，この学校の授業が開始された時には，担当科目を持たなかったと思われる．また，グレーフェンはこの年の10月から雇用されているのでこの『一覧表』には記載されていない．この『一覧表』には，クニッピングは文学を担当していることになっているが，詳細は不明である．

6)「第五章 お雇い独国人化学及び鉱物学教師 C. シェンク」を参照．

7)「第一章 四節 先行研究」を参照．

8)「第六章　明治初期のお雇い独国人 G. A. グレーフェンの足跡」を参照．

9)「第四章　お雇い独国人数学及び測地学教師 E. クニッピング」を参照．

10)「第六章　日本への西洋理化学の啓蒙者の一人ヘルマンリッター（1827-1874）について」を参照．

11) トゼロフスキーについては「第一章 五節 研究・調査対象」を参照．彼がベルリンの学校で数学を教えていたことを示す文献として，Hayashi-Mähner, Elke, Ophüls-Kashimä Reinold, Pfeifer, Matthias, Rudolf, Nathalie（Hg.）：*Tokyo：Konstruktionen einer Metropole - sozial, politisch, kulturell, historisch*, Iudicium-Verlag, München, 2008, p. 264 に，彼のことをベルリンの教師（Der Berliner Lehrer Franz Toselowski）と紹介していること，さらに当時ベルリン公使であった青木周蔵とベルリンで契約を結んでいることが理由として挙げられる（国立公文書館所蔵：「独乙人トゼロースキー来着ニ付条約始末申上」，『公文録・明治六年・第五十四巻・明治六年八月・文部省伺』，明治6年8月，請求番号：本館-2A-009-00・公00784100.）．さらに“Neues vom JSPS Club”, *Deutsche Gesellschaft der JSPS-Stipendiaten e. V.*, Nr. 3, 2004, p. 1 において，トゼロフスキーのことを数学者（Mathematiker）と紹介している．また欧米の図書館蔵書を検索できる独国・カールスルーエ工科大学図書館（www.ubka.uni-karlsruhe.de/kvk.html）のシステムによると，彼は市立学校生および手工業学校生向けに幾何学書と，学校衛生学書を執筆していることから，彼がベルリンの学校で数学を教えながら，医学教育協会に所属し学校衛生学に尽力していたことと推測される．それぞれの書物のタイトルは，Toselowski, F.：*Raumlehre oder Geometrie für Stadtschulen und Handwerkerschulen*, Mittler, Berlin，初版1870年；Toselowski, F.：*Schul-Hygiene—aus den Verhandlungen des Medicinisch- pa¨dagogischen Vereins—*, Staude, Berlin，初版1883年．

12)「第三章　G. ワグネルについて」を参照．

13)「第二章 第四節 言語別クラスにおける科学科目の教育状況―独語クラスを中心

に―」を参照.

14) 同上の文献の「2.4.4. 独語クラス閉鎖後の生徒たちの足跡」を参照.

15) 東京大学医学部においての独国医学の受容，独国人教師については，「第一章 第三節　お雇い外国人によって“物理学”及び“化学”，“数学”が教授された政府創設の機関」の「1.3.2. 東京医学校の場合」を参照.

16) 渡辺正雄：『増訂 お雇い米国人科学教師』，北泉社，1996年，pp. 13-22.

17) 同上の文献，p. 13.

18) 注15) の文献「 第一章 第三節」を参照.

初出一覧

第一章　新稿

第二章　新稿

第三章　“お雇いドイツ人理化学教師 G. ワグネルの生い立ちと修学歴”，『化学史研究』，Vol. 38, No. 1, pp. 28–35. 2011 年 3 月.

第四章　新稿

第五章　“お雇いドイツ人理化学教師 G. ワグネルの生い立ちと修学歴”，『化学史研究』，Vol. 38, No. 1, pp. 28–35. 2011 年 3 月.

第六章　“Hermann Ritter, ein Pioner der westlichen Naturwissenschaften in Japan”, *HISTORIA SCIENIARUM*, Vol. 19, No3, pp. 225–234. 2010 年 3 月.

第七章　“明治初期のお雇い独逸人教師 G. A. グレーフェンの足跡”，『科学史研究』，Vol. 50, No. 259, pp. 170–173. 2011 年秋号.

第八章　“東京開成学校お雇い独逸人数学教師アルフレット・ウェストファルの足跡”，『科学史研究』，Vol. 50, No. 260, pp. 224–228. 2011 年冬号.

第九章　新稿

第十章　新稿

本書は，2014 年 11 月に日本大学大学院理工学研究科物理学専攻に提出した博士学位論文「明治初期お雇い独国人科学教師による教授活動」を加筆修正したものである.

謝　辞

私を科学史研究の道に導いていただき，独国人科学教師研究について，いつもご教示いただいていた元東京大学教授の故渡辺正雄先生に感謝いたします．

この研究を進めていく上で，日本大学理工学部物理学科科学史研究室の西尾成子名誉教授，植松英穂教授，雨宮高久助教には，適切な助言をいただき，資料や文献の収集の際に大変お世話になりました．また，お雇い独国人全般につきましては，大阪大学名誉教授の梅溪昇博士にご教示いただき，感謝いたします．

ワグネル研究に関しましては，ゲッティンゲン大学の史料を閲覧するにあたり同大学公文書館のウルリッヒ・フンガー博士（Dr. Ulrich Hunger）にお世話になりました．また，この史料に記述されていたワグネルの大学学生登録以前の動向につきましては，ハノーファー大学公文書館，ハノーファー市公文書館の方々と，現在ハノーファー大学公文書館（Universitätsarchiv Hannover ）の R. ザイデル博士（Dr. Seidel, Rita）に大変お世話になりました．また，独語の文献解読に協力していただいただいたドイツ博物館研究員のミヒャエル・エッカート博士（Dr. Michael Eckert）と，佐賀大学に留学していたレグリー・フローリン（Regli Florin）氏にこの場を借りて感謝の意を表します．最後になりますが，ラテン語の文献の邦訳のチェックは，当時，東京大学大学院総合文化研究科博士後期課程在学中であった坂本邦暢氏によるものです．記して感謝の意を表します．シェンク研究に関しましても，多くの方にお世話になりました．特に，シェンクの妹のひ孫にあたるホルスト・ゲーケン（Horst Geerken）氏，ヴュルテンベルク及びバーデン地方家譜学と紋章学協会，東アルプグループの A. メッツ博士（Dr. Arthur Mez）及びシュトゥットガルト大学公文書館の N. ベッカー氏（Norbert Becker）にお世話になりました．記して感謝の意を表します．またリッターの研究を進めるにあたり，著者が e-mail，Fax，電話で問い合わせた独国の機関は約 40 施設以上におよびます．対応していただいた全員の方の氏名をあげることはできませんが，大変ご尽力をいただきました．この場をお借りしてお礼を述べたいと思います．特に次の方々には，大変お世話になりました．ゲッティンゲン大学公文書館（Göttingen Universität Archiv）のウルリッヒ・フンガー博士（Dr. Ulrich Hunger），リューネブルク公文書館（Stadtarchiv der Hasestadt Lüneburg）のウタ・ラインハード博士（Dr. Uta Reinhardt）及びコルベ氏（Herr Kolbe），ヨハネウム・ギムナジウム（Johaneum Gymunasium）のユルゲン・ラングレット校長（Jürgen Langlet）及び学校史を研究されているゲルンハード・グロムビック先生（Gehard Glombik），ライプツィッヒ市公文書館（Stadtarchiv Leipzig）のオラフ・ヒラート氏（Olaf Hillert），レーゼ村の郷土史家（Leese）のグュンター・フェーゲル氏（Guenther Feegel）です．またグレーフェンに調査の際には，特に，クレフェルト市公文書館館長オラフ・リヒター博士（Herr Dr. Olaf Richter），独国特許局及び商標局（ベルリン）のカルメン・ヴィルフェルトさん（Frau Carmen Wilfert），グレーフェンの親族のエドゥアード・ファン・フローテンさん（Herr Eduard van Vloten）及び，エーリッヒ・グレーフェンさん（Herr Erich Greeven），そして「よみがえれ！　新町紡績所の会」事務局の堀口さんにお世話になりました．ウェストファルの調査の際には，ハレ・ヴィッテンベルク大学公文書館カリン・ケラー氏（Karin Keller），ハイルバット・ハイリゲンシュタット町公文書館館長アンネ・ゼフェリン氏 Anne Severin（Frau Anne Severin, Leiterin des Stadtarchivs der Stadt Heilbad Heiligenstadt），Library of Congress Prints and Photographs Division（Washington, D. C. 20540 USA），そして，著者の問い合わせに快くお答えいただき，文献資料情報の提供をしていただいたラウック氏（Dr. Michael Rauck．ドイツ在住，元岡山大学助教授）にお礼を申し上げます．

また研究を進めていく上でいつも心の支えになってくださり，激励していただいたかつての大学時代のサークル（「ドイツ語とドイツ文化研究会」）活動の仲間たちや，先生方に感謝いたします．特に，このサークルで私を指導してくださり，また私の独語の恩師であり，本稿で取り上げた史料の独語の解読などを助けていただいた佐賀大学文化教育学部の吉中幸平名誉教授，そしてこのサークルの主催者であった元西日本日独協会会長で九州大学名誉教授の根本道也先生の名前を挙げさせていただきます．

索　引

か　行

さ　行

た　行

な　行

は　行

ま　行

や　行

ら　行

わ　行

著者略歴
昭和 45 年生まれ
平成元年　長崎県立上五島高等学校卒業
　　　　　佐賀大学理工学部物理学科入学
平成 3〜4 年　ミュンヘン工科大学物理学科留学
平成 7 年　佐賀大学理工学部物理学科卒業
現　在　株式会社 NAA リテイリング勤務
　　　　　博士（学術）

お雇い独逸人科学教師

2015（平成27）年 8 月 7 日　発行

著者
小澤健志

発行者
渡辺　清

発行所
青史出版株式会社
〒162-0825 東京都新宿区神楽坂 2-16　MS ビル 203
TEL03-5227-8919
FAX03-5227-8926

印刷／三秀舎　製本／誠製本
©OZAWA Takeshi, 2015.　Printed in Japan
ISBN978-4-921145-53-8　C3021

梅溪 昇 著

お雇い外国人の研究 上巻・下巻

幕末から明治にかけて来日した外国人は、日本近代化に多くの貢献をした。「お雇い外国人」と総称された人々の多方面の活躍と全体像を上・下２巻に集成。永年このテーマを追究してきた著者研究の集大成である。

上巻には概説、政治・法制、研究史を収録。下巻には通論として、お雇い外国人の登場、群像、生活と風俗、各論としてグリフィスや和歌山藩のお雇いドイツ人、カール・カッペン、ジュ・ブスケ、大阪・京都の外国人のこと、資料解説などを収める。また付録として雑司ヶ谷・青山霊園の外国人墓碑銘を付載。書下ろし新稿も収載する決定版、ここに完結。

A5判／上巻・本文528頁・口絵8頁／下巻・本文624頁・口絵8頁／本体価格 各12,000円（＋税）

梅溪 昇 著

アメリカところどころ

近代史研究者である著者が、海外渡航が現在ほど自由でなかった昭和37〜38年に、アメリカに研究留学した際の見聞を、歴史学者の目で紹介する。また、留学中の日記を掲載。ジョン・ホール、ドナルド・キーン、マリウス・ジャンセン、ロバート・スカラピーノ氏らアメリカの日本研究者と、調査研究で日本からアメリカに来ていた小葉田淳・江藤淳・鶴見和子・富永幸生氏等、幅広い分野の人たちとの交流から、当時の研究況などが伺われる。史学史上、貴重な資料である。

B5判・並製／188頁／本体価格3,000円（＋税）

青史出版